Schaum's Foreign Language Series

DERECHO
Y
CRIMINOLOGIA

LECTURAS Y VOCABULARIO
EN ESPAÑOL

Conrad J. Schmitt

Protase E. Woodford

McGraw-Hill, Inc.
New York   St. Louis   San Francisco   Auckland
Bogotá   Caracas   Lisbon   London   Madrid   Mexico   Milan
Montreal   New Delhi   Paris   San Juan   Singapore
Sydney   Tokyo   Toronto

Sponsoring Editors: John Aliano, Meg Tobin
Production Supervisor: Kathy Porzio
Editing Supervisor: Patty Andrews
Cover Design: Wanda Siedlecka
Cover Illustration: Jane Sterrett
Text Design and Composition: Suzanne Shetler/Literary Graphics
Graphs: Andrew D. Salik
Printer and Binder: R.R. Donnelley and Sons Company

DERECHO Y CRIMINOLOGIA

2 3 4 5 6 7 8 9 10 11 12 13 14 15 DOC DOC 9 8 7 6 5 4 3 2

ISBN 0-07-056804-9

Library of Congress Cataloging-in-Publication Data
Schmitt, Conrad J.
  Derecho y criminologia: lecturas y vocabulario en español /
Conrad J. Schmitt, Protase E. Woodford.
      p.   cm.—(Schaum's foreign language series)
  Includes index.
  ISBN 0-07-056804-9
  1. Criminal law—United States.   2. Criminal law.
  I. Woodford, Protase E.   II. Title.   III. Title: Law and criminology in Spanish.
  IV. Series.
  KF9219.9S7S35 1992
  345.73—dc20   91-3593
  (347.305}   CIP

ABOUT THE AUTHORS

Conrad J. Schmitt

Mr. Schmitt was Editor-in-Chief of Foreign Language, ESL, and Bilingual Publishing with McGraw-Hill Book Company. Prior to joining McGraw-Hill, Mr. Schmitt taught languages at all levels of instruction from elementary school through college. He has taught Spanish at Montclair State College, Upper Montclair, New Jersey; French at Upsala College, East Orange, New Jersey; and Methods of Teaching a Foreign Language at the Graduate School of Education, Rutgers University, New Brunswick, New Jersey. He also served as Coordinator of Foreign Languages for the Hackensack, New Jersey, Public Schools. Mr. Schmitt is the author of many foreign language books at all levels of instruction, including the communicating titles in Schaum's Foreign Language Series. He has traveled extensively throughout Spain, Mexico, the Caribbean, Central America, and South America. He presently devotes his full time to writing, lecturing, and teaching.

Protase E. Woodford

Mr. Woodford was Director of the Foreign Languages Department, Test Development, Schools and Higher Education Programs Division, Educational Testing Service, Princeton, New Jersey. He has taught Spanish at all academic levels. He has also served as Department Chairman in New Jersey high schools and as a member of the College Board Spanish Test Committee, the Board of Directors of the Northeast Conference on the Teaching of Foreign Languages, and the Governor's Task Force on Foreign Languages and Bilingual Education (NJ). He has worked extensively with Latin American, Middle Eastern, and Asian ministries of education in the areas of tests and measurements and has served as a consultant to the United Nations and numerous state and federal government agencies. He was Distinguished Visiting Linguist at the United States Naval Academy in Annapolis (1987-88) and Visiting Professor at the Fundación José Ortega y Gasset in Gijón, Spain (1986). Mr. Woodford is the author of many high school and college foreign language textbooks, including the communicating titles in Schaum's Foreign Language Series. He has traveled extensively throughout Spain, Mexico, the Caribbean, Central America, South America, Europe, Asia, and the Middle East.

≡ PREFACE

The purpose of this book is to provide the reader with the vocabulary needed to discuss the fields of Law and Criminology in Spanish. It is intended for the person who has a basic background in the Spanish language and who wishes to be able to converse in this language in his or her field of expertise. The book is divided into two parts—Part One, Law and Part Two, Criminology. The content of each chapter focuses on a major area or topic relative to each of these fields. The authors wish to stress that it is not the intent of the book to teach Law or Criminology. The intent of the book is to teach the lexicon or vocabulary needed to discuss the fields of Law and Criminology in Spanish. It is assumed that the reader has learned about these fields either through college study or work experience.

The specific field-related vocabulary presented in this book is not found in basic language textbooks. This book can be used as a text in a specialized Spanish course for Law and Criminology. The book can also be used by students studying a basic course in Spanish who want to supplement their knowledge of the language by enriching their vocabulary in their own field of interest or expertise. This adds a useful dimension to language learning. It makes the language a valuable tool in the modern world of international communications and commerce. Since the gender of nouns related to professions in the romance languages involves grammatical changes that are sometimes quite complicated, we have, for the sake of simplicity, used the generic **el** form of nouns dealing with professions.

Using the Book

If a student uses the book on his or her own in some form of individualized study or leisurely reading, the following procedures are recommended to obtain maximum benefit from the book.

Since the specific type of vocabulary used in this book is not introduced in regular texts, you will encounter many unfamiliar words. Do not be discouraged. Many of the words are cognates. A cognate is a word that looks and may mean the same in both Spanish and English but is, in most cases, pronounced differently. Examples of cognates are **la corte** and **la constitución.** You should be able to guess their meaning without difficulty, which will simplify your task of acquiring a new lexicon.

Before reading the chapter, proceed to the exercises that follow the reading. First, read the list of cognates that appears in the chapter. This cognate list is the first exercise of each chapter. Then look at the cognate exercises to familiarize yourself with them.

Continue by looking at the matching lists of English words and their Spanish equivalents. These matching lists present words that are not cognates, that is, those words that have no resemblance to one another in the two languages. Look at the English list only. The first time you look at this exercise you will not be able to determine the Spanish equivalent. The purpose of looking at the English list is to make you aware of the specific type of vocabulary you will find in reading the chapter. After having looked at the English list, read the Spanish list; do not try to match the English-Spanish equivalents yet.

After you have reviewed the cognates and the lists of English words, read the chapter quickly. Guess the meanings of words through the context of the sentence. After having read the chapter once, you may wish to read it again quickly.

After you have read the chapter once or twice, attempt to do the exercises. Read the chapter once again, then complete those exercises you were not able to do on the first try. If you cannot complete an exercise, check the answer in the Answer Key in the Appendix. Remember that the exercises are in the book to help you learn and use the words; their purpose is not to test you.

After going over the exercises a second time, read the chapter again. It is not necessary for you to retain all the words; most likely, you will not be able to. However, you will encounter many of the same words again in subsequent chapters. By the time you have finished the book, you will retain and be familiar with enough words to enable you to discuss the fields of Law and Criminology in Spanish with a moderate degree of ease.

If there is a reason for you to become expert in carrying on legal or penal discussions in Spanish, it is recommended that you reread the book frequently. It is more advantageous to read and expose yourself to the same material often. Do not attempt to study a particular chapter arduously until you have mastered it. In language acquisition, constant reinforcement is more beneficial than tedious, short-term scrutiny.

In addition to the vocabulary exercises, there is a series of comprehension exercises in each chapter. These comprehension exercises will provide you with an opportunity to discuss on your own legal and penal matters and enable you to use the new vocabulary you just learned.

If you are interested in fields other than Law and Criminology, you will find, on the back cover of this book, a complete list of the titles and the fields available to you.

CONTENTS

Primera parte
DERECHO

Sección I
ORIGENES DEL DERECHO

Capítulo 1
UNOS APUNTES HISTORICOS

Orígenes del derecho

Hay quienes afirman que los orígenes del derecho remontan a tiempos prehistóricos. Los hombres primitivos vieron que podían protegerse mejor y cazar más eficientemente si trabajaban juntos, en grupos. Para este fin tenían que fijar algunas reglas para la caza[1]. Mientras más grandes eran los grupos, más importantes fueron las reglas, o leyes, que les ayudaban a trabajar, cazar y convivir[2]. Muy pronto aprendieron que un individuo no puede funcionar «fuera de la ley» y ser aceptado por la sociedad. Cada persona tiene que obrar conforme con las reglas que todo el mundo acepta. Las primeras leyes eran leyes tribales. Cuando las unidades gubernamentales llegaron a ser superiores en tamaño[3], las leyes también expandieron.

El derecho romano Para organizar y administrar su enorme imperio, los romanos crearon un complejo sistema de leyes. El Emperador Justiniano I (482–565 d. de J. C.) hizo comenzar a compilar los «Códigos». Los emperadores que lo siguieron continuaron la obra. En los Códigos se trató de inscribir todas las leyes y los reglamentos que gobernaban a los romanos y a sus súbditos. Casi todas las leyes europeas se han desarrollado basadas en el Código romano.

Cuando los europeos establecieron sus colonias en el Nuevo Mundo, trajeron con ellos su sistema legal. Por esto la mayoría de las repúblicas latinoamericanas basan sus códigos en el Código romano, que fue la base de los códigos español y portugués. Las leyes del estado de Luisiana también se basan en el Código romano porque el estado de Luisiana fue fundado por los franceses que también basaban su sistema legal en el Código romano. También se llama «el Código napoleónico».

La ley común británica Durante la Edad Media el sistema feudal gobernaba en Inglaterra. El noble gozaba de poder absoluto dentro de su «feudo» o territorio alrededor de su castillo. Los «siervos de la gleba[4]» eran los que trabajaban las tierras y que se vendían con las tierras como si fueran animales. Claro está que los siervos de la gleba apenas tenían derechos. Las disputas entre nobles se resolvían por las armas, siendo los siervos las «tropas» de los nobles. Había poca necesidad de leyes.

---

[1] *hunting*   [2] *live together*   [3] *size*   [4] *serfs*

Poco a poco los siervos llegaron a ser colonos, que arrendaban las tierras de los nobles y vivían de ellas. Con su nuevo estado vinieron algunos derechos. A veces los derechos de un colono podían estar en conflicto con los derechos de otro. Lo más probable es que, al principio, los nobles resolvieran estos conflictos. Más tarde se nombraron magistrados, oficiales civiles con poderes judiciales, para oír y resolver disputas. No obstante, todavía no había leyes para guiarles. Los primeros magistrados empezaron a escribir sus decisiones para referirse a ellas posteriormente y así resolver conflictos similares. También los magistrados se consultaban entre sí. Poco a poco se llegó a un acuerdo sobre ciertos principios legales.

Por otro lado, el poder del rey iba creciendo. El monarca empezó a establecer tribunales o cortes. Estas cortes decidían casos y registraban las decisiones. Pero todavía no existía un código escrito. Cuando por fin el gobierno central tenía el poder necesario para establecer un código, las leyes que regían la vida de la gente común ya estaban establecidas por medio de las decisiones de las cortes anteriores. Este cuerpo de leyes se llama la «ley de precedente» o «ley común». El parlamento británico mantuvo la ley común. Las nuevas leyes aprobadas por el parlamento se llamaron «los estatutos» y éstos modificaban la ley común para adaptarla a nuevas condiciones que no existían cuando se estableció originalmente.

Las fuentes del derecho en los EE.UU. En las colonias británicas la ley común y los estatutos formaron la base del sistema legal. Hoy en los EE.UU. la ley se basa en las constituciones federal y estatales, la ley común, las decisiones de las cortes de apelación, los estatutos federales, estatales y locales y los reglamentos administrativos. Toda ley en los EE.UU., no importa su origen o fuente, tiene que ser constitucional, es decir, tiene que ser permitida por la Constitución de los EE.UU. y la Constitución del Estado.

La Constitución de los EE.UU. La Constitución de los EE.UU. es el fundamento básico de todas las leyes del país. Establece los derechos fundamentales de los ciudadanos, define los límites dentro de los cuales los gobiernos federal y estatales pueden aprobar leyes y describe las funciones de las diferentes ramas del gobierno nacional. La Constitución consiste de 7 breves artículos y 26 enmiendas.

Los primeros tres artículos de la Constitución describen la estructura y los poderes de las tres ramas del gobierno federal. El primer artículo otorga los poderes legislativos al Congreso. El segundo artículo otorga los poderes ejecutivos a la Presidencia. El tercer artículo otorga los poderes judiciales a la Corte Suprema y a las cortes establecidas por el Congreso. El sexto artículo declara que la Constitución de los EE.UU. y sus leyes y tratados serán la ley suprema de la nación.

Los derechos fundamentales Las 10 primeras enmiendas, que se aprobaron en 1791, se llaman la Carta de Derechos *(Bill of Rights),* y describen los derechos fundamentales de los ciudadanos. Estas enmiendas sirven para limitar los posibles abusos del poder por el gobierno.

La primera enmienda les otorga a todos los ciudadanos los derechos de libertad de culto o religión, de habla, de prensa y de asamblea. La segunda les da el derecho de poseer armas. La tercera prohíbe el alojamiento de tropas en casas privadas sin permiso de los dueños. La cuarta enmienda requiere una orden (un auto) de registro de la corte antes de que se registre a un ciudadano o su domicilio. La quinta enmienda protege contra el «doble riesgo» (que se procese a una persona dos veces por el mismo crimen) y la autoincriminación. La sexta asegura el derecho a un juicio rápido y a un juicio público por jurado. La novena enmienda le otorga al pueblo todos los derechos que no figuran en la Constitución. La décima enmienda les otorga a los estados y al pueblo todos los poderes que no se han dado al gobierno federal en la Constitución.

ESTUDIO DE PALABRAS

Ejercicio 1   Study the following cognates that appear in this chapter.

el origen	el oficial civil	ejecutivo
el grupo	la decisión	fundamental
el individuo	el caso	
la sociedad	el estatuto	afirmar
la unidad	la constitución	protegerse
el imperio	el límite	funcionar
los romanos	el artículo	aceptar
el sistema	la corte suprema	expandir
la república	el abuso	organizar
la base		administrar
el noble	prehistórico	crear
el territorio	primitivo	compilar
las armas	gubernamental	gobernar
la tropa	enorme	resolver
el colono	complejo	consultar
la necesidad	legal	decidir
el monarca	feudal	registrar
el parlamento	absoluto	existir
la condición	judicial	establecer
la función	similar	mantener
la estructura	local	aprobar
la presidencia	estatal	modificar
la disputa	federal	adaptar
el conflicto	constitucional	formar
el magistrado	legislativo	permitir

Ejercicio 2   Match the verb in Column A with its noun form in Column B.

A	B
1. afirmar	a. la protección
2. decidir	b. el establecimiento
3. proteger	c. la resolución
4. expandir	d. la modificación
5. compilar	e. la decisión
6. gobernar	f. la expansión
7. adaptar	g. la forma, la formación
8. establecer	h. la compilación
9. formar	i. la administración
10. permitir	j. la adaptación
11. existir	k. el gobierno
12. resolver	l. la función, el funcionamiento
13. administrar	m. el permiso
14. funcionar	n. la afirmación
15. modificar	o. la existencia

Ejercicio 3   Match the definition in Column A with the word it defines in Column B.

A	B
1. del estado	a. el sistema
2. del gobierno	b. estatal
3. del presidente	c. el monarca
4. relativo a la legislación	d. la condición
5. muy viejo, antiguo	e. gubernamental
6. de la constitución	f. el grupo
7. gobierno sin monarca	g. constitucional
8. conjunto de principios, método de clasificación	h. legislativo
	i. el individuo
9. el estado	j. ejecutivo
10. la persona	k. primitivo
11. varias personas	l. la república
12. el rey	

Ejercicio 4   Select the appropriate word(s) to complete each statement.
1. Ellos quieren _____ un nuevo sistema de gobierno.
    a. establecer   b. consultar   c. resolver
2. Un monarca _____ con poder sin límite.
    a. resuelve   b. mantiene   c. gobierna
3. El código es _____ de leyes.
    a. un parlamento   b. una compilación   c. un artículo

4. El parlamento es para Inglaterra lo que es _____ para los Estados Unidos.
   a. la Corte Suprema   b. el monarca   c. el Congreso
5. La legislatura tiene que _____ una nueva ley.
   a. aprobar   b. adaptar   c. compilar
6. Quieren cambiar o _____ el sistema existente.
   a. establecer   b. modificar   c. afirmar
7. En los Estados Unidos se le otorgan poderes _____ a la Presidencia.
   a. legislativos   b. ejecutivos   c. locales
8. Hay cortes federales, _____ y locales.
   a. feudales   b. gubernamentales   c. estatales
9. La Constitución de los Estados Unidos tiene siete _____.
   a. artículos   b. estatutos   c. unidades
10. A veces la corte o el jurado tiene que resolver _____.
    a. necesidades   b. conflictos   c. oficiales
11. El magistrado es un _____.
    a. oficial civil   b. noble   c. monarca
12. Hay que establecer _____ al poder que tienen los oficiales.
    a. abusos   b. territorios   c. límites

Ejercicio 5   Complete each expression with the appropriate word(s).
1. legislative branch   la rama _____
2. executive powers   los poderes _____
3. fundamental rights   los derechos _____
4. Supreme Court   la Corte _____
5. constitutional amendment   la enmienda a la _____
6. judicial system   el sistema _____
7. civil rights   los derechos _____

Ejercicio 6   Match the English word or expression in Column A with its Spanish equivalent in Column B.

A	B
1. rights	a. la regla
2. law	b. el reglamento
3. rule	c. el jurado
4. regulation	d. la corte
5. code	e. los derechos
6. principle	f. la corte de apelación
7. court	g. la ley, el derecho
8. appellate court	h. la rama
9. agreement	i. el ciudadano
10. jury	j. el código

11. citizen
12. branch
13. trial

k. el principio
l. el acuerdo
m. el juicio

Ejercicio 7   Complete each statement with the appropriate word(s).
1. Existen _____ humanos, civiles, etc.
2. El _____ penal tiene que ver con criminales o delincuentes.
3. Para gobernar hay que establecer _____. Los ciudadanos tienen que saber lo que es legal e ilegal. No pueden vivir «fuera de la _____».
4. Una colección de órdenes o reglas que rigen una cosa es un _____.
5. La escuela, igual que la comunidad, tiene _____ que tenemos que obedecer.
6. El _____ es una recopilación de las leyes de un país.
7. Hay que llegar a un _____ para resolver la disputa.
8. El _____ del país goza de ciertos derechos constitucionales.
9. El _____ es el tribunal (la corte) que tiene el cargo de juzgar algún hecho. Al individuo de este _____ se le llama _____ también.
10. Hay tres _____ del gobierno federal de los Estados Unidos: la _____ legislativa, la _____ ejecutiva y la _____ judicial.

Ejercicio 8   Match the English word or expression in Column A with its Spanish equivalent in Column B.

A	B
1. to name	a. regir
2. to be in force, govern	b. registrar
3. to grant, concede	c. arrendar
4. to amend	d. nombrar
5. to search	e. otorgar
6. to rent, let, lease	f. enmendar

Ejercicio 9   Complete each statement with the appropriate word(s).
1. El magistrado va a _____ el jurado.
2. Aunque los ciudadanos gozan de derechos civiles, hay leyes que _____ la vida de los ciudadanos. Uno no puede vivir fuera de la ley.
3. El primer artículo de la Constitución de los Estados Unidos _____ los poderes legislativos al Congreso.
4. En los Estados Unidos es ilegal _____ la casa de un individuo sin un auto (una orden) de registro.
5. No lo quiere comprar. Lo quiere _____.
6. Es posible _____ la Constitución bajo ciertas circunstancias.

Ejercicio 10   Match the English expression in Column A with its Spanish equivalent in Column B.

A	B
1. freedom of speech	a. la libertad de asamblea
2. freedom of religion	b. la autoincriminación
3. freedom of the press	c. la libertad de habla
4. freedom of assembly	d. el derecho a un juicio ante jurado
5. self-incrimination	e. la libertad de prensa
6. search warrant	f. el auto de registro
7. right to a trial by jury	g. la libertad de culto (religión)

COMPRENSION

Ejercicio 1   Select the appropriate word(s) to complete each statement.
1. Casi todas las leyes europeas se basan en (el Código romano / la ley común británica).
2. El Código napoleónico se basa en (la ley común británica/el Código romano).
3. Durante (la Edad Media / nuestro siglo) el sistema feudal gobernaba en Inglaterra.
4. Se vendían a los (siervos / nobles) juntos con las tierras que trabajaban.
5. Poco a poco los siervos llegaron a ser (nobles / colonos).
6. Al principio, era probable que los (nobles / magistrados) resolvieran los conflictos entre colonos.
7. En las colonias británicas, que incluyeron lo que hoy son los Estados · Unidos, (la ley común británica / el Código romano) formó la base del sistema legal.
8. La (segunda / cuarta) enmienda a la Constitución requiere un auto de registro de la corte antes de que se registre a un ciudadano o su domicilio.

Ejercicio 2   Answer.
1. Al darse cuenta los hombres primitivos que trabajando juntos podían protegerse mejor, ¿qué tenían que fijar?
2. ¿Qué emperador romano fue el primero en compilar los «Códigos»?
3. En los tiempos feudales, ¿cómo se resolvían los conflictos entre los nobles?
4. ¿Qué son los magistrados?
5. Al empezar a crecer (aumentar) su poder, ¿qué estableció el rey?
6. ¿Qué decidían estas cortes?
7. ¿Qué servían para establecer un código escrito?
8. ¿Qué es la «ley de precedente» o «ley común»?
9. ¿Qué es la Constitución de los Estados Unidos?
10. ¿Qué establece la Constitución?

11. ¿Qué define la Constitución?
12. ¿Qué describe la Constitución?
13. ¿Para qué sirve el *Bill of Rights?*
14. ¿Cuál de las enmiendas a la Constitución le asegura al ciudadano el derecho a un juicio en breve tiempo ante jurado?

Ejercicio 3   Complete each of the following statements.
1. La Constitución de los Estados Unidos consiste de _____.
2. El primer artículo de la Constitución _____.
3. El segundo artículo _____.
4. El tercer artículo _____.
5. Se aprobaron las 10 primeras enmiendas a la Constitución en _____.
6. Las 10 primeras enmiendas a la Constitución se llaman _____.
7. Las primeras enmiendas a la Constitución les otorgan a los ciudadanos _____.

Sección II
EL DERECHO CIVIL

Capítulo 2
EL MATRIMONIO

Introducción

Desde muy temprano en la historia, las sociedades han ejercido algún grado de control sobre la familia, la vida privada de los ciudadanos y las costumbres. Este control se ve en las leyes y los reglamentos sobre el matrimonio, sobre la adopción, el trato de niños, el divorcio, las herencias, las responsabilidades de padres e hijos, las costumbres sexuales, el tamaño de la familia, etc. Hoy en los EE.UU. el tema del aborto figura en la política y en la legislación. En algunos estados se prohíbe el aborto salvo en determinados casos, tales como el riesgo de muerte de la madre, casos de violación o de incesto. En otros estados la ley permite el aborto más libremente.

El matrimonio en los EE.UU.

La mayoría de las sociedades consideran el matrimonio como base de la estabilidad de la familia y, por lo tanto, ha favorecido y apoyado el matrimonio. Por eso los matrimonios se solemnizan por medio de una ceremonia. La ceremonia puede ser religiosa o laica. Toma lugar ante una autoridad con la presencia de testigos. Es reconocida por el Estado.

En los EE.UU. el matrimonio se define como contrato. Además de estipular los derechos y las obligaciones de los contratantes, el contrato tiene fuerza de ley. Cada uno tiene el derecho de recibir ayuda económica del otro cuando sea necesario. También es responsable por cualquier deuda incurrida en conexión con las necesidades básicas. Cada uno tiene derecho legal a una parte de la propiedad o renta del otro en caso de muerte y, a veces, en caso de separación legal o divorcio. Sus hijos tienen derecho a custodia y sostén y, en algunos casos, a una parte de la propiedad de los padres en caso de su muerte.

El matrimonio en Latinoamérica

En la mayoría de los países hispanos el matrimonio no se considera como contrato sino como una institución jurídica y social que se basa en el consentimiento. Tiene por objeto la procreación y la satisfacción de necesidades morales y materiales del individuo. No obstante, es un acto jurídico. Los derechos y las obligaciones de los esposos están fijados por las disposiciones que el Estado impone para proteger la institución del matrimonio.

Impedimentos legales al matrimonio

En casi todos los países desarrollados existen ciertas restricciones legales al matrimonio. Entre ellas figuran la edad de consentimiento, la consanguinidad, la afinidad, el estado mental, la bigamia y la poligamia.

La edad En los EE.UU. cada estado determina la edad de consentimiento o la edad mínima para contraer matrimonio. Varía desde los 13 años para mujeres (14 años para hombres) en New Hampshire, con permiso de los padres, hasta los 21 años en Misisipí y Puerto Rico, sin necesidad de permiso de los padres. En la Argentina, por ejemplo, las mujeres pueden casarse a los 14 años y los hombres a los 16 años. Si una mujer de edad inferior a los 14 años se encuentra embarazada por el hombre con quien pretende casarse, se permite el matrimonio hasta a la edad de 12 años. Los menores de edad que quieren casarse necesitan la autorización de los padres o de un juez.

La consanguinidad En la Argentina se prohíbe el matrimonio entre ascendientes y descendientes sin limitación, sean legítimos o ilegítimos. Esto quiere decir que es ilegal el matrimonio entre padres e hijos, abuelos y nietos y entre hermanos o medio hermanos, legítimos o ilegítimos. En los EE.UU. generalmente se prohíbe, por razones de consanguinidad, el matrimonio entre hermanos, padres e hijos, abuelos y nietos, tíos y sobrinos.

La afinidad «La afinidad» se define como el parentesco por razones de matrimonio, o el parentesco político. La afinidad se contrasta con la consanguinidad en el hecho de que el parentesco no es por sangre. En la Argentina se prohíbe el matrimonio por afinidad en línea recta. Los padrastros no pueden casarse con los hijastros; los suegros no pueden casarse con los yernos o nueras, etc. En los EE.UU. la mitad de los estados no les pone ningún impedimento al matrimonio por razón de afinidad. En algunos estados la afinidad es un impedimento.

La bigamia y la poligamia En las Américas, en Europa y en la mayor parte del mundo se permite sólo un cónyuge, un esposo o una esposa. En algunas otras sociedades se permite la poligamia o poliandria. Tanto en los EE.UU. como en la Argentina, la bigamia o poligamia es ilegal. En todos los estados de los EE.UU. la bigamia y la poligamia se consideran crímenes. Cualquier matrimonio contraído mientras que uno de los esposos está todavía legalmente casado con otra persona se considera nulo, a no ser que el matrimonio anterior haya sido anulado. Los hijos de un matrimonio inválido se consideran ilegítimos.

Otros impedimentos En los EE.UU. 32 de los estados requieren una prueba de sangre de las personas que quieren contraer matrimonio. La prueba de sangre es para descubrir la presencia de sífilis. En el caso de una prueba positiva, si la enfermedad no está en período de contagio, sólo se les informa a los novios. Si la enfermedad está en período de contagio no se les otorga una licencia matrimonial.

Las amonestaciones de matrimonio

Según la ley canónica, antes de permitir el casamiento, la iglesia les obligaba a los novios esperar determinado período de tiempo. Durante este tiempo se anunciaba al público las intenciones de los novios. Estos anuncios se llamaban las «amonestaciones de matrimonio». El propósito de las amonestaciones era de permitir a cualquier persona que se oponía al matrimonio tiempo y oportunidad para informar a la iglesia de sus objeciones. En los Estados Unidos, en lugar de las amonestaciones, la ley requiere un período de espera antes de otorgar una licencia matrimonial. Este período varía de estado en estado de unas 24 horas a unos 7 días. Durante este tiempo se puede descubrir alguna evidencia de fraude, de coacción o de falta de seriedad.

Los acuerdos antenupciales o prematrimoniales En los EE.UU. son cada vez más comunes los acuerdos entre los novios antes de casarse con respecto a los bienes y propiedades. Es obvio que estos acuerdos son más frecuentes entre personas con rentas elevadas. Estos acuerdos tienen que ser por escrito y firmados por ambos cónyuges. Las leyes no son iguales en todos los estados.

El matrimonio por ley común

En Inglaterra, bajo la ley común, no había necesidad de una ceremonia formal para unir a una pareja en matrimonio. Sólo se les obligaba declarar entre sí que estaban casados. Ni siquiera era necesario tener testigos. El acuerdo se podía hacer por escrito u oralmente. En los EE.UU. se reconoce el matrimonio por ley común en sólo 13 estados. Para que el Estado reconozca un matrimonio de este tipo se requiere lo siguiente: las dos personas tienen que estar de acuerdo, empleando palabras en tiempo presente, que sí son marido y mujer; los dos tienen que cohabitar—vivir juntos—en el mismo lugar como esposos; los dos deben presentarse al público como esposos para que la gente reconozca su estado matrimonial. El matrimonio por ley común contraído en un estado donde se reconoce este tipo de matrimonio es válido en cualquier otro estado.

ESTUDIO DE PALABRAS _____

Ejercicio 1   Study the following cognates that appear in this chapter.

la sociedad	la ceremonia	la afinidad
el grado	la actividad	el estado
el control	la presencia	la bigamia
la familia	la autoridad	la poligamia
el matrimonio	el contrato	la autorización
la adopción	la conexión	el ascendiente
la separación	la necesidad	el descendiente
el divorcio	la propiedad	el cónyuge
las herencias	la custodia	el crimen
la responsabilidad	la institución	la licencia
el aborto	el consentimiento	la sífilis
la política	la procreación	la amonestación
la legislación	el impedimento	la intención
el caso	la restricción	la objeción
el incesto	la consanguinidad	la evidencia
la estabilidad	la edad de consentimiento	el fraude

privado	nulo	incurrir
sexual	inválido	imponer
determinado	matrimonial	proteger
legal	antenupcial	determinar
ilegal	prematrimonial	variar
jurídico	común	anular
moral		anunciar
mental	ejercer	divorciar
mínimo	solemnizarse	informar
legítimo	estipular	cohabitar
ilegítimo		

Ejercicio 2 Complete each expression with the appropriate word(s).

1. legal right   el derecho _____
2. prenuptial agreement   un acuerdo _____
3. common law   la ley _____
4. legal separation   la separación _____
5. private life   la vida _____
6. illegitimate child   el hijo _____
7. age of consent   la edad de _____
8. mental state   el estado _____
9. invalid matrimony   un matrimonio _____
10. marriage license   la _____ matrimonial

Ejercicio 3 Give the word or expression being defined.

1. el tener dos esposos (cónyuges)
2. el tener más de dos esposos (cónyuges)
3. el esposo
4. la persona que desciende de otra, el nieto con relación a su abuelo
5. lo contrario de «máximo»
6. el obstáculo
7. el permiso, la autorización
8. el parentesco de dos personas por sangre
9. el homicidio, el asesinato, la traición, etc.
10. la limitación, la reserva, la condición
11. que no tiene efecto legal
12. dar por nulo, abolir, revocar
13. el rito, la pompa
14. lo que uno necesita
15. lo contrario de «la ausencia»

Ejercicio 4   Match the word in Column A with its definition in Column B.

A	B
1. informar	a. decir, dar noticia
2. cohabitar	b. conforme a la ley, auténtico
3. anunciar	c. separarse dos personas casadas
4. divorciar	d. enterar, instruir
5. la objeción	e. las relaciones sexuales entre parientes
6. la custodia	próximos
7. la propiedad	f. vivir juntos
8. el incesto	g. la oposición
9. incurrir	h. la acción de guardar o vigilar a una
10. legítimo	persona
	i. cometer
	j. los bienes que posee un individuo

Ejercicio 5   Match the English word or expression in Column A with its Spanish equivalent in Column B.

A	B
1. rights	a. el sostén
2. party	b. el aborto
3. blood test	c. el período de espera
4. support	d. los derechos
5. to enter into marriage	e. la violación sexual
6. waiting period	f. el contratante
7. pregnant	g. la prueba de sangre
8. abortion	h. contraer matrimonio
9. rape	i. la pareja
10. couple	j. embarazada

Ejercicio 6   Complete each statement with the appropriate word(s).

1. El _____ de los niños es la responsabilidad de los padres.
2. El matrimonio es un contrato que conlleva _____ y obligaciones para los esposos.
3. Van a _____ ante el juez. Quieren una ceremonia civil.
4. Algunos estados requieren un _____ antes de otorgar una licencia matrimonial.
5. Una _____ antes de contraer matrimonio es necesaria para determinar la posible presencia de sífilis.
6. La señora está _____. Va a dar a luz (parir) en julio.
7. La _____ va a casarse el año que viene.
8. La _____ es un crimen.

Ejercicio 7   Match the English word or expression in Column A with its Spanish equivalent in Column B.

A	B
1. debt	a. los menores de edad
2. income	b. el parentesco
3. minors	c. el acuerdo
4. judge	d. firmar
5. relationship	e. la deuda
6. witness	f. la renta
7. to grant, concede	g. la coacción
8. agreement	h. el juez
9. common law	i. el testigo
10. to sign	j. otorgar
11. coercion, duress	k. la ley común

Ejercicio 8   Complete each statement with the appropriate word(s).
1. Lo que uno debe es una _____.
2. El dinero que uno recibe en forma de sueldo (salario) o intereses y dividendos es su _____.
3. Los _____ no tienen derecho al voto.
4. Todos los contratantes tienen que _____ el contrato antes de que sea válido.
5. No es válido un contrato si hay evidencia de _____.
6. El _____ tendrá que juzgar el caso.
7. Ellos tienen que llegar a un _____ para poner fin al conflicto.
8. El contrato les _____ derechos y obligaciones a los contratantes.
9. ¿Cuál es el _____ entre estos dos individuos? ¿Es de consanguinidad o de afinidad?
10. El matrimonio por _____ es legal en algunos estados y en otros no lo es.

COMPRENSION

Ejercicio 1   True or false?
1. Las sociedades no ejercen ningún grado de control sobre la familia y la vida privada de los ciudadanos.
2. Existen leyes y reglamentos sobre el matrimonio, la adopción, el divorcio, las herencias, etc.
3. El tema del aborto no tiene gran importancia en los Estados Unidos.
4. En los Estados Unidos la ceremonia matrimonial puede ser religiosa o laica.
5. El contrato matrimonial en la mayoría de los estados no tiene fuerza de ley.

6. En la mayoría de los países hispanos el matrimonio se define como un contrato.
7. En los Estados Unidos cada estado determina la edad de consentimiento, o sea, la edad mínima para contraer matrimonio.
8. Todos los estados ponen un impedimento al matrimonio por razón de afinidad.
9. Los anuncios hechos por la iglesia sobre las intenciones de contraer matrimonio se llaman «amonestaciones».
10. El matrimonio por ley común se reconoce en todos los estados de los Estados Unidos.

Ejercicio 2   Answer.
1. ¿Cómo se solemniza el matrimonio?
2. ¿Cómo se define el matrimonio en los Estados Unidos?
3. ¿A qué tiene derecho legal cada uno de los contratantes del contrato matrimonial?
4. ¿A qué tienen derecho sus hijos?
5. ¿Por qué razones se prohíbe el matrimonio entre hermanos, padres e hijos?
6. ¿Cómo se define «el parentesco por afinidad»?
7. En los Estados Unidos, ¿cuántos cónyuges se le permite a uno tener?
8. ¿Por qué requieren muchos estados una prueba de sangre a los que solicitan una licencia matrimonial?
9. En vez de las amonestaciones, ¿qué requiere la ley en los Estados Unidos?
10. ¿Por qué se requiere este período de espera?

Ejercicio 3   Follow the directions.
Prepare una lista de los impedimentos legales al matrimonio.

Ejercicio 4   Identify each of the following terms.
1. el acuerdo antenupcial o prematrimonial
2. el matrimonio por ley común

Capítulo 3
EL PARENTESCO Y LA FILIACION

«El parentesco es el vínculo subsistente entre todos los individuos de los dos sexos que descienden de un mismo tronco». Así define el parentesco la ley en un país hispano. El parentesco proviene del matrimonio, de la filiación y de la adopción. El parentesco por afinidad es el que existe entre una persona y los parientes de su cónyuge. La filiación es lo que une a una persona con sus progenitores. Antiguamente, en los países hispanos había dos grados de filiación, la legítima y la ilegítima. La legítima era derivada del matrimonio, la ilegítima, no.

Filiación matrimonial En la mayoría de los estados de los EE.UU. se les considera legítimos a los hijos que nacen después del matrimonio de los padres, no importa cuando fueran concebidos. En los países hispanos lo más típico es que se considere legítimo al hijo concebido durante el matrimonio válido de su padre y madre, y también al hijo legitimado por subsiguiente matrimonio de los padres después de la concepción.

Maternidad y paternidad La filiación materna resulta del nacimiento. La filiación paterna puede ser más problemática. Generalmente, en casi todos los países, incluso los países hispanos, la ley presume que los hijos concebidos por la madre durante el matrimonio tienen por padre al marido. No obstante, el marido puede desconocer la paternidad del hijo nacido durante el matrimonio. El desconocimiento del hijo por el marido puede basarse en varias razones: por prueba de adulterio de la madre; por prueba de impotencia previo al matrimonio; por prueba de la imposibilidad de acceso a la mujer durante el período de tiempo del comienzo del embarazo.

Legitimación La legitimación se efectúa con el matrimonio de los padres después del nacimiento del hijo. Los padres tienen que reconocer al hijo antes de o durante la celebración del matrimonio. Según la ley, los hijos legitimados por subsiguiente matrimonio son iguales a los legítimos para todos los efectos legales, desde el día de la celebración del matrimonio, y la legitimidad aprovecha a su posteridad legítima.

La adopción En los Estados Unidos bajo los estatutos contemporáneos, los hijos adoptivos se tratan igual que los hijos nacidos de los padres adoptivos. Heredan de los padres adoptivos y no de los padres naturales. Su parentesco con sus hermanos adoptivos y con toda la familia de los padres adoptivos es igual que si fueran hijos naturales. En los EE.UU. las leyes de adopción varían de estado en estado.

Líneas y grados de parentesco   La proximidad del parentesco se establece por líneas y grados. El «grado» es el vínculo entre dos personas formado por la generación. La «línea» es la serie no interrumpida de grados. El «tronco» es el grado de donde se separan dos o más líneas. Cada una de estas líneas se llama «rama». Hay tres líneas de parentesco: la línea descendente, la línea ascendente y la línea colateral. En muchos países el parentesco es muy importante en el sentido jurídico. El parentesco determina el derecho sucesorio (los derechos a la herencia), la obligación alimentaria y otras.

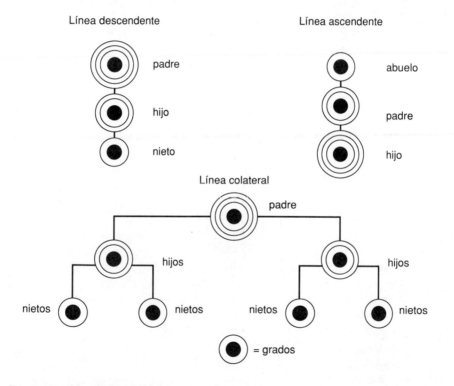

La protección de los menores

El Estado toma la responsabilidad de proteger a los menores y a otros que no son capaces de protegerse, tales como los que sufren de inhabilidad física o mental. En el caso de niños menores o de los niños que no han nacido todavía, el Estado designa a los padres como representantes legales que pueden, en su nombre, realizar todos los actos jurídicos relativos a sus personas. En casi todos los países, los padres, bajo la ley, tienen la responsabilidad de proveerles a los hijos la satisfacción de las necesidades básicas de alimento, vestido, habitación y asistencia y gastos por enfermedades, además del deber de educación. En los EE.UU. el Estado les protege a los niños contra el descuido, el maltrato y el abuso. Las leyes estatales proveen para apartar a los hijos de los padres abusivos y alojarlos en lugares seguros donde se les tratará debidamente. Las leyes también imponen sanciones y castigos a los que abusan de los menores de edad. A pesar de que los padres tienen el derecho natural de custodia y control de sus hijos, el Estado puede quitarles este derecho si maltratan a sus hijos. En muchos estados la ley les obliga a los maestros de escuela, a los médicos y enfermeros a informar a las autoridades cualquier caso de posible abuso. Además, en algunos estados se les otorga inmunidad legal a las personas que informan sobre casos de abuso de menores.

En algunos países hispanos la ley impone severas penalidades a los padres que se niegan a prestar los medios indispensables para la subsistencia a su hijo menor de 18 años o de más de 18 años, si el hijo estuviera impedido. También en los países hispanos es frecuente la obligación legal de los hijos mayores a proveerles los medios indispensables para la subsistencia a los padres viejos o impedidos.

ESTUDIO DE PALABRAS

Ejercicio 1   Study the following cognates that appear in this chapter.

la adopción	el sexo	severo
la proximidad	el tronco	legítimo
la línea	el matrimonio	ilegítimo
el grado	la filiación	válido
la generación	el progenitor	problemático
la protección	la maternidad	público
los menores	la paternidad	privado
el representante	el adulterio	competente
el acto	la impotencia	legal
la satisfacción	la legitimación	subsiguiente
la necesidad	el instrumento	
el abuso	el documento	heredar
la sanción	la declaración	abusar
la custodia	el estatuto	informar
el control		imponer
la autoridad	adoptivo	descender
la inmunidad	adoptado	unir
la penalidad	básico	concebir
la subsistencia	abusivo	presumir
el individuo	estatal	basarse

Ejercicio 2   Complete each expression with the appropriate word(s).
1. legitimate child   el hijo _____
2. illegitimate child   el hijo _____

3. basic needs   las necesidades _____

4. abusive parents   los padres _____

5. legal custody   la custodia _____

6. legal impunity   la impunidad _____

7. severe penalty   la penalidad _____

8. subsequent generations las generaciones _____

Ejercicio 3 Complete the following personally.

1. Edad _____
2. Sexo: Masculino (varón) _____ Femenino (hembra) _____
3. Estado civil: Soltero(a) _____ Casado(a) _____
        Separado(a) _____ Divorciado(a) _____

Ejercicio 4 Match the word in Column A with its opposite in Column B.

A	B
1. unir	a. los mayores
2. la impotencia	b. nulo
3. público	c. separar
4. competente	d. la maternidad
5. los menores	e. la potencia
6. válido	f. privado
7. la paternidad	g. adoptivo
8. natural	h. impedido

Ejercicio 5 Choose the appropriate words to complete each statement.

1. adoptar la adopción adoptado adoptivo

  Son los padres _____ que _____ a un hijo. El hijo que
  _____ es el hijo _____. Muchas veces la _____ toma
  lugar cuando el hijo _____ es infante.

2. abusar el abuso abusado abusivo

  Los padres no pueden _____ a sus hijos. El _____ de
  menores es ilegal y lleva penalidades severas. El gobierno aparta o separa
  a los niños _____ de los padres _____.

Ejercicio 6 Match the English word or expression in Column A with its Spanish equivalent in Column B.

A	B
1. relationship	a. desconocer
2. bond, link	b. el reconocimiento
3. pregnancy	c. el parentesco
4. birth	d. la inhabilidad
5. to deny, refuse to recognize	e. el vínculo
	f. el descuido
6. family branch	g. el nacimiento
7. recognition	h. el testamento

8. neglect
9. incompetence
10. incompetent, disabled
11. mistreatment
12. punishment
13. will

i. el embarazo
j. impedido
k. la rama de la familia
l. el castigo
m. el maltrato

Ejercicio 7   Give the word being defined.
1. negarse a reconocer a alguien o algo
2. la acción de reconocer
3. la penalidad, la pena impuesta por haber hecho algo malo
4. inválido, incapacitado
5. lo contrario de «la muerte»
6. la falta de cuidado, la negligencia
7. la acción de tratar mal o hacerle daño a una persona
8. el documento mediante el cual uno declara su última voluntad y dispone de sus bienes (su propiedad)
9. el lazo, la unión
10. la conexión familial

COMPRENSION

Ejercicio 1   Answer.
1. ¿Qué es el parentesco por afinidad?
2. ¿Cómo podría desconocer el marido la paternidad del hijo nacido durante el matrimonio?
3. ¿Cuándo se efectúa la legitimación del hijo?
4. En los Estados Unidos, ¿cómo se tratan a los hijos adoptivos?
5. ¿De quiénes heredan los hijos adoptivos, de los padres adoptivos o de los padres naturales?
6. ¿Cuáles son tres líneas de parentesco?
7. Bajo la ley, ¿quiénes tienen la responsabilidad de proveerles a los hijos la satisfacción de las necesidades básicas?
8. ¿Bajo qué circunstancias puede el Estado quitarles a los padres la custodia de sus hijos?

Ejercicio 2   Explain each of the following terms.
1. el parentesco
2. el grado de parentesco
3. la línea de parentesco
4. las necesidades básicas

Capítulo 4
LA DISOLUCION DEL MATRIMONIO

El matrimonio puede disolverse de tres maneras: por la muerte de uno de los cónyuges, por anulación o por divorcio.

La anulación

La anulación es una declaración por la corte que el matrimonio fue nulo desde un principio. En los EE.UU. se anula un matrimonio si hubo fraude en el contrato de matrimonio. Los fraudes más comunes en el matrimonio que sirven como base de anulación son:

- no tener los cónyuges la edad de consentimiento
- no haber una intención de casarse, por ejemplo, si se participó en una ceremonia de casamiento como broma
- tener la intención de nunca tener hijos sin decírselo a su cónyuge
- estar embarazada por otro que no sea el marido sin informarle al marido
- sufrir de una enfermedad venérea incurable sin informarle al cónyuge
- sufrir de una enfermedad mental cuando se contrajo matrimonio
- ser impotente (no poder tener relaciones sexuales).

En los países hispanos la anulación ocurre si el matrimonio se realiza con la existencia de uno de los impedimentos legales como la consanguinidad, falta de edad mínima, bigamia o locura. También se puede anular el matrimonio en caso de violencia, dolo (fraude) o error sobre la identidad del individuo o en caso de impotencia anterior a la celebración del matrimonio.

El divorcio

La mayoría de las sociedades tratan de impedir el divorcio. En algunos países el divorcio simplemente no existe. En los EE.UU. las leyes permiten el divorcio por diferentes causas, según el estado. Las causas más comunes son el adulterio; la crueldad mental o física; el abandono; el alcoholismo o la adicción a las drogas; la falta de manutención; la condena a prisión; la impotencia y, con mucha frecuencia hoy día, el deterioro de la vida conyugal. El estado de deterioro de las relaciones conyugales lleva varios nombres. En algunos estados se llama «diferencias irreconciliables», en otros «deterioro irremediable». Las cortes en muchos estados otorgan un «divorcio sin culpa» en base al deterioro de la vida conyugal. En algunos estados el divorcio sin culpa se llama «disolución». En algunos estados se requiere que los cónyuges se separen por determinado período de tiempo antes de otorgarles el divorcio.

En algunos países hispanos el divorcio es, en realidad, la separación legal. Sólo autoriza la separación personal de los esposos, sin que se disuelva el vínculo matrimonial. Las personas divorciadas no tienen el derecho de casarse con otros. Se llama, simplemente, «separación de cuerpos».

Pensión alimenticia/manutención La corte puede obligarle a un esposo a pagarle una pensión alimenticia al otro. En el pasado sólo se pagaba la pensión a las esposas. Hoy, en muchos estados, los maridos también pueden tener derecho a una pensión alimenticia o alimonia. Esta pensión puede pagarse regularmente a intervalos específicos o puede pagarse de una sola vez. La alimonia temporera se le otorga a uno de los esposos mientras que se espera finalizar el divorcio o mientras se completa un acuerdo permanente de manutención. A veces se denomina pensión alimenticia *pendente lite* o «pendiente de litigio».

La custodia Después del divorcio, normalmente uno de los padres recibe la custodia de los hijos menores. Se puede dar la custodia de los hijos a alguien que no sea uno de los padres, pero solamente cuando los dos padres son, física o moralmente incapaces de custodiar a los hijos menores. A veces la corte les da la custodia de los hijos a los dos padres, «la custodia conjunta». Este tipo de custodia requiere el acuerdo mutuo del marido y de la esposa, y cada año es más común. Así ambos padres tienen la responsabilidad de criar a los hijos.

La propiedad y los bienes matrimoniales Las leyes de propiedad matrimonial en los EE.UU. se basan por lo general en la ley común británica. Según la ley común, cualquier propiedad o bienes que trajo uno de los esposos al matrimonio quedaba como propiedad de esa persona. Igualmente, los bienes adquiridos por uno de los esposos por herencia, por su propio trabajo o como regalo después de casado se consideraban propiedad de ese esposo. En los EE.UU. hay nueve jurisdicciones que no siguen la ley común respecto a la propiedad matrimonial. Estas nueve se llaman «jurisdicciones de propiedad comunitaria». Según sus leyes, los bienes adquiridos durante el matrimonio generalmente pertenecen por igual a los dos esposos, no importa quién los adquirió.

Casi todos los estados tienen estatutos hoy que aseguran una distribución equitativa de la propiedad matrimonial cuando ocurre el divorcio. Estas leyes permiten a los jueces distribuir la propiedad equitativamente entre el marido y la esposa, no importa quién tiene título de propiedad.

ESTUDIO DE PALABRAS

Ejercicio 1 Study the following cognates that appear in this chapter.

la disolución	el contrato	la consanguinidad
la anulación	la edad de consentimiento	la bigamia
el divorcio	la intención	la violencia
la declaración	la enfermedad venérea	el error
la corte	la relación	la identidad
el fraude	la existencia	el individuo

la impotencia	impotente	disolver
la causa	conyugal	informar
el adulterio	irreconciliable	anular
el deterioro	irremediable	divorciar
la diferencia	legal	impedir
la separación	temporero	separarse
el intervalo	mutuo	autorizar
la custodia	adquirido	
la propiedad	equitativo	
la herencia	venéreo	
la jurisdicción	sexual	
el estatuto	incurable	
la distribución		

Ejercicio 2   Complete each expression with the appropriate word(s).

1. legal separation   la separación _____
2. marriage contract   el _____ matrimonial
3. physical cruelty   la crueldad _____
4. mental cruelty   la _____ mental
5. irreconcilable differences   las _____ irreconciliables
6. venereal disease   la enfermedad _____
7. sexual relations   las relaciones _____
8. existence of fraud   la existencia de _____
9. false identity   la _____ errónea
10. mutual consent   el consentimiento _____

Ejercicio 3   Give the word or expression being defined.

1. que no se puede curar
2. que no puede tener relaciones sexuales
3. el tener dos cónyuges
4. que no se puede reconciliar
5. que no se puede remediar
6. obtenido
7. justo
8. de los dos contratantes, de las dos partes
9. apartarse
10. la persona

Ejercicio 4   Select the appropriate word(s) to complete each statement.

1. La disolución final del matrimonio es _____.
   a. la separación   b. el matrimonio por ley común   c. el divorcio
2. Existió _____ porque uno de los contratantes actuó de mala fe.
   a. el fraude   b. la crueldad   c. la impotencia
3. _____ es la violación de la fe conyugal.
   a. La violación   b. La anulación   c. El adulterio

4. La _____ de muchos divorcios hoy en día son las diferencias irreconciliables.
   a. existencia   b. anulación   c. causa
5. La _____ son los bienes que el individuo ha adquirido.
   a. distribución   b. propiedad   c. identidad
6. La _____ es lo que tiene que pagar un cónyuge al otro después del divorcio.
   a. custodia   b. anulación   c. pensión alimenticia
7. El cónyuge que tiene _____ de los hijos es el que tiene la responsabilidad por su cuidado y manutención.
   a. la custodia   b. el abandono   c. la propiedad

Ejercicio 5   Match the English word or expression in Column A with its Spanish equivalent in Column B.

A	B
1. judge	a. otorgar
2. agreement	b. la custodia conjunta
3. community (joint) property	c. la manutención
4. title of ownership	d. la muerte
5. no-fault divorce	e. la edad mínima
6. deceit	f. la pensión alimenticia *pendente lite*
7. temporary alimony	g. el divorcio sin culpa
8. support	h. el juez
9. joint custody	i. el dolo
10. to grant	j. el título de propiedad
11. death	k. el acuerdo
12. minimum age	l. la propiedad comunitaria

Ejercicio 6   Give the term being defined.
1. el divorcio de consentimiento mutuo
2. el engaño, el fraude
3. el papel o documento que afirma que alguien es el dueño o propietario
4. el fallecimiento, la cesación definitiva de la vida
5. la propiedad que pertenece a los dos cónyuges
6. la pensión alimenticia que se paga hasta que se finalice el divorcio
7. dar
8. los dos padres divorciados tienen el derecho de cuidar de los hijos
9. el que decide o juzga en la corte
10. los medios (puede ser dinero) para mantener o sostener a alguien

COMPRENSION _____

Ejercicio 1   Give the following information.
1. tres maneras en que el matrimonio puede disolverse
2. cuatro causas por las cuales las leyes de los Estados Unidos permiten el divorcio

Ejercicio 2   Identify or define each of the following.
1. la anulación
2. el divorcio sin culpa
3. la pensión alimenticia
4. la manutención
5. la custodia conjunta

Ejercicio 3   Answer.
1. ¿Bajo qué condiciones se puede anular un matrimonio cn los Estados Unidos?
2. ¿Cuáles son los fraudes más comunes que sirven como base de anulación?
3. ¿Qué exigen algunos estados que hagan los cónyuges antes de otorgarles el divorcio?
4. ¿Cómo se puede pagar la pensión alimenticia?
5. ¿Bajo qué condiciones se puede dar la custodia de los hijos a alguien que no sea uno de los padres naturales?
6. ¿Qué dicen las nueve jurisdicciones de propiedad comunitaria?
7. ¿Qué tienen casi todos los estados para asegurar una distribución equitativa de la propiedad al ocurrir un divorcio?

Capítulo 5
LOS TESTAMENTOS

El testamento

Una de las últimas tareas para realizar en el derecho personal es la preparación del testamento. La gente muere y frecuentemente deja propiedad de un tipo u otro. A no ser que la propiedad sea de propiedad conjunta con otro dueño, hay que seguir un proceso para distribuir la propiedad a otros. El proceso varía según si la persona difunta dejó un testamento o no.

Si el difunto dejó un testamento, entonces el testamento tiene que ser sometido a una verificación de testamento por la corte. Si el difunto murió sin testamento, la ley del estado donde el difunto residía cuando murió determina quién va a heredar la propiedad. En todo caso, la propiedad se distribuye bajo la vigilancia de la corte.

El testamento es un documento preparado y firmado por una persona donde se describe cómo se debe distribuir su propiedad después de su muerte. Cada estado tiene sus propias leyes con los requisitos para la preparación de un testamento.

El testador La capacidad del testador es una de las consideraciones más importantes para determinar la validez de un testamento. En general, cualquier persona que haya cumplido su mayoría (los 18 años en casi todos los estados) y que es de mente sana puede hacer su testamento. El testador de mente sana tiene que tener suficiente capacidad mental para comprender la naturaleza y el tamaño de su propiedad. Además, los testadores deben comprender quiénes serían los que se beneficiarían de sus bienes. También tienen que entender que están firmando un testamento.

Influencia indebida A veces la validez de un testamento se pone en duda por razones de influencia indebida. Por eso es importante tener testigos que pueden declarar que el testamento se hizo libre de coacción y con el libre albedrío del testador. La corte tiene que distinguir entre la influencia indebida y la atención, consejo y bondad mostrados por la persona nombrada en el testamento hacia el testador.

La corte probatoria Es donde se verifican los testamentos después de la muerte del testador. Estas cortes también se llaman «cortes de testamentarias» o «cortes de huérfanos».

La forma del testamento Un testamento puede ser muy sencillo. Se requiere solamente (1) la identidad específica del testador, (2) la descripción específica de la propiedad del testador y la identidad de los beneficiarios y (3) la firma del testador y la presencia de testigos. El testamento tiene que conformarse a los estatutos del Estado y debe ser revisado por un abogado. Los siguientes son los requisitos para un testamento válido, según los estatutos de la mayoría de los estados.

- El testamento debe aparecer por escrito. Tiene que ser verificado por la corte y registrado en el registro público. Puede ser escrito a mano o a máquina. El testamento que se verifica tiene que ser la versión original y no una copia. No puede alterarse de ninguna manera.
- El testamento tiene que ser firmado debidamente. Tiene que llevar una firma tal que se pueda identificar al testador. El testamento tiene que firmarse ante testigos. La ley les permite a los testadores firmar con una X o con cualquier marca. Es así porque, según la ley, cualquier marca que se hace en el papel es una firma si es ésa la intención de la persona que la hace.
- El testamento tiene que firmarse ante testigos. La ley especifica el número de testigos que tienen que presenciar la firma del testamento. Después de que el testador firma, los testigos entonces firman en presencia del testador y, en algunos estados, en presencia de los otros testigos. En muy pocos estados se admite, y es válido sin testigos, el testamento ológrafo, que es un testamento escrito exclusivamente en el puño y letra[1] del testador.

Los codicilos La preparación de un testamento nuevo hace nulo cualquier testamento anterior. En los casos de testamentos largos y complicados, el testador puede hacer cambios menores al testamento original por medio de un codicilo, o suplemento que se puede añadir al documento original o se puede preparar por separado. En todo caso, tiene que prepararse con todas las formalidades del mismo testamento.

El testamentario Es la persona nombrada en el testamento para llevar a cabo los términos del testamento. Cuando el testador muere, los títulos de todas sus propiedades pasan automáticamente a manos del testamentario. Es la responsabilidad del testamentario disponer de la propiedad tal como indica el testamento. Los títulos de bienes raíces pasan directamente a los herederos y no al testamentario.

Tan pronto como muere el testador, se somete el testamento a verificación. La corte de verificación de testamentos determina si el testamento es válido o no. Si nadie se opone a la verificación, el proceso es muy sencillo. Ocurre, a veces, que los herederos que no aparecen en el testamento lo disputan, y un largo litigio puede resultar.

Después de verificado el testamento, el juez le autoriza al testamentario a hacerse cargo de la propiedad y a distribuirla según los términos del testamento. El testamentario tiene que recibir la aprobación de la corte para todas sus actividades con relación al testamento. Después de la distribución de la propiedad, la corte despide al testamentario y se declara hecha la disposición del patrimonio. Si por cualquier razón el testamentario no puede desempeñar su cargo o si el difunto muere sin testamento, la corte nombrará a un administrador para hacerse cargo del patrimonio.

---

[1] *handwriting*

Calidad de intestado El que muere sin dejar testamento se considera haber muerto intestado y su propiedad se distribuye según las leyes de descendencia o linaje del estado donde residía. La corte de verificación testamentaria nombra a un administrador para encargarse del patrimonio.

La propiedad de una persona que muere intestado se entrega a sus herederos según la ley del estado donde residía el difunto cuando murió. Generalmente, el esposo o la esposa del difunto recibe una tercera parte o la mitad del patrimonio. El resto se divide por igual entre los hijos del difunto. Si alguno de los hijos ha muerto, los nietos reciben por partes iguales lo que le tocaba al hijo difunto del abuelo. Si no existen ni hijos ni nietos, la propiedad pertenece a los padres del difunto, si vivos, y si no, a los hermanos. Igualmente, los hijos de cualquier hermano difunto—los sobrinos— reciben la parte del patrimonio que les tocaba a sus padres. Si no hay hermanos ni sobrinos, los tíos heredan la propiedad. Si ningún tío sobrevive al difunto, entonces los primos son los herederos. Solamente cuando no existe ningún pariente por parentesco (por sangre), puede pasar el patrimonio a ser propiedad del Estado.

Los estatutos modernos tratan a los hijos adoptivos como si fueran hijos naturales de sus padres adoptivos. Ellos heredan el patrimonio de sus padres adoptivos y no de sus padres naturales. De manera igual, ellos son los herederos de sus hermanos adoptivos y de sus otros parientes adoptivos.

ESTUDIO DE PALABRAS

Ejercicio 1 Study the following cognates that appear in this chapter.

la preparación	la responsabilidad	distribuir
la propiedad	el litigio	variar
el proceso	el término	someter
la verificación	el administrador	residir
la corte	la descendencia	heredar
la vigilancia	el linaje	beneficiar
la capacidad	el resto	declarar
la identidad	la influencia	conformar
la descripción	la propiedad del Estado	registrar
el beneficiario		alterar
la presencia	frecuentemente	disponer
la versión	sano	indicar
la copia	probatorio	determinar
el codicilo	nulo	oponer
el suplemento	anterior	disputar
el documento	complicado	dividir
el título	mental	

Ejercicio 2   Match the verb in Column A with its noun form(s) in Column B.

A	B
1. preparar	a. la sumisión
2. distribuir	b. la herencia, el heredero
3. variar	c. la preparación
4. verificar	d. el beneficio, el beneficiario
5. someter	e. la residencia, el residente
6. residir	f. el registro
7. heredar	g. la distribución
8. beneficiar	h. la oposición
9. declarar	i. la descendencia, el descendiente
10. registrar	j. la variación, la variedad
11. alterar	k. la división
12. oponer	l. la verificación, el verificador
13. disputar	m. la declaración
14. descender	n. la alteración
15. dividir	o. la disputa

Ejercicio 3   Complete each expression with the appropriate word(s).
1. of sound (sane) mind   de mente _____
2. mental competency   la capacidad _____
3. probate court   la corte _____
4. in the presence of witnesses   en la _____ de testigos
5. original version   la _____ original
6. previous (anterior) will   el testamento _____
7. terms of the will   los _____ del testamento
8. title of ownership   el _____ de propiedad
9. property of the state   la propiedad del _____
10. null and void   _____ e inválido
11. undue influence   la _____ indebida

Ejercicio 4   Give the word or expression being defined.
1. cambiar la forma o la esencia de una cosa
2. diversificar o cambiar
3. revisar, comprobar, chequear
4. vivir en un lugar
5. copiar una cosa en un libro oficial, notar
6. convenir, poner de acuerdo
7. hacer lo que se quiere de una persona, entregar una cosa
8. indicar con precisión, tomar una decisión

Ejercicio 5   Match the word or expression in Column A with its opposite in Column B.

A	B
1. la versión original	a. concordar
2. la presencia	b. posterior
3. nulo	c. la copia
4. disputar, oponer	d. válido
5. anterior	e. la ausencia

Ejercicio 6   Match the English word in Column A with its Spanish equivalent in Column B.

A	B
1. will	a. el patrimonio
2. probate	b. la aprobación
3. intestate	c. el testamento
4. testator	d. el administrador
5. beneficiary	e. la verificación de testamento
6. executor	f. el beneficiario
7. administrator	g. sin testamento, intestado
8. approval	h. heredar
9. estate	i. el testador
10. to inherit	j. el testamentario

Ejercicio 7   Complete each statement with the appropriate word(s).
1. Es aconsejable (una buena idea) preparar un _____ antes de morir.
2. Si el individuo no prepara un testamento antes de morir se dice que murió _____.
3. El que prepara su testamento es el _____.
4. El que recibe o hereda la propiedad del difunto es el _____.
5. El que se nombra en el testamento para llevar a cabo los términos del testamento es el _____.
6. Si la persona que murió dejó un testamento, el testamento es sometido a una _____ después de la muerte del testador.
7. Si el testamentario por una razón u otra no puede cumplir con sus responsabilidades, la corte nombra a un _____ para hacerse cargo de los términos del testamento.
8. Es el testamentario o el administrador que tiene la responsabilidad de hacerse cargo del _____ y distribuir la propiedad tal como indica el testamento.
9. Por lo general son los parientes del difunto que _____ el patrimonio. Es decir que ellos son los _____ del testamento.

Ejercicio 8   Match the English word or expression in Column A with its Spanish equivalent in Column B.

A	B
1. to die	a. el difunto
2. to leave	b. libre de coacción
3. the deceased	c. la propiedad conjunta
4. requirement	d. morir
5. to sign, signature	e. dejar
6. validity	f. revisar
7. undue influence	g. los bienes raíces
8. free will	h. el requisito
9. free from coercion	i. los bienes
10. real estate	j. la validez
11. property, goods	k. el libre albedrío
12. joint property	l. la influencia indebida
13. judge	m. el abogado
14. lawyer	n. el juez
15. to review	o. firmar, la firma

Ejercicio 9   Complete each statement with the appropriate word(s).

1. La gente _____ y frecuentemente _____ a sus herederos propiedad de un tipo u otro.
2. El que murió es el _____.
3. El _____ es el testador, no el beneficiario de su testamento.
4. El testador tiene que _____ el testamento en presencia de unos testigos para que sea válido.
5. Después de preparar un testamento, un _____ lo debe revisar.
6. Todos los _____ que tiene el individuo componen su patrimonio.
7. La casa y el terreno son _____.
8. A la propiedad que tiene más de un propietario se le llama _____.
9. Si alguien preparó su testamento bajo _____ significa que otro le persuadió hacer lo que posiblemente no quería hacer.
10. Los testigos tienen que declarar que el testamento fue preparado libre de _____. Es decir que el testador ejerció su propio libre _____ sin influencia indebida.

COMPRENSION _____

Ejercicio 1   True or false?

1. Todos los estados tienen las mismas leyes para la preparación de un testamento.
2. El que prepara su testamento tiene que ser de mente sana.

3. Cualquier codicilo hace nulo el testamento original.
4. La corte de verificación, que se llama también «la corte probatoria», determina si el testamento es válido o no.
5. Sólo hay que someter un testamento a la corte de verificación si un heredero que no aparece en el testamento lo disputa.
6. El testamentario tiene que recibir la aprobación para sus actividades con relación al testamento sólo en casos especiales.

Ejercicio 2   Give a definition for each of the following terms.
1. el testamento
2. el testador
3. el testamentario
4. la corte probatoria
5. el beneficiario
6. el codicilo
7. el administrador

Ejercicio 3   Answer.
1. ¿A qué tiene que ser sometido el testamento cuando muere el testador?
2. ¿Qué ocurre si el difunto no ha dejado testamento?
3. ¿Por qué tiene que firmarse el testamento en presencia de algunos testigos?
4. Al morir el testador, ¿a manos de quién pasan los títulos de propiedad del difunto?
5. ¿Qué tiene que hacer el testamentario?
6. ¿Cuándo y por qué puede resultar un largo litigio relativo a un testamento?
7. ¿Cuándo declara hecha la disposición del patrimonio la corte?
8. ¿Cómo y a quiénes pasa la propiedad de una persona que muere intestada?
9. ¿Cómo tratan los estatutos modernos a los hijos adoptivos?

Ejercicio 4   Complete.
1. Tres cosas que pueden poner en duda la validez de un testamento son _____.
2. Tres cosas que se necesitan para preparar un testamento sencillo son _____.
3. Tres requisitos para que un testamento sea válido son _____.

Ejercicio 5   In your own words, explain each of the following.
1. El que prepara su testamento tiene que estar de mente sana.
2. El que prepara su testamento tiene que hacerlo libre de coacción.

Sección III
EL DERECHO COMERCIAL

Capítulo 6
LAS OBLIGACIONES

La obligación, según el concepto tradicional e histórico, es un vínculo de derecho por el cual se impone la necesidad de pagar alguna cosa. En tiempos modernos ha desaparecido la «prisión por deuda» que antiguamente era tan infame en Inglaterra. Hoy la obligación es más bien cuestión de patrimonio. Es el patrimonio del deudor el que se ve afectado a favor del acreedor.

El derecho y la economía

Hay una relación estrecha entre el derecho y la economía. Las leyes y los reglamentos con frecuencia se fundan en las necesidades económicas. Las leyes sobre las obligaciones tienen como su base la colaboración que se establece entre las personas para satisfacer las necesidades económicas.

Los sujetos de la obligación

Los sujetos de toda obligación son las personas físicas (las personas reales, existentes) y las personas jurídicas (las sociedades anónimas o corporaciones). El titular del derecho a favor de quien se establece el vínculo obligacional, el que se beneficia en la relación jurídica, se llama «sujeto activo», o «acreedor». La persona obligada, la que debe cumplir a favor del acreedor es el «sujeto pasivo», o «deudor». El deudor puede ser un individuo o una compañía, empresa o corporación.

El objeto de la obligación

El objeto de la obligación es la «prestación» que debe cumplir el deudor. En el derecho romano se decía que las obligaciones podían tener por objeto *dare, facere* o *praestare*. Por *dare* se entendía que la obligación era de transferir algún bien o propiedad. Por *facere* se entendía que la obligación era de hacer o no hacer algo. *Praestare* era la obligación de proveer alguna cosa con otro objeto que el de constituir algún derecho real. En nuestros tiempos las obligaciones son de dar, de hacer o de no hacer.

Las fuentes de las obligaciones

Históricamente las fuentes de las obligaciones han sido los contratos, los cuasicontratos, los delitos, los cuasidelitos y la ley.

Los contratos La fuente más común son los contratos. Los contratos son los medios por los cuales el individuo se relaciona con otras personas. Un contrato de compraventa es fuente de obligaciones tanto para el comprador como para el vendedor. Para uno, la entrega de la cosa vendida es la obligación. Para el otro, el pago del precio es la obligación.

Los cuasicontratos Los cuasicontratos no son verdaderos contratos. Según la ley, puede existir un contrato a pesar de que no haya habido un contrato formal. Es necesario que uno que se haya enriquecido injustamente pague dinero al otro por razones de justicia. Por ejemplo, una anciana rica les prometió a un matrimonio que les dejaría dinero en su testamento si ellos la cuidaran hasta su muerte. El matrimonio cocinó, limpió y cuidó a la anciana y su propiedad hasta que murió. No había nada en el testamento de la anciana para el matrimonio. Aunque no había ningún contrato por escrito, la corte les concedió a los esposos, en cuasicontrato, una cantidad de dinero del patrimonio de la anciana equivalente al valor de los servicios prestados.

Los delitos Los delitos son las acciones u omisiones contrarias a la ley realizadas con intención de perjudicar o con dolo. Las personas que realizan estas acciones llevan la responsabilidad penal y también la obligación civil de reparar el daño que podría haber sufrido la víctima.

Los cuasidelitos Los cuasidelitos son iguales que los delitos excepto que son realizados sin intención de perjudicar.

La ley La ley es fuente directa de obligaciones tales como la obligación de pagar impuestos.

Los tipos de obligaciones

Civiles y accesorias Hay obligaciones que tienen una existencia propia e independiente de cualquier otra. Estas son las «obligaciones principales». Las obligaciones que dependen de otra obligación son «obligaciones accesorias». Por ejemplo, las personas que son garantes o fiadores por una obligación tienen una obligación accesoria. Cuando se extingue la obligación principal, se extingue la obligación accesoria pero no viceversa.

Condicionales Una obligación es condicional cuando su existencia depende de algo incierto o futuro que puede o no ocurrir. Este acontecimiento incierto se llama «condición». Si el cumplimiento de la obligación no depende de ninguna condición, la obligación es pura.

A plazo Las obligaciones a plazo son las obligaciones en que el ejercicio del derecho correspondiente está subordinado al transcurso del tiempo. El plazo, como la condición, es un acontecimiento futuro. La diferencia es que el plazo es siempre cierto, va a ocurrir, mientras que la condición es incierta, puede o no ocurrir.

Con relación a su objeto

(1) Obligaciones de dar. Las obligaciones de dar tienen por objeto la entrega de un bien mueble o inmueble. Esta entrega de un bien puede tener varios fines: para constituir sobre la cosa derechos reales, como cuando se entrega una cosa vendida; para transferir solamente el uso del bien, como la entrega de una cosa

alquilada[1], un apartamento, un automóvil, etc.; para restituir algo a su dueño, por ejemplo, la devolución de algo dado en prenda[2]. Dependiendo de la cosa que se tiene que dar, la obligación puede ser de dar cosas ciertas, de dar cosas inciertas, de dar cantidades de cosas o de dar una suma de dinero.

(2) Las obligaciones de hacer y de no hacer. Las obligaciones de hacer son las que requieren que el deudor haga algo, por ejemplo, construir un muro[3], pintar una casa, etc. Las obligaciones de no hacer requieren que el deudor no haga algo, por ejemplo, que no cierre un camino[4], que no contamine aguas, que no cause ruidos[5] innecesarios.

(3) Las obligaciones alternativas. Las obligaciones alternativas permiten al deudor cumplir con una sola entre varias prestaciones independientes. Por ejemplo, puede entregar un automóvil o una cantidad de dinero, un caballo o una vaca.

(4) Las obligaciones divisibles e indivisibles. Ejemplos de obligaciones divisibles son la paga de una suma de dinero, la obligación de ciertos días de trabajo o un trabajo que consiste en determinadas unidades. La obligación de la construcción de un edificio, por ejemplo, es indivisible.

Las cosas y los bienes

Según la ley, las cosas son objetos materiales susceptibles de tener un valor. Las disposiciones referentes a las cosas son aplicables a la energía y a las fuerzas naturales susceptibles de apropiación. Los bienes son tanto los objetos inmateriales susceptibles de valor como las cosas. Así es que los bienes son el género, y las cosas son una especie de bienes.

Las cosas muebles e inmuebles

Los muebles Las cosas son muebles si se pueden mover, por si solas o por alguna fuerza externa. Las cosas que pueden moverse por su propia fuerza, como los animales, se llaman «semovientes». También son muebles los minerales, los metales y las piedras[6] cuando han sido sacadas del suelo[7]. Todos los instrumentos públicos o privados, es decir, las acciones, los títulos, los pagarés, etc., son muebles.

Los inmuebles Las cosas son inmuebles si por su naturaleza son inmovibles. Son inmuebles los minerales sólidos y fluidos bajo el suelo en su estado natural: los árboles, plantas y vegetales cuando están incorporados al suelo de una manera orgánica, y el suelo mismo. Se consideran inmuebles las cosas que están permanentemente adheridas físicamente al suelo. Las casas, las fábricas, los edificios en general son inmuebles.

En cuanto a la ley, la distinción entre bienes muebles e inmuebles es importante. En el caso de los bienes inmuebles, su posesión requiere que uno tenga un título o una escritura pública. Para adquirir muebles no es necesaria ninguna escritura.

---

[1]*rented*   [2]*as security, pawn*   [3]*wall*   [4]*roadway*   [5]*noise*   [6]*stones*   [7]*earth*

El patrimonio

En los países hispanos el patrimonio es el total de los bienes de una persona. Este total incluye no sólo los bienes (el activo) sino también las deudas (el pasivo). También se puede considerar el patrimonio como los bienes restantes después de deducido el pasivo. El patrimonio consta de todas las cosas y todos los derechos que tienen valor económico. Se pueden clasificar de tres maneras: derechos personales, derechos reales y derechos intelectuales.

Los derechos personales Los derechos personales son los que tienen que ver con la obligación. En estos figuran el acreedor, el deudor y el objeto del derecho u obligación. El objeto, como anteriormente se ha dicho, puede ser de dar, hacer o no hacer.

Los derechos reales Los derechos reales, o de propiedad, se contrastan con los derechos personales en que no hay un sujeto pasivo. El titular, o dueño del derecho, se beneficia del derecho o de la cosa directamente.

Los derechos intelectuales Los derechos intelectuales son los que se derivan del trabajo intelectual. Los derechos intelectuales incluyen las patentes de invención y la propiedad artística, científica y literaria.

La diferencia entre los derechos reales y los intelectuales es que en los primeros se trata del derecho sobre cosas materiales, mientras que en el segundo se trata del derecho sobre cosas inmateriales. En muchos países los derechos intelectuales pertenecen al autor durante toda su vida y hasta 50 años después de su muerte.

ESTUDIO DE PALABRAS

Ejercicio 1   Study the following cognates that appear in this chapter.

la obligación	la suma	fundar
el concepto	la disposición	establecer
la necesidad	la apropiación	satisfacer
el deudor	la patente	beneficiar
el acreedor		transformar
la economía		transferir
la base	formal	proveer
la colaboración	penal	relacionarse
el sujeto	civil	conceder
el objeto	independiente	reparar
el contrato	principal	extinguir
el cuasicontrato	accesorio	depender
el individuo	condicional	restituir
la cantidad	puro	requerir
la acción	divisible	deducir
la omisión	indivisible	
la intención	material	
la existencia	susceptible	

Ejercicio 2   Match the verb in Column A with its noun form in Column B.

A	B
1. obligar	a. la provisión
2. necesitar	b. la fundación, el fundamento
3. fundar	c. la disposición
4. colaborar	d. la concesión
5. proveer	e. la obligación
6. contratar	f. el requisito
7. conceder	g. el contrato
8. omitir	h. la colaboración
9. existir	i. la necesidad
10. requerir	j. la existencia
11. disponer	k. la deducción
12. deducir	l. la omisión
13. satisfacer	m. el establecimiento
14. beneficiar	n. la satisfacción
15. establecer	o. el beneficio

Ejercicio 3   Match the word in Column A with its opposite in Column B.

A	B
1. el acreedor	a. la inclusión
2. conceder	b. el grupo, la sociedad
3. la omisión	c. el deudor
4. el individuo	d. indivisible
5. divisible	e. negar

Ejercicio 4   Match the English word or expression in Column A with its Spanish equivalent in Column B.

A	B
1. right, law	a. la empresa
2. tie, bond	b. el pago, la paga
3. to impose	c. los servicios prestados
4. natural person, individual	d. el derecho
5. juridical person, conventional person	e. la compañía, la sociedad
	f. el vínculo
6. enterprise	g. la entrega
7. company	h. imponer
8. purchase contract	i. el comprador
9. buyer	j. la persona física
10. seller	k. la persona jurídica
11. payment	l. el vendedor
12. services rendered	m. el contrato de compraventa
13. delivery	

Ejercicio 5   Complete each statement with the appropriate word(s).

1. El que compra algo es el _____.
2. El que vende algo es el _____.
3. Al llegar a un acuerdo las dos partes firman un _____.
4. Al momento de efectuarse la venta por parte del _____, el comprador tiene que hacer el _____.
5. Algunas _____ se dedican al comercio, es decir, a la provisión de bienes, y otras se dedican a la provisión de servicios.
6. La compañía o _____ que se dedica a proveer servicios recibe pago por los _____.
7. La persona _____ es una persona existente, real.
8. La persona _____ es una sociedad o empresa.
9. Hay que proteger los _____ civiles de los ciudadanos.
10. El gobierno _____ impuestos sobre las rentas individuales y corporativas.

Ejercicio 6   Match the English word or expression in Column A with its Spanish equivalent in Column B.

A	B
1. owner of record	a. el acreedor, el sujeto activo
2. creditor	b. el deudor, el sujeto pasivo,
3. obligor	la persona obligada
4. guarantor	c. el título
5. contract consideration,	d. el titular del derecho
commitment, fulfillment of	e. los derechos reales (de propiedad)
obligation	f. el acontecimiento
6. deed, act	g. el garante, el fiador
7. conditional obligation	h. perjudicar
8. conditional obligation relative	i. los impuestos
to time	j. la prestación
9. property rights	k. la obligación contingente (condicional)
10. to do harm, injure	l. la obligación a plazo
11. with fraud, deceit	m. el daño
12. harm	n. con dolo
13. deed, title	o. el delito
14. taxes	
15. crime, offense	

Ejercicio 7   Complete each statement with the appropriate word(s).

1. El _____, o sea, el sujeto activo, es el titular _____. El vínculo obligacional se establece a su favor y él se beneficia en la relación jurídica.
2. La persona obligada, o sea, el _____ es el que debe cumplir (hacer o dar algo) a favor del acreedor.

3. El objeto de la obligación es _____. Es lo que debe cumplir (hacer o dar) el deudor.

4. El _____ es un tercero que garantiza que algo se cumplirá.

5. Una obligación _____ es una obligación cuya existencia depende de alguna contingencia.

6. _____ a alguien es hacerle daño.

7. El que tiene o posee el _____ de propiedad es el dueño o propietario de dicha propiedad.

8. Un contrato establecido con _____ sería declarado nulo.

9. Es un _____ no pagar los impuestos federales.

10. A los derechos reales se les llaman también «derechos _____».

Ejercicio 8   Give the word or expression being defined.
1. el sujeto activo
2. el sujeto pasivo
3. la persona obligada
4. el hecho, el suceso
5. la contingencia
6. hacerle daño
7. el fraude
8. el garante
9. el que posee el título
10. una violación de la ley

Ejercicio 9   Match the English word or expression in Column A with its Spanish equivalent in Column B.

A	**B**
1. worth, estate, total assets	a. el patrimonio
2. goods	b. el activo, los activos
3. movable good	c. los bienes
4. immovable goods, real estate	d. el pasivo, los pasivos
5. bond	e. el bien inmueble (inmobiliario)
6. stock	f. el bien mueble (mobiliario)
7. title, deed	g. el título
8. promissory note	h. el pagaré
9. asset(s)	i. la acción
10. liability, liabilities	j. el bono, el título, la obligación

Ejercicio 10   Complete each statement with the appropriate word(s).
1. Todo lo que le pertenece a un individuo es su _____.
2. Algunas empresas proveen servicios y otras proveen _____.
3. La casa es un bien _____ y el coche o el carro es un bien _____.
4. La _____ es una entidad de propiedad en una sociedad anónima o corporación.

5. Lo que tiene o posee un individuo son sus _____ y lo que debe son sus _____.

6. Un _____ es un pasivo y un título de propiedad es un _____.

7. Los _____ y las _____ se consideran inversiones. Los _____ pagan intereses y las _____ pagan dividendos.

COMPRENSION

Ejercicio 1   True or false?

1. Hoy la obligación es más bien cuestión de patrimonio que de prisión.
2. Los sujetos de toda obligación son sólo personas físicas; nunca son personas jurídicas.
3. La fuente más común de las obligaciones es el contrato.
4. Un delito puede ser debido a una acción o a una omisión.

Ejercicio 2   Identify what is being described.

1. el vínculo de derecho por el cual se impone la necesidad de pagar alguna cosa
2. las personas reales o existentes
3. las sociedades anónimas, grandes empresas o corporaciones
4. lo que debe cumplir el deudor de una obligación
5. la obligación de *dare* (dar)
6. la obligación de *facere* (hacer)
7. la obligación de *praestare*
8. un delito realizado pero sin intención de perjudicar
9. una obligación que depende de algo incierto
10. los bienes restantes después de deducir los pasivos

Ejercicio 3   Answer.

1. ¿Qué tienen como base las leyes sobre las obligaciones?
2. ¿Quién es el sujeto activo?
3. ¿Quién es el sujeto pasivo?
4. ¿Qué es un contrato?
5. En un contrato de compraventa, ¿cuál es la obligación del vendedor y la del comprador?
6. ¿Qué obligación llevan los que han hecho algo con intención de perjudicar?
7. ¿Cuál es la diferencia entre una obligación principal y una obligación accesoria?
8. ¿Cuáles son algunos ejemplos de bienes muebles?
9. ¿Cuáles son algunos ejemplos de bienes inmuebles?
10. En cuanto a la ley, ¿por qué es importante la distinción entre bienes muebles y bienes inmuebles?
11. ¿En cuántas categorías se puede clasificar el patrimonio de un individuo?
12. ¿Cuáles son estas clasificaciones?

Capítulo 7
LOS CONTRATOS

Una definición sencilla de «contrato» es «un acuerdo con fuerza de ley». La ley provee remedios para quien sufre porque otro no cumple con su promesa. Otra definición es «un acuerdo entre varias personas sobre una declaración de voluntad común, destinada a reglar sus derechos». Hay varios requisitos para que haya un contrato: (1) hay que existir el consentimiento; (2) tiene que haber consideración; (3) el acuerdo tiene que ser entre dos o más personas con capacidad para contratar; (4) tiene que establecerse por consentimiento mutuo; (5) tiene que tener un propósito legal; (6) tiene que ser en forma de escritura (frecuentemente pero no necesariamente).

Las características de un contrato

Las clasificaciones de los contratos en los EE.UU. son: (1) válido, nulo, anulable o imposible de hacer cumplir; (2) expreso, implícito de hecho o implícito por ley; (3) bilateral o unilateral y (4) oral, escrito o de escritura sellada. Cualquier contrato puede clasificarse de las cuatro maneras.

Válido, nulo o anulable, sin fuerza de ley Un contrato válido es uno que goza de legalidad. Un contrato válido tiene fuerza de ley y obliga a los que lo firman a cumplir con el acuerdo. Un contrato nulo no tiene ningún valor legal. Un contrato para una actividad ilegal sería nulo. Un contrato anulable no es igual que un contrato nulo. No es de por sí nulo. No obstante, si una de las partes decide anularlo, lo puede hacer. Un contrato entre una persona mayor y una persona menor de edad puede ser anulado por la persona menor, pero no por la persona mayor. El contrato sin fuerza de ley es uno que no es nulo, pero, a causa de algún reglamento, no puede ser respaldado por la corte. Un contrato oral para la venta de terrenos es un ejemplo. Un contrato para la venta de bienes raíces tiene que ser por escritura para tener fuerza de ley.

Expreso, implícito de hecho o implícito por ley Un contrato expreso es uno que se ha declarado oralmente o por escrito. Si uno le dice a otro que le compra su automóvil por cierta cantidad de dinero, y el otro dice que acepta, esto resulta en un contrato válido, que la corte respaldaría. Un contrato implícito de hecho es uno que proviene de las acciones de las partes en lugar de sus palabras. Con frecuencia la gente contrata sin decir palabra. Por ejemplo, cuando uno compra una entrada al teatro, lo que se entiende es que se ha obtenido el derecho de asistir a la función. Los contratos implícitos por ley también se llaman «cuasicontratos». No son verdaderos contratos aunque pueden tener cierta validez bajo ciertas circunstancias.

Bilateral y unilateral Los contratos bilaterales contienen dos promesas, una por cada persona. Una persona promete hacer algo a cambio de la promesa de la otra persona a hacer algo. En el caso de la venta del automóvil, el contrato era bilateral. Uno ofreció el auto por cierta suma, y el otro dijo que aceptaba. Un contrato unilateral contiene solamente una promesa. Una persona promete hacer algo si o cuando la otra persona hace algo. Por ejemplo, si el que quiere vender el auto dice, «Le vendo mi automóvil si me paga $900 antes del mediodía mañana», el contrato es unilateral. Sólo el vendedor ha hecho una promesa. Si el comprador le entrega el dinero antes del tiempo límite, se habrá efectuado un contrato unilateral.

Oral, escrito, por escritura sellado Un contrato oral, obviamente, es uno que existe cuando dos personas se hablan y llegan a un acuerdo. Uno ofrece hacer algo, y el otro acepta y dice que también hará algo. La mayoría de los contratos son orales. A veces es aconsejable hacer los contratos por escrito. Un contrato por escrito les permite a las dos partes saber precisamente los términos del contrato. También provee una prueba de la existencia de un acuerdo.

El estatuto de fraudes requiere que ciertos contratos sean por escrito para tener fuerza de ley. Además de ser por escrito, algunos contratos tienen que ser también sellados. Son contratos por escritura sellados. Bajo la ley común, el sello servía de prueba que las partes habían cambiado entre sí algo de valor (consideración) para obligarse a cumplir con el acuerdo. Muchos estados han eliminado el requisito del sello.

El acuerdo

Existe el acuerdo cuando se acepta la oferta. Una oferta es una propuesta por una parte, el ofrecedor o locador, en la que se presentan los términos bajo los que se contratará. La aceptación es el asentimiento sin reserva por la otra parte, el locatario, a los términos de la propuesta. La oferta y la aceptación pueden efectuarse oralmente, por intercambio de cartas, telegramas o facsímiles, por documento formal o por cualquier combinación de estos métodos. Lo importante es que las dos partes se entiendan.

Requisitos de la oferta Hay tres requisitos básicos para la oferta. Tiene que ser con intención seria. Tiene que ser cierta y definitiva. Tiene que ser comunicada al locatario, el que la aceptará o no.

Requisitos de la aceptación Los requisitos de la aceptación son los siguientes. El locatario tiene que aceptar la oferta sin añadirle condiciones a la oferta original. La aceptación tiene que ser comunicada al que hace la oferta, al locador. La forma que toma esta comunicación es importante. Si la comunicación se efectúa cara a cara, es decir, cuando las dos partes están presentes, no hay problema. Cuando se encuentran separadas y es necesario comunicar por carta, telegrama o facsímile, entonces hay reglas especiales que indican cuando la comunicación se efectúa.

Cuando el que ofrece y el que acepta emplean el mismo método de comunicación, el contrato existe cuando la aceptación se envía. Bajo la ley común, si las dos partes empleaban distintos métodos de comunicación, entonces el contrato existía cuando se recibía la aceptación. Hoy, generalmente, y según el Código Comercial Uniforme *(UCC)*, la aceptación ocurre cuando se envía, con tal de que el método de comunicación sea razonable bajo las circunstancias.

Terminación de la oferta La oferta puede terminar por una de las siguientes seis maneras: (1) por revocación; (2) por negación; (3) por contraoferta; (4) por aceptación condicional o cualificación; (5) por exceder el tiempo límite; (6) por razón de muerte o locura.

La oferta firme Según el Código Comercial Uniforme, si el que promete continuar la oferta es un comerciante, y si la promesa está por escrito, entonces no se requiere ninguna consideración o pago para continuar la oferta. Este tipo de oferta se llama «oferta firme» y es irrevocable durante el período de tiempo especificado en la oferta.

ESTUDIO DE PALABRAS

Ejercicio 1 Study the following cognates that appear in this chapter.

el contrato	la aceptación	unilateral
la definición	el telegrama	oral
el acuerdo	el facsímile	formal
el remedio	el documento	razonable
el consentimiento	la condición	
la característica		proveer
la acción	implícito	existir
la existencia	bilateral	obligar
el estatuto	legal	contratar
el fraude		

Ejercicio 2 Give the word or expression being defined.

1. entrar en un acuerdo o contrato
2. la acción de dar autorización, lo contrario de «oposición»
3. la resolución tomada por una o varias personas
4. la acción de aceptar, lo contrario de «negación»
5. lo contrario de «por escrito»
6. la solución, la corrección
7. imponer una obligación
8. la convención de que depende la ejecución de un contrato
9. que compromete a dos contratantes
10. que se incluye sin tener que explicarlo ni decirlo, lo contrario de «explícito»

Ejercicio 3 Complete each expression with the appropriate word(s).

1. statute of frauds   el estatuto de _____
2. bilateral agreement   el acuerdo _____

3. unilateral contract   el contrato _____
4. oral agreement   el acuerdo _____
5. a reasonable offer   una oferta _____
6. legal document   un documento _____

Ejercicio 4   Study the Spanish equivalents for the following technical terms dealing with contracts.

Requisites of a contract	Requisitos de un contrato
mutual assent	el consentimiento mutuo
consideration	la consideración
competent parties	partes (personas) con capacidad
valid purpose	un propósito válido (legal)
Characteristics of a contract	Características de un contrato
valid	válido
void	nulo
voidable	anulable
unenforceable	imposible de efectuar, sin fuerza de ley
statute of frauds	el estatuto de fraudes
oral agreement	el acuerdo oral
written agreement	el acuerdo (por) escrito
formal contract	el contrato formal
contract under seal	el contrato por escritura sellado
implied agreement	un acuerdo implícito
quasi contract	el cuasicontrato
offer	la oferta
offerer	el ofrecedor, el locador
offeree	el locatario
serious intent	la intención seria
clear and understandable	cierto y definitivo
communicated	comunicado
acceptance	la aceptación

Ejercicio 5   Select the word or expression being defined or described.
1. lo que ofrece el contrato
   a. la oferta   b. el ofrecedor   c. la aceptación
2. dos o más partes están de acuerdo sobre el contenido del acuerdo o contrato
   a. la consideración   b. el consentimiento mutuo
   c. entre partes con capacidad
3. entre dos partes de estado mental sano, de mente sana
   a. la consideración   b. entre partes con capacidad
   c. el consentimiento mutuo

4. que trata de asuntos viables
   a. un contrato anulable   b. un contrato con un propósito válido
   c. un acuerdo oral
5. un contrato que se puede anular
   a. válido   b. nulo   c. anulable
6. el que ofrece algo en un contrato
   a. la oferta   b. el locador   c. el locatario
7. el que acepta la oferta del contrato
   a. la aceptación   b. el locador   c. el locatario
8. un contrato que se puede entender (comprender)
   a. un contrato sellado   b. un contrato cierto y definitivo   c. un cuasicontrato
9. un contrato que es imposible efectuar
   a. nulo   b. válido   c. sin fuerza de ley
10. sin fraude ni broma
    a. comunicado   b. sellado   c. de intención seria

Ejercicio 6   Match the English word or expression in Column A with its Spanish equivalent in Column B.

A	B
1. enforceable	a. el reglamento
2. to regulate	b. el asentimiento
3. requirement	c. con fuerza de ley
4. to comply with, carry out	d. las partes
5. regulation	e. regular
6. parties	f. enviar
7. terms	g. el requisito
8. proof	h. recibir
9. sealed	i. cumplir
10. to send	j. la prueba
11. to receive	k. sellado
12. consent, agreement	l. los términos

Ejercicio 7   Give the word or expression being defined.
1. lo que es imposible efectuar
2. una colección de reglas y órdenes
3. los dos contratantes
4. lo que dice o expresa el contrato
5. mandar
6. lo que se requiere
7. la justificación del derecho de las partes; la comprobación, la manifestación
8. el consentimiento
9. tomar lo que uno le da o le envía
10. sujetar a una regla u orden

COMPRENSION _____

Ejercicio 1   Answer.
1. ¿Qué es un contrato?
2. ¿Qué tiene un contrato válido?
3. ¿Cuál es la diferencia entre un contrato nulo y un contrato anulable?
4. ¿Qué es un cuasicontrato?
5. ¿Cuántas promesas contiene un contrato bilateral?
6. ¿Cuándo es bilateral el contrato que se efectúa para la compra de un automóvil?
7. ¿Por qué es aconsejable hacer los contratos por escrito?
8. ¿Qué requiere el estatuto de fraudes?
9. ¿Cuándo existe el acuerdo?
10. Según el Código Comercial Uniforme, ¿cuándo ocurre la aceptación?

Ejercicio 2   True or false?
1. Una persona mayor puede anular un contrato hecho con una persona menor.
2. Se puede hacer un contrato para la venta de bienes raíces oralmente.
3. Un contrato expreso es un contrato que se ha comunicado.
4. Un contrato implícito proviene de lo que han dicho las partes y no de sus acciones.
5. El comprar una entrada al teatro es una forma de contrato.
6. La mayoría de los contratos son escritos.
7. No existen reglas específicas para indicar cuando se efectúa la aceptación de una oferta.

Ejercicio 3   Identify each of the following.
1. el ofrecedor o el locador
2. el locatario
3. la oferta
4. la aceptación

Ejercicio 4   Give the following information.
1. cuatro requisitos para que haya un contrato
2. seis características de un contrato
3. un ejemplo de un contrato unilateral
4. tres maneras en que la oferta y la aceptación de un contrato pueden efectuarse
5. tres requisitos de la oferta
6. dos requisitos de la aceptación

Capítulo 8
CONSIDERACION Y EXTINCION DE LOS CONTRATOS

Consideración

Desde los tiempos de la ley común británica, la ley se ha negado a apoyar los acuerdos gratuitos. Los acuerdos tienen que ser negociados. Un acuerdo se ha negociado cuando (1) una promesa se hace a cambio de otra promesa; (2) una promesa se hace a cambio de una acción o (3) una promesa se hace a cambio de la negación a tomar una acción. Son las antiguas obligaciones de dar, hacer y no hacer. La idea es que si no hay que dar nada a cambio de la promesa de otro, entonces no se pierde nada si la promesa no se cumple. El término legal para lo que se da es «consideración». La consideración es el cambio de beneficios y detrimentos por las partes en un acuerdo. Un beneficio es algo a la que la parte no tenía derecho. Un detrimento es cualquier de las siguientes: la entrega de algo o la promesa de entregar algo al que uno tiene el derecho; la promesa de hacer algo que uno tiene el derecho legal de no hacer; la promesa de no hacer algo que uno tiene el derecho legal de hacer.

Algunos hechos y promesas no conllevan consideración. Ejemplos son la promesa de hacer un regalo, de obedecer la ley o de cumplir con una obligación preexistente. Las promesas ilusorias y la consideración anterior no constituyen consideración.

Capacidad

El contrato, como todo acto jurídico, para ser válido, requiere que las partes sean personas capaces de actuar en la vida jurídica.

Incapacidad de hecho Las personas que tienen una incapacidad de hecho absoluto no pueden contratar. En esta categoría se ven los niños menores, los dementes y, en algunas circunstancias, las personas analfabetas. En los EE.UU. se le considera a la persona intoxicada incapaz de contratar. Por consiguiente, los contratos hechos por personas intoxicadas se consideran inválidos.

Incapacidad de derecho En algunos lugares se prohíbe contratar a personas bajo ciertas circunstancias especiales. Por ejemplo, no se permite un contrato de compraventa entre esposos. Los padres no pueden comprar los bienes de sus hijos menores. Los empleados públicos no pueden comprar los bienes del Estado que administran. Los jueces, abogados y demás funcionarios de la justicia no pueden comprar los bienes comprendidos en un litigio en que hayan intervenido. A ciertas categorías de criminales también se les prohíbe contratar.

La extinción de contratos

Los contratos se extinguen de varias maneras— por cumplimiento, por rescisión, por imposibilidad de cumplimiento (también llamado «imprevisión»), por efectos de ley. Lo más común es que los contratos terminen por cumplimiento. Se puede considerar la extinción de los contratos bajo dos categorías: la terminación y la cancelación.

La terminación

Por cumplimiento La mayoría de los contratos se extinguen por cumplimiento. Es decir, las dos partes hacen lo que se obligaron a hacer. Si en el contrato no se estipula el período de tiempo para cumplir con las obligaciones, las cortes indican «un tiempo razonable» que varía según las circunstancias.

Por oferta de pago/Por oferta de cumplimiento Se puede terminar un contrato por oferta de pago o por oferta de cumplimiento. La oferta de pago se comprende que es la presentación de dinero u otra forma de pago que las dos partes acordaron ser aceptable. La oferta de cumplimiento es la muestra de la voluntad y capacidad para cumplir con los términos del contrato. También puede terminarse un contrato por imposibilidad de cumplimiento (imprevisión). Esto existe cuando algo ocurre antes de firmarse el contrato que imposibilita el cumplimiento del contrato, y cuando ninguna de las dos partes conoce la existencia de la condición. Si el cumplimiento del contrato se hace imposible, y no solamente difícil o costoso, la corte, normalmente, le absolverá a una de las partes de la obligación de cumplir.

Por rescisión/Por acuerdo mutuo Los contratos pueden extinguirse por acuerdo mutuo entre las dos partes (las dos partes deciden, mutuamente, terminar el contrato). Una de las razones más comunes es la destrucción de la materia que es objeto del contrato o de los medios de cumplimiento.

Por fuerza mayor Los contratos pueden terminarse por fuerza mayor, que se conoce también como «caso fortuito» o «cosa de Dios». Un caso fortuito es cualquier fenómeno natural que imposibilita el cumplimiento del contrato. No obstante, las partes tienen que especificar en los contratos que los casos fortuitos le absuelven a una parte de la obligación de cumplir. La muerte e incapacidad pueden terminar un contrato por servicios personales si aquellos servicios son de tal naturaleza que nadie más podría proveerlos.

Por fuerza de ley La terminación de contratos por fuerza de ley o ilegalidad de cumplimiento ocurre cuando los estatutos hacen que el cumplimiento del contrato sea ilegal aunque los estatutos se aprueben después de firmarse el contrato. En estos casos las dos partes se absuelven de cualquier obligación. Un contrato se puede terminar por «alteración sustanciosa» en una escritura sin el consentimiento de la otra parte. Alteraciones sustanciosas que se hacen con intención de defraudar pueden llevar a una demanda penal igual que a un pleito civil.

La cancelación

Los contratos se pueden cancelar por varias razones: por incumplimiento, por contravención, por abandono de cumplimiento y por quiebra.

Por incumplimiento La parte agraviada puede considerar extinguido el contrato cuando la otra parte es culpable de incumplimiento o de cumplimiento negligente.

Por contravención Solamente la parte agraviada tiene el derecho de cancelación por contravención del contrato. Ya que se ha violado o contravenido el contrato, la parte agraviada está obligada a hacer todo lo posible por minimizar los daños que de otra forma se podrían demandar como resultado de la contravención. Los contratos parcialmente cumplidos tienen que suspenderse y no dejarse cumplir. Los procedimientos que no pueden suspenderse pueden ser completados y cobrados a la parte que contravino el contrato.

Por abandono de cumplimiento La parte agraviada puede cancelar el contrato por abandono de cumplimiento cuando el contrato se ha cumplido sólo parcialmente y ha sido abandonado intencionalmente. En algunos casos la parte responsable del incumplimiento puede demandar pago por el trabajo hecho y los materiales usados. En otros casos, no.

Por quiebra La extinción del contrato por quiebra le absuelve al que está en quiebra de cumplir con las condiciones del contrato. No se permiten acciones legales contra el quebrado por incumplimiento de contratos.

La indemnización de perjuicios

En todas las demandas por contravención de contrato, el demandante lleva el cargo de la prueba, es decir, tiene que probar todos los daños por los que pide indemnización. La parte que demanda en la tribuna sobre un contrato puede solicitar un fallo por indemnización en dinero y no por cumplimiento del contrato.

Las indemnizaciones de perjuicios son las cantidades de dinero que la corte puede otorgar a una parte por heridas, detrimentos, daños o pérdidas causadas por otro. Los daños efectivos le compensan a la parte por lo que se perdió o se dañó. Los daños accesorios le compensan a la parte por los gastos directamente relacionados con el daño o la pérdida. Los daños eventuales o especulativos, los que se basan en unas expectativas optimistas, no son admisibles en la corte y no se compensan.

La indemnización nominal o insignificante se otorga al demandante en un pleito por contravención de contrato cuando no se puede probar un daño o perjuicio material. La indemnización nominal, según la tradición anglosajona, es de 6 centavos en algunas cortes y $1,00 en otras.

ESTUDIO DE PALABRAS _____

Ejercicio 1   Study the following cognates that appear in this chapter.

el acuerdo	negociado	intervenir
el beneficio	gratuito	estipular
el detrimento	preexistente	absolver
la consideración	ilusorio	imposibilitar
la obligación	anterior	defraudar
la promesa	inválido	minimizar
la capacidad	mutuo	
el contrato	natural	
la terminación	agraviado	
la extinción		
la cancelación		
el término		
la imposibilidad		
la existencia		
la rescisión		
el fenómeno		
el estatuto		
el consentimiento		
el abandono		
la indemnización		
la parte		

Ejercicio 2   Complete each expression with the appropriate word(s).

1. gratuitous agreements   los acuerdos _____
2. benefits and detriments   los beneficios y _____
3. agreement without consideration   el acuerdo sin _____
4. a preexisting obligation   una obligación _____
5. illusory promise   una promesa _____
6. past consideration   la _____ anterior
7. purchase contract   un _____ de compraventa
8. terms of the contract   los términos del _____
9. impossibility of performance   la _____ de cumplimiento
10. termination or cancellation   la _____ o la cancelación
11. by mutual consent   por (de) consentimiento _____
12. mutual agreement   un acuerdo _____
13. natural phenomenon   un fenómeno _____
14. consent of both parties   el _____ de las dos partes
15. the wronged party   la _____ agraviada
16. abandonment of performance   el _____ de cumplimiento
17. to minimize damages   _____ los daños
18. compensation (indemnification)   la _____ de perjuicios
   for damages

Ejercicio 3   Match the definition in Column A with the word it defines in Column B.

A	B
1. que existía antes	a. el consentimiento
2. los daños	b. la rescisión
3. lo contrario de «maximizar»	c. la indemnización
4. la regla	d. intervenir
5. la anulación	e. preexistente
6. la compensación	f. minimizar
7. el acuerdo, la autorización	g. anterior
8. perdonar, disculpar	h. los perjuicios
9. por parte de los dos	i. imposibilitar
10. del pasado	j. mutuo
11. hacer o rendir imposible	k. el estatuto
12. tomar parte en un asunto	l. absolver

Ejercicio 4   Match the English word or expression in Column A with its Spanish equivalent in Column B.

A	B
1. to uphold, support	a. solicitar un fallo
2. to provide, carry with	b. demandar
3. to obey	c. conllevar
4. to sue, file suit	d. obedecer
5. to seek a judgment	e. apoyar
6. discharge of contracts	f. el demandante
7. performance	g. el demandado
8. tender of performance	h. el cumplimiento
9. tender of payment	i. la oferta de cumplimiento
10. act of God	j. la muerte
11. death	k. la oferta de pago
12. plaintiff	l. una fuerza mayor
13. defendant	m. la extinción de contratos

Ejercicio 5   Complete each statement with the appropriate word(s).
1. La ley no _____ contratos inválidos o ilegales.
2. Hay que _____ las leyes locales, estatales y federales.
3. El se considera agraviado y quiere _____ en las cortes.
4. Quiere solicitar _____ contra su socio.
5. Por lo general un contrato _____ responsabilidades para las dos partes.
6. El acusado es el _____.
7. El que inicia el pleito o el juicio es el _____.
8. _____ es el indicio que una parte en el contrato quiere de buena voluntad llevar a cabo o cumplir con la obligación del contrato.

9. La _____ significa que la otra parte en el contrato está dispuesta a pagar con un servicio, bien o dinero para cumplir con la obligación del contrato.
10. La muerte se considera _____.
11. La _____ de contratos se efectúa por lo general de dos maneras, la terminación o la anulación (rescisión).

Ejercicio 6   Match the English word or expression in Column A with its Spanish equivalent in Column B.

A	B
1. disability	a. la indemnización nominal
2. illegality of performance	b. los daños efectivos
3. material alteration	c. los daños eventuales (especulativos)
4. breach of contract	d. la incapacidad
5. discharge of contract through bankruptcy	e. por efectos ilegales
	f. los daños accesorios
6. challenge (burden) of proof	g. la alteración sustancial
7. actual damages	h. la extinción del contrato por quiebra
8. incidental damages	i. la contravención del contrato
9. speculative damages	j. el cargo de prueba
10. nominal compensation	

Ejercicio 7   Give the word or expression being defined.
1. la indemnización o compensación a la parte por lo que se perdió o lo que se dañó
2. la indemnización o compensación a la parte por los gastos que incurrió que son directamente relacionados con el daño o la pérdida
3. los daños que se pueden esperar pero que no son admisibles en la corte
4. la anulación del contrato porque a una de las partes no le queda ningún dinero para cumplir con la obligación del contrato
5. la violación de un contrato
6. la acción de cambiar un contrato sin que una de las dos partes lo sepa
7. el estado de ser privado de los medios para hacer algo

COMPRENSION

Ejercicio 1   True or false?
1. La ley apoya acuerdos gratuitos y acuerdos negociados.
2. Para ser válido un contrato las dos partes tienen que ser personas capaces de actuar en la vida jurídica.
3. La mayor parte de los contratos se extinguen por terminación o cancelación.
4. Cualquier fenómeno natural que imposibilita el cumplimiento de un contrato es un caso fortuito que se conoce también como por fuerza mayor.

5. Una parte puede cancelar un contrato cuando la otra parte es culpable de incumplimiento o de cumplimiento negligente de las obligaciones del contrato.
6. Se permiten acciones legales contra la persona que se declara en quiebra si no puede cumplir con las obligaciones de un contrato.
7. A veces la parte que es culpable de incumplimiento puede demandar pago por el trabajo hecho y los materiales usados.

Ejercicio 2   Answer.
1. En términos legales, ¿qué es la consideración?
2. ¿Qué es un beneficio?
3. ¿Cuáles son algunos ejemplos de detrimentos?
4. ¿Cuál es un ejemplo de un acuerdo sin consideración, o sea, que no conlleva consideración?
5. ¿Quiénes son personas que según la ley de los Estados Unidos no tienen capacidad de contratar?
6. ¿Cuáles son algunas maneras en que se extinguen los contratos?
7. ¿Qué significa la contravención del contrato?
8. En las demandas por contravención de contrato, ¿quién lleva el cargo de prueba?
9. ¿Qué son las indemnizaciones de perjuicios?
10. ¿Cuál es la diferencia entre los daños efectivos y los daños eventuales o especulativos?
11. ¿Qué es la indemnización nominal?
12. ¿Cuál es otra manera de expresar «indemnización nominal» en español?

Ejercicio 3   Follow the directions.
En algunos lugares se prohíbe contratar a personas bajo condiciones y circunstancias especiales. Dé algunos ejemplos relativos a las personas siguientes.
1. los esposos
2. los padres
3. los empleados públicos
4. los jueces o abogados
5. los criminales

Ejercicio 4   Explain the meaning of each of the following.
1. Un contrato se ha extinguido por cumplimiento.
2. Se termina un contrato por oferta de pago
3. Se termina el contrato por imposibilidad de cumplimiento.
4. Se termina el contrato por efectos de la ley.

Capítulo 9
LA LEY Y LAS ENTIDADES COMERCIALES

Las personas jurídicas

Cuando se piensa en una persona, se piensa en un ser humano de carne y hueso[1], o sea, una persona física. Para fines legales existen personas «jurídicas» que no necesariamente son seres humanos, no son personas naturales; son sociedades anónimas o corporaciones. Las personas jurídicas pueden gozar de muchos de los privilegios, poderes y obligaciones de una persona natural. El Estado crea la persona jurídica.

Los tipos de sociedades comerciales

Los tres tipos de organización comercial son (1) la empresa de propiedad individual, (2) la asociación y (3) la sociedad anónima, o corporación.

La empresa de propiedad individual o de persona física

En el mundo de los negocios la persona física tiende a ser dueño de un pequeño negocio llamado «negocio de propiedad individual». El dueño no tiene que invertir en escrituras legales ni otros gastos en formalidades para establecerse. No tiene que pagar impuestos corporativos. No tiene que responder a una junta de directores ni a accionistas. Es su propio jefe. Tiene que pagar impuestos sobre sus ganancias, pero las ganancias son suyas y no tiene que compartirlas con nadie. Las desventajas que tiene el negocio de propiedad individual de persona física son la responsabilidad personal por todos los pasivos de la empresa. Para cubrir las deudas de la empresa el propietario puede tener que vender su casa y sus efectos personales. No puede vender acciones ni emitir bonos para recaudar fondos. La empresa de persona física tiene la misma vida que su dueño. Cuando muere el propietario, muere el negocio. Cuando el dueño de una empresa de propiedad individual emplea a otros, asume una serie de obligaciones legales.

El gobierno federal En los EE.UU. el dueño de un negocio tiene que ponerse en contacto con el Servicio de Rentas Internas *(IRS)* para conseguir un número de identificación para impuestos. También tiene que hacer unos arreglos con el Seguro Social para el pago de una cuota para cada empleado. Por ley, el dueño tiene que retener cierta cantidad del sueldo de los empleados y entregar esos

---

[1]*flesh and bone*

fondos al gobierno federal para el pago de las contribuciones. El dueño del negocio es también prohibido, por estatuto federal, a pagar un sueldo inferior al sueldo mínimo establecido por ley.

El gobierno estatal Los estatutos estatales también regulan el salario o sueldo mínimo que se puede pagar. El Estado puede establecer un sueldo mínimo superior al sueldo mínimo federal, pero no inferior. El Estado también puede imponerle al dueño obligaciones como el pago de cuotas para seguros de desempleo[2], de compensación laboral, etc. Es la responsabilidad del dueño informarse de la ley y cumplir con los requisitos de la ley. Estos requisitos varían de estado en estado. Si el dueño del negocio opera en varios estados, la ley del estado en donde está cada sucursal de su negocio es la que es válida.

Obligaciones legales Porque gran número de las empresas de propiedad individual se dedican a la compraventa, es muy importante que los dueños conozcan las leyes que rigen las ventas al consumidor y las leyes de protección del consumidor. Los dueños pueden obtener esta información escribiendo al departamento gubernamental apropiado del estado en donde está colocado el negocio. El oficial más comúnmente encargado de esto es el fiscal general del estado o el secretario de estado.

La asociación comercial

La asociación comercial tiene dos o más socios que son los dueños. Los socios se ponen de acuerdo sobre lo que cada uno va a invertir en la empresa. La inversión puede ser dinero, trabajo u otros bienes o servicios. Y determinan los beneficios que cada uno recibirá. Las ganancias de la asociación se reparten entre los socios y ellos pagan impuestos sobre ingreso general. Hay dos tipos de asociaciones, asociaciones generales y asociaciones limitadas.

La asociación general Según la Ley uniforme de asociación *(Uniform Partnership Act—UPA),* una asociación general es «una asociación de dos o más personas para llevar a cabo un negocio con el propósito de obtener alguna utilidad en dinero». La asociación general se crea cuando dos o más partes competentes combinan su dinero, su trabajo o sus destrezas con el propósito de llevar a cabo un negocio legal. Ellos comparten las ganancias y las pérdidas que provienen del negocio. Las asociaciones generales se forman por contrato o acuerdo, por prueba de existencia o por «estoppel». (El concepto jurídico de estoppel en los EE.UU. se define de la siguiente manera: «Una regla jurídica que prohíbe a una persona negar la verdad de sus hechos, obligaciones o admisiones».)

La formación de una asociación general por contrato requiere un acuerdo válido entre las partes interesadas. Casi siempre, el acuerdo es por escritura. Bajo el estatuto de fraudes, si una asociación va a durar más de un año, tiene que expresarse por escritura. El acuerdo de asociación se llama «artículos de asociación».

---

[2]*unemployment insurance*

En la escritura figuran: los nombres de los socios; una descripción específica del negocio—su naturaleza, sus límites, etc.; la duración o vida del negocio; la cantidad de la inversión inicial y las provisiones para inversiones futuras; las provisiones para salarios, reparto de beneficios, retiro de fondos, intereses sobre inversiones y a veces los pasos a seguir para retirarse un socio de la asociación.

Hay una asociación por prueba de existencia si existen ciertas condiciones, no importa la intención de los partícipes. La primera de las condiciones es el compartir beneficios. Según la UPA, si dos o más personas comparten los beneficios de un negocio, es difícil negar la existencia de una asociación. Hay algunas excepciones. Una persona puede recibir una porción de los beneficios sin ser socio si la porción se paga como:

• reembolso de una deuda
• sueldo a un empleado o como arrendamiento de una propiedad
• anualidad al viudo o a la viuda de un socio difunto
• interés sobre un préstamo
• consideración por la venta de la buena voluntad de un negocio.

La asociación por estoppel ocurre porque alguien dice o hace algo que le hace creer a un tercero que existe una asociación. Este tipo de asociación no es realmente una asociación. Es como la corte protege contra una injusticia.

En una asociación general, cada uno de los socios es responsable por las deudas de la asociación. Las ganancias de la asociación se dividen de cualquier manera que quieran los socios.

La asociación limitada En una asociación limitada hay dos clases de socios. La asociación limitada tiene que tener por lo menos un socio general que es responsable por todas las deudas de la asociación. Los socios limitados invierten en la empresa y toman parte en las ganancias, pero sólo tienen responsabilidad por las deudas hasta el máximo de su inversión en la asociación. Las ventajas de la asociación son la posibilidad de juntar talentos y recursos complementarios, la facilidad con que se forma la asociación y la poca interferencia por parte del gobierno. La mayor desventaja es el pasivo ilimitado de todos los socios excepto los socios limitados.

En los EE.UU. las leyes que regulan las asociaciones comerciales están tomadas de la Ley uniforme de asociación. Casi todos los estados han adoptado algunas o la mayoría de las provisiones de la ley.

Corporación/Sociedad anónima

Estas empresas representan casi el 78% de las ganancias comerciales y sólo el 20% del número total de empresas. Esta clase de persona jurídica puede, igual que las personas físicas, comprar, vender y transferir propiedades; contratar, demandar y ser demandada en las cortes. La corporación o sociedad anónima tiene cinco características. Es una persona jurídica. Tiene una vida ilimitada. Tiene derecho legal a participar en cierta rama comercial. Es propiedad de sus accionistas. Los accionistas son responsables por deudas sólo hasta el valor total de sus acciones.

Las ventajas de la corporación o sociedad anónima son: el pasivo limitado (lo único que pueden perder los accionistas es el valor de sus acciones); la liquidez (las inversiones pueden convertirse en efectivo en los mercados de valores) y una vida ilimitada. Las desventajas son el requisito legal de rendir cuentas al público y el costo de incorporación y las tasas altas de impuestos o tributos.

Los accionistas son los dueños de las corporaciones, pero no son todos iguales. Algunas acciones llevan el derecho al voto, otras, no. Por ley, una vez al año las corporaciones invitan a sus accionistas a una reunión donde eligen a los directores de la junta administrativa (de directores) y seleccionan un contable independiente para la auditoría de los estados financieros de la empresa.

ESTUDIO DE PALABRAS

Ejercicio 1   Study the following cognates that appear in this chapter.

el ser humano	los recursos	mínimo
el privilegio	la facilidad	estatal
la obligación	la interferencia	inferior
la formalidad	la provisión	superior
la responsabilidad	el contrato	válido
la deuda	el acuerdo	general
el propietario	la naturaleza	limitado
los efectos	el límite	ilimitado
los fondos	la duración	interesado
el número	la cantidad	inicial
la identificación	el interés	futuro
la cantidad	el director	independiente
el salario	la liquidez	financiero
el gobierno	el público	
la contribución	el voto	retener
el estatuto		inferir
el requisito	interno	imponer
el consumidor	legal	operar
la protección	corporativo	determinar
el secretario	personal	combinar
el máximo	federal	retirar
el talento	prohibido	contratar

Ejercicio 2   Complete each expression with the appropriate word(s).
1. minimum wage   el sueldo _____
2. legal obligation   la obligación _____
3. human being   el ser _____
4. juridical person   la persona _____

5. personal responsibility   la responsabilidad _____
6. personal effects   los efectos _____
7. identification number   el número de _____
8. federal government   el gobierno _____
9. state government   el _____ estatal
10. general partner   el socio _____
11. limited partnership   la asociación _____
12. government interference la _____ gubernamental
13. interested party   la parte _____
14. initial investment   la inversión _____
15. right to vote   el derecho al _____
16. independent accountant el contable _____
17. financial statement   el estado _____
18. Board of Directors   la junta de _____
19. consumer protection   la protección del _____
20. secretary of state   el _____ de estado
21. workmen's compensation la _____ laboral
22. Internal Revenue Service el Servicio de Rentas _____

Ejercicio 3 Match the word in Column A with its definition in Column B.

A	B
1. los fondos	a. de mayor cantidad
2. el salario	b. de una persona
3. superior	c. el dinero, los recursos
4. inferior	d. lo que se requiere
5. el requisito	e. el período de existencia
6. personal	f. el sueldo
7. el director	g. el contrato
8. ilimitado	h. de menor cantidad
9. la duración	i. sin límite
10. el acuerdo	j. el jefe, el administrador

Ejercicio 4 Select the appropriate verb to complete each expression.
1. _____ fondos del banco
 a. contratar b. retirar c. determinar
2. _____ la industria
 a. regular b. retener c. interesar
3. _____ controles y límites
 a. retener b. contratar c. imponer
4. _____ recursos y talentos
 a. regular b. combinar c. establecer
5. _____ el sueldo mínimo
 a. combinar b. obligar c. determinar

Ejercicio 5   Select the appropriate word to complete each statement.
1. El dinero que un individuo o una empresa (compañía) debe es la

   _____.
   a. contribución   b. deuda   c. facilidad
2. _____ es llegar a un acuerdo y firmarlo.
   a. Establecer   b. Votar   c. Contratar
3. El primer pago que se hace es el pago _____.
   a. inicial   b. establecido   c. financiero
4. Los intereses _____ son los que se van a recibir.
   a. acumulados   b. retirados   c. futuros
5. Un contable independiente es responsable por _____.
   a. el contrato   b. la auditoría   c. el estado

Ejercicio 6   Give the word or expression being defined.
1. del Estado
2. de la ley
3. de las finanzas
4. del futuro
5. del gobierno en Washington
6. de la corporación

Ejercicio 7   Match the English word or expression in Column A with its
Spanish equivalent in Column B.

A	B
1. sole proprietorship	a. la empresa
2. partnership	b. la empresa de propiedad individual
3. partner	c. el socio
4. corporation	d. la asociación
5. shareholder, stockholder	e. la corporación, la sociedad anónima
6. stock, share	f. la acción
7. owner	g. el accionista
8. Board of Directors	h. el negocio
9. business	i. los bienes y servicios
10. enterprise	j. el dueño, el propietario
11. goods and services	k. el partícipe
12. to invest, investment	l. la parte
13. party	m. invertir, la inversión
14. participant	n. emitir bonos
15. to issue bonds	o. la junta de directores

Ejercicio 8   Complete each statement with the appropriate word(s).
1. _____ tiene un solo propietario, que es una persona física.
2. Una _____ tiene dos o más propietarios que combinan sus recursos
   y talentos.

3. Los que combinan sus recursos y talentos para formar una asociación son
_____.

4. Los accionistas y no una sola persona física son los dueños o propietarios
de una _____.

5. Una entidad de propiedad en una sociedad anónima es una _____.

6. Una sociedad anónima tiene el derecho de emitir _____ para
recaudar fondos (dinero), pero una empresa de propiedad individual no
goza de tal derecho.

7. Los accionistas de una sociedad anónima tienen el derecho al voto; es
decir, pueden elegir a los _____ de la junta.

8. Cualquier comercio es un _____.

9. Algunas empresas producen _____ y otras ofrecen _____.

10. Las dos _____ tienen que llegar a un acuerdo antes de finalizar y
firmar el contrato.

Ejercicio 9   Match the English word or expression in Column A with its
Spanish equivalent in Column B.

A	B
1. profits	a. los beneficios, la utilidad
2. losses	b. las ganancias
3. gains	c. las pérdidas
4. liabilities	d. los pasivos
5. assets	e. los activos
6. contract, deed	f. el retiro de fondos
7. withdrawal of funds	g. la venta
8. rental	h. el efectivo
9. sale	i. la tasa
10. cash	j. el contable
11. Stock Market	k. el Mercado de Valores
12. rate	l. rendir cuentas
13. accountant	m. demandar
14. to be accountable	n. el arrendamiento
15. to file suit	o. el contrato, el acuerdo, la escritura
16. audit	p. la auditoría

Ejercicio 10   Complete each statement with the appropriate word(s).

1. El que no es propietario del edificio donde tiene su negocio tiene que
pagar el _____ al dueño.

2. Las deudas, o sea, el dinero que uno debe, son _____ mientras el
dinero o los fondos y los bienes que tiene o posee son _____.

3. El estado de _____ y _____, o sea el estado de resultados,
indica la situación financiera de la empresa.

4. Las _____ son activos y las pérdidas son _____.

5. Hay que firmar un _____ antes de que se finalice la venta.

6. La liquidez es la capacidad de vender sus activos y convertirlos en _____ en poco tiempo.

7. Una sociedad anónima se ve obligada a _____ al público pero una empresa de propiedad individual no tiene tal obligación.

8. Se venden y se compran (se negocian) acciones en el _____.

9. Un _____ muy importante de los Estados Unidos es el de Wall Street en Nueva York.

10. Un _____ independiente tiene que preparar la auditoría.

11. El ingreso de fondos es lo contrario del _____ de fondos.

12. Una sociedad anónima puede _____ en las cortes.

13. Las _____ de interés varían según las condiciones económicas. No son constantes (fijas).

COMPRENSION

Ejercicio 1   True or false?
1. Una persona jurídica es dueño de un negocio de propiedad individual.
2. Varios individuos son los dueños o propietarios de un negocio de propiedad individual.
3. El dueño de un negocio de propiedad individual tiene que pagar impuestos sobre sus ganancias.
4. El gobierno estatal puede establecer un sueldo mínimo inferior al del gobierno federal.
5. Una asociación comercial tiene dos o más socios.
6. Según la Ley uniforme de asociaciones, una asociación general es una asociación de dos o más personas para llevar a cabo un negocio con el propósito de realizar un beneficio.
7. No es necesario tener ningún contrato para formar una asociación general.
8. La mayoría de las empresas en los Estados Unidos son sociedades anónimas.

Ejercicio 2   Answer.
1. ¿Qué es una persona física?
2. ¿Qué son personas jurídicas?
3. ¿Cuáles son tres tipos de empresas comerciales?
4. ¿Cómo y por qué puede perder todos sus efectos personales el dueño de un negocio de propiedad individual?
5. Cuando el dueño de un negocio de propiedad individual emplea a otros, ¿qué tiene que conseguir del Servicio de Rentas Internas?
6. ¿Qué tiene que retener de los sueldos de los empleados?
7. ¿A qué se dedica gran número de negocios de propiedad individual?
8. ¿Entre quiénes se reparten las ganancias de una asociación?
9. ¿Cuándo se crea una asociación general?
10. ¿Qué significa una asociación por estoppel?

11. ¿Quiénes son los dueños de una sociedad anónima?
12. ¿Quiénes eligen a los miembros de la junta de directores de una sociedad anónima?

Ejercicio 3   Follow the directions.
1. Dé Ud. una lista de las ventajas de un negocio de propiedad individual.
2. Dé Ud. algunas desventajas de un negocio de propiedad individual.
3. Dé Ud. una lista de lo que puede invertir en una asociación cada socio.
4. Dé Ud. una lista de formas en que una persona puede recibir beneficio de una asociación sin ser socio.
5. Dé Ud. una lista de las cosas que puede hacer una sociedad anónima.
6. Dé Ud. cinco características de una sociedad anónima.
7. Dé Ud. una lista de las ventajas de una sociedad anónima.
8. Dé Ud. una lista de las desventajas de una sociedad anónima.

Ejercicio 4   Follow the directions.
Explique la diferencia entre una asociación general y una asociación limitada.

Sección IV
LA LEY Y EL GOBIERNO

Capítulo 10
ESTATUTOS Y AGENCIAS GUBERNAMENTALES

Algunos antecedentes

El papel del gobierno es central en la vida jurídica del país y de los individuos. ¿Quién más puede obligar que se cumpla con la ley? En los EE.UU., como ya se ha dicho, la fuente del sistema jurídico es la Constitución de la nación. Los 50 estados también tienen, cada uno, su propia constitución. Con frecuencia, las constituciones estatales son más detalladas y más restrictivas que la Constitución federal. Muchos estados mantienen estatutos que vienen de la ley común británica tal como era hace siglos. Por ejemplo, según la ley común nadie era culpable de un homicidio si la víctima murió más de un año y un día después del golpe. La ley común impone un tiempo límite entre la herida y la muerte. Se suponía que la herida no fue causa de muerte si el intervalo fuera de más de un año y un día. Esta ley se promulgó en el año 1278 en Inglaterra y todavía tiene fuerza de ley en 43 de los estados.

La creación de leyes, la legislación

Los estatutos Los estatutos son leyes aprobadas por una legislatura o un parlamento u otro cuerpo creado para ese propósito. Así las leyes promulgadas y aprobadas por el Parlamento británico, las Cortes españolas, el Congreso norteamericano, las legislaturas estatales, los ayuntamientos municipales son todos estatutos, o leyes estatutarias. Estas leyes consisten en adiciones o modificaciones a la tradicional ley común para tratar con las condiciones contemporáneas. En el caso de la necesidad de leyes completamente nuevas para confrontar situaciones que nunca existían en los tiempos de la ley común, las legislaturas aprueban nuevas leyes que se encuentran en los estatutos federales y estatales, en las ordenanzas municipales y en los reglamentos. Los términos «ordenanza» y «reglamento» indican el nivel gubernamental donde se aprobó la ley. Las ordenanzas son municipales; los reglamentos son estatales y federales.

Los estatutos federales regulan los asuntos que afectan a la nación en su totalidad y se basan en los poderes que otorga la Constitución al gobierno federal. En algunos casos tanto los estatutos federales como los estatales pueden regir. Por ejemplo, la imposición de impuestos, el secuestro y el control de las drogas pueden ser tratados por los estatutos federales y estatales.

Los reglamentos administrativos Las legislaturas federal, estatales y locales tienen interés en regular ciertas actividades para proteger al pueblo. Los legisladores no son, necesariamente, expertos en el campo que se quiere regular. Además, no tienen el tiempo necesario para prestar la atención necesaria a una sola actividad. Por consiguiente, les otorgan el poder regulatorio sobre determinada actividad a una agencia administrativa. Una agencia administrativa, también llamada «agencia regulatoria», es un departamento del gobierno formado para administrar cierta legislación. Estas agencias forman parte de las ramas ejecutiva, legislativa o judicial del gobierno.

Los poderes de las agencias administrativas Las agencias administrativas tienen el poder de funcionar de varias maneras: como legisladores, creando sus propios reglamentos; como policías, obligando que se cumplan con los reglamentos; como fiscales, investigando las violaciones de sus reglamentos; como jueces, decidiendo la culpabilidad o inocencia de los violadores de sus reglamentos.

Los reglamentos y los procedimientos establecidos por las agencias regulatorias se conocen como «ley administrativa». Las cortes han determinado que estas agencias son constitucionales. A pesar de que ejercen las tres funciones gubernamentales, existen controles y balances sobre sus poderes. La legislatura que establece una agencia puede también terminar con su existencia o puede modificar sus poderes. Cualquier decisión que toma una agencia está sujeta a revisión por las cortes.

Los procesos de las agencias administrativas En su papel de juez, una agencia administrativa tiene audiencias que contrastan con los procesos jurídicos de las cortes en los siguientes aspectos.

- No se juzga la criminalidad ni se otorga daños a las partes.
- Se le niegan a los acusados algunos derechos, como el derecho contra la autoincriminación.
- No hay proceso ante un jurado.
- Un examinador u oficial, experto en la materia, conduce la audiencia.
- Un abogado puede aconsejar al acusado, pero no tiene derecho de participar en la audiencia.
- La agencia puede hacer sus determinaciones, tomar decisiones y actuar hasta antes de que haya una audiencia o proceso.
- Los remedios administrativos tienen que haberse agotado antes de recurrir a la corte.
- Las penalidades o castigos son sanciones—la toma de propiedades, la pérdida de licencias o permisos, multas, etc. No se impone el encarcelamiento.

Algunas agencias administrativas Estos son ejemplos de agencias administrativas federales y sus áreas de responsabilidad.

Departamento de Transporte *(DOT)*—el transporte por tierra, mar y aire
Departamento de Energía *(DOE)*—la investigación, producción y comercialización de las fuentes de energía

Comisión de Comercio Interestatal *(ICC)*—el transporte por camión,
ferrocarril y óleoducto entre los estados
Servicios de Rentas Internas *(IRS)*—las contribuciones federales
Sistema de la Reserva Federal *(FRS)*—la banca y el crédito
Agencia de Protección Ambiental *(EPA)*—la contaminación
La División Antimonopolio *(Antitrust)*
La División de Derechos Civiles
La Administración del Control de Drogas

Los estados también tienen sus agencias administrativas con poderes similares
a los de las agencias federales. Algunas agencias son análogas a las agencias
federales, agencias de transporte y de protección ambiental, por ejemplo. También
hay otras agencias reguladoras como los departamentos o las comisiones de
seguros, de salud, de automóviles o vehículos motorizados, etc.

ESTUDIO DE PALABRAS

Ejercicio 1   Study the following cognates that appear in this chapter.

el antecedente	el secuestro	administrativo
el sistema	el control	experto
la constitución	la droga	regulatorio
la nación	el policía	ejecutivo
el estatuto	la violación	legislativo
el homicidio	la culpabilidad	judicial
el intervalo	la inocencia	constitucional
la creación	el violador	fiscal
la legislación	el proceso	
la legislatura		mantener
el parlamento	jurídico	imponer
la adición	detallado	promulgarse
la modificación	restrictivo	confrontar
la condición	estatal	aprobar
la situación	federal	regular
la ordenanza	límite	afectar
el reglamento	creado	proteger
la imposición	municipal	funcionar
la agencia	contemporáneo	investigar

Ejercicio 2   Complete each expression with the appropriate word(s).

1. constitution of the nation   la constitución de la _____
2. federal constitution   la constitución _____
3. state constitution   la _____ estatal
4. victim of a homicide   la víctima de un _____
5. time limit   un tiempo _____
6. municipal ordinance   la ordenanza _____
7. regulatory power   el poder _____

8. administrative agency   la agencia _____
9. regulatory agency   la _____ regulatoria
10. executive branch   la rama _____
11. legislative branch   la rama _____
12. judicial branch   la rama _____
13. fiscal policy   la política _____
14. (juridical) legal process   el _____ jurídico
15. motor vehicle commission   la comisión de _____
                                             motorizados

Ejercicio 3   Select the appropriate verb to complete each expression.
1. _____ la culpabilidad
    a. incriminar   b. determinar   c. crear
2. _____ la ley
    a. tomar   b. aprobar   c. detallar
3. _____ leyes
    a. confrontar   b. crear   c. funcionar
4. _____ una decisión
    a. tomar   b. contratar   c. actuar
5. _____ las drogas
    a. contratar   b. controlar   c. establecer
6. _____ los derechos del individuo
    a. proteger   b. investigar   c. contratar
7. _____ controles y balances
    a. tomar   b. ejercer   c. proteger
8. _____ impuestos
    a. imponer   b. funcionar   c. violar
9. _____ una ley
    a. promulgar   b. contratar   c. decidir
10. _____ el crimen
    a. funcionar   b. investigar   c. acusar

Ejercicio 4   Study the following words in their verb, adjective, and noun forms.

culpar	culpable	la culpabilidad
crear	creativo, creador	la creación
legislar	legislativo	la legislación, la legislatura
aprobar	aprobado	la aprobación
detallar	detallado	el detalle
controlar	controlable	el control
proteger	protector	la protección
administrar	administrativo	la administración, el administrador
revisar	revisado	la revisión, el revisor
incriminar	incriminador	la incriminación

| acusar | acusador | la acusación, el acusador, el acusado |
| investigar | investigador | la investigación, el investigador |

Ejercicio 5   Match the English verb in Column A with its Spanish equivalent in Column B.

A

1. to grant, give, concede
2. to govern, rule, be in force
3. to comply with, carry out
4. to conduct
5. to advise
6. to exhaust

B

a. regir
b. aconsejar
c. agotar
d. otorgar
e. conducir
f. cumplir con

Ejercicio 6   Match the English word or expression in Column A with its Spanish equivalent in Column B.

A

1. town hall, borough council
2. judge
3. power
4. hearing
5. trial
6. jury
7. lawyer
8. punishment
9. fine
10. damages
11. imprisonment
12. guilty

B

a. la audiencia
b. el proceso
c. culpable
d. el ayuntamiento
e. el abogado
f. el juez
g. el poder
h. el jurado
i. los daños
j. el encarcelamiento
k. la multa
l. el castigo

Ejercicio 7   Complete each statement with the appropriate word(s).

1. Las leyes constitucionales _____ la nación.
2. Los detectives van a _____ una investigación del homicidio.
3. El abogado puede _____ al cliente.
4. Hay que _____ todas las posibilidades de resolver una disputa antes de recurrir a un _____ en la corte.
5. El _____ va a decidir la culpabilidad. Es decir que va a determinar quién es _____ y quién es inocente.
6. El _____ promulgará la penalidad.
7. Mañana tendrá lugar la _____. Los oficiales van a oír a los litigantes. Durante la _____ el abogado puede aconsejar al acusado pero el _____ no tiene derecho de participar en la _____.
8. El proceso ante un _____ se reserva para pleitos serios y complicados.

9. El _____ es un castigo serio.
10. Imponerle una _____ al acusado es un _____ menos serio
    que el _____.
11. La _____ es una cantidad que el acusado es obligado a pagar por los
    _____ que causó.
12. El _____ tiene el poder de sentenciar al acusado.

COMPRENSION

Ejercicio 1 Answer.
1. ¿Cuál es la fuente del sistema jurídico de los Estados Unidos que regula
   los estatutos federales?
2. ¿Qué le otorga al gobierno federal el poder de promulgar leyes?
3. ¿Por qué tienen las legislaturas federal, estatales y locales interés en
   regular ciertas actividades de la sociedad?
4. ¿Qué es una agencia administrativa o regulatoria?
5. ¿Por qué existen estas agencias?
6. ¿Quién tiene el derecho de revisar cualquier decisión tomada por una
   agencia regulatoria?
7. ¿Cómo contrastan las audiencias que tienen las agencias administrativas o
   regulatorias con los procesos de las cortes?

Ejercicio 2 True or false?
1. La Constitución federal es más detallada que la mayoría de las
   constituciones estatales.
2. Los estatutos son leyes aprobadas por una legislatura.
3. Los legisladores son expertos en el campo que regulan.
4. El gobierno federal tiene tres ramas: la ejecutiva, la legislativa y la
   judicial.
5. Existen controles sobre los poderes de las agencias regulatorias
   gubernamentales.
6. Una agencia regulatoria tiene el poder de juzgar la criminalidad de una
   acción.
7. Una agencia regulatoria puede obligar pagar los daños a las partes
   culpables.

Ejercicio 3 Select the appropriate word(s) to complete each statement.
1. La (legislatura / corte) crea leyes.
2. Una ordenanza es una ley (municipal / estatal o federal).
3. Un reglamento es una ley (municipal / estatal o federal).
4. Los (legisladores / policías) crean reglamentos.
5. Los (legisladores / policías) obligan que se cumplan los reglamentos.
6. Los (policías / fiscales) investigan las violaciones de los reglamentos.
7. Los (fiscales / jueces) deciden la culpabilidad o inocencia de los violadores
   de los reglamentos.

Ejercicio 4   Give the Spanish equivalent for each of the following
government agencies.
1. Department of Transportation
2. Department of Energy
3. Treasury Department
4. Interstate Commerce Commission
5. Internal Revenue Service
6. Environmental Protection Agency
7. Federal Reserve System
8. Securities and Exchange Commission

Ejercicio 5 Describe in Spanish the responsibilities of each of the agencies
listed in Exercise 4.

Capítulo 11
CONTROLES ECONOMICOS Y COMERCIALES

El gobierno en la vida económica y comercial

Las corporaciones en los EE.UU. tienen un poder económico enorme. Los presupuestos de algunas corporaciones son superiores a los de algunos estados y hasta de gran número de países. El sistema económico contiene una serie de controles sobre las entidades comerciales. Los accionistas, por ejemplo, por ley tienen el derecho de ejercer cierta autoridad sobre las actividades corporativas. Sin embargo, a pesar de estos controles, pueden ocurrir abusos. En algunos casos los mismos accionistas pueden estar colaborando en actividades ilegales de la corporación. Por eso el gobierno se ve obligado a intervenir.

El poder regulatorio del gobierno

El poder regulatorio del gobierno se deriva de la Constitución de los EE.UU. bajo la «cláusula de comercio». Esta cláusula declara que el Congreso tendrá el poder de regular el comercio «entre los varios estados». Esto le da al gobierno el poder de controlar el comercio interestatal.

La Comisión de Valores y Bolsa *(Securities and Exchange Commission— SEC)* Esta comisión es una agencia regulatoria autónoma que se estableció en los años 30 después del desastre de 1929. Una de las causas del desastre fue la compra y venta de valores o acciones sin ningún valor, lo cual ocasionó la inversión y pérdida de grandes cantidades de dinero por el público. El Congreso aprobó, en 1933, la Ley de Valores y, en 1934, la Ley de la Bolsa de Valores. El propósito de estas leyes es de proteger a los inversionistas informándoles sobre el verdadero estado de los valores en los que invierten y proveyendo un mecanismo para descubrir el fraude y la manipulación injusta. La Comisión de Valores y Bolsa es la agencia que ejerce esas funciones. Según la ley de 1933, un «valor» es una inversión de dinero con la expectativa de un beneficio solamente por el esfuerzo de otro.

Cualquier empresa que cae bajo la jurisdicción de la SEC está obligada a registrar una declaración de inscripción y un prospecto con la SEC antes de poder ofrecer sus valores en el mercado. La declaración de inscripción contiene detalles sobre los valores y sobre la empresa que hace la oferta. El prospecto presenta una versión condensada de la información que contiene la declaración de inscripción.

El prospecto se entrega a los inversionistas. La corporación no puede ofrecer sus valores hasta que la SEC haya aprobado la declaración de inscripción. La aprobación de la declaración de inscripción por la SEC sólo indica que la empresa ha proveído toda la información que requiere la SEC. La aprobación no constituye ninguna recomendación, ni positiva ni negativa, sobre el valor.

Una violación de los requisitos de la declaración de inscripción por negarse a registrar o por registrar información errónea conlleva castigo por multa o prisión. Además, la SEC y los inversionistas perjudicados tienen el derecho de iniciar un pleito. La SEC puede también pedir a la corte un entredicho para detener una oferta que se está haciendo.

El proceso de inscripción se aplica solamente a emisiones de nuevas acciones. La SEC también vigila las transacciones en la Bolsa de Valores y regula varias otras actividades empresariales.

Las leyes «antitrust» y el control de los monopolios

Durante el siglo XIX, muchas grandes corporaciones en los EE.UU. formaron gigantes consorcios o «trusts» que llegaron a controlar industrias enteras. Estos trusts eran monopolios que no tenían ningún competidor. El trust del azúcar, formado en 1887, es un famoso ejemplo. En 1890 la Ley antitrust de Sherman fue aprobada por el Congreso como un intento de impedir la formación de los monopolios. Esta ley declaraba que: «Cada contrato, combinación... o conspiración para restringir el negocio o comercio entre los estados... es de ahora en adelante ilegal». La ley no especificaba las actividades ilegales. Les permitía a las cortes decidir la legalidad. La Ley de Sherman impidió la formación de los monopolios durante un breve período de tiempo. Una decisión subsiguiente de la Corte Suprema de los EE.UU. otra vez ayudó al crecimiento de los monopolios. La Corte declaró que los contratos o combinaciones serían ilegales sólo si constituían una restricción de comercio no razonable.

Para reforzar la Ley de Sherman, el Congreso aprobó la Ley de Clayton en 1914. En contraste con la Ley de Sherman, la Ley de Clayton especificó las prácticas ilegales. Declaró ilegal, por ejemplo, el vender un producto a una empresa a un precio inferior al precio para otra empresa si la intención era de disminuir la competencia. Declaró ilegal también la venta de bienes con la condición de que el comprador no comprara productos a los competidores del vendedor. La práctica de obligar a los compradores a comprar unos productos indeseados para poder comprar la mercancía deseada era también ilegal. Además, el traslapo de juntas directivas, es decir, las mismas juntas directivas que controlan dos o más empresas competidoras, se declararon ilegales. Las combinaciones de empresas, si el propósito era de reducir la competencia, eran también ilegales.

La Comisión Federal de Comercio Al mismo tiempo que el Congreso aprobó la Ley de Clayton, aprobó el Acta de la Comisión Federal de Comercio. El propósito original del acta era de proteger las empresas contra las actividades dañinas de otras empresas. Decía: «Los métodos injustos de competición en el comercio de aquí en adelante se declaran ilícitos». El Acta no define un «método injusto». Deja que las cortes determinen lo que es injusto caso por caso. El acta también estableció la Comisión Federal de Comercio *(Federal Trade Commission—FTC)*. Esta agencia investiga los casos donde se sospecha métodos injustos de competencia e impide que las empresas contravengan la Ley o el Acta de la Comisión Federal de Comercio.

En 1936 se aprobó otra ley antimonopolio, el Acta Robinson-Patman. Según esta ley, era ilegal que una empresa ofreciera vender un producto a compradores de grandes cantidades a un precio reducido, sin ofrecer el mismo descuento a los compradores de cantidades más pequeñas. La Ley Robinson-Patman no sólo afecta la discriminación en los precios. Según Robinson-Patman, los vendedores tienen la responsabilidad de tratar a todos los compradores de igual manera. Cualquier fraude, como entregas preferenciales que pueden ayudar a un vendedor y perjudicar a otro, se ha declarado ilícito.

ESTUDIO DE PALABRAS _____

Ejercicio 1   Study the following cognates that appear in this chapter.

la corporación	el consorcio	condensado
el control	la industria	positivo
la serie	el competidor	negativo
la entidad	la formación	erróneo
la autoridad	la legalidad	subsiguiente
la actividad	la Ley de Sherman	ilícito
el comercio	la competición	preferencial
el mecanismo	el caso	
la inscripción	el descuento	colaborar
el registro	la discriminación	intervenir
la jurisdicción		derivarse
la información	económico	aprobar
la recomendación	comercial	proveer
la sanción	corporativo	iniciar
la comisión	ilegal	controlar
la violación	regulatorio	impedir
la prisión	interestatal	especificar
el monopolio	autónomo	reforzar
el antitrust	injusto	reducir

Ejercicio 2   Match the verb in Column A with its noun form in Column B.

A	B
1. controlar	a. la colaboración
2. colaborar	b. la inscripción
3. competir	c. la recomendación

4. aprobar	d. el control
5. proveer	e. el impedimento
6. manipular	f. el descuento
7. inscribir	g. la competencia, el competidor
8. registrar	h. la violación
9. condensar	i. el registro
10. recomendar	j. la aprobación
11. violar	k. la manipulación
12. impedir	l. la reducción
13. reducir	m. la condensación
14. descontar	n. la provisión
15. intervenir	o. la intervención

Ejercicio 3   Complete each expression with the appropriate word(s).

1. Sherman Act   la Ley de _____
2. preferential delivery   la entrega _____
3. case by case   caso por _____
4. erroneous information   la información _____
5. illicit trade   el comercio _____
6. corporate activities   las actividades _____
7. interstate commerce   el comercio _____
8. unjust manipulation   la manipulación _____
9. condensed version   la versión _____
10. positive recommendation   la recomendación _____
11. Federal Trade Commission   la _____ Federal de
                                       Comercio

Ejercicio 4   Match the word in Column A with its definition in Column B.

A	B
1. el descuento	a. la inscripción
2. proveer	b. precisar
3. el registro	c. ilegal, no permitido por la ley
4. aprobar	d. entre los estados
5. ilícito	e. una unión o asociación
6. autónomo	f. dar
7. interestatal	g. consentir
8. colaborar	h. imposibilitar una cosa
9. el consorcio	i. independiente
10. impedir	j. el privilegio de explotar una cosa e
11. iniciar	impedir la competencia
12. reducir	k. trabajar con otros en una tarea
13. especificar	l. una reducción en el precio, una rebaja
14. el monopolio	m. rebajar, disminuir
	n. comenzar, originar

Ejercicio 5   Match the English word or expression in Column A with its Spanish equivalent in Column B.

A	B
1. budget	a. el accionista
2. stock	b. el presupuesto
3. stockholder, shareholder	c. la inversión
4. Securities and Exchange Commission	d. el prospecto
5. investment	e. el valor, la acción
6. loss	f. la Comisión de Valores y Bolsa
7. profit	g. la emisión
8. certificate of registration	h. la declaración de inscripción
9. prospectus	i. la pérdida
10. issuance	j. la ganancia

Ejercicio 6   Complete each statement with the appropriate word(s).
1. El _____ indica los ingresos y los gastos que uno piensa incurrir.
2. Un _____ o una _____ es una entidad de propiedad en una corporación o sociedad anónima. El titular (poseedor, dueño, portador) de estos instrumentos es el _____.
3. Antes de efectuar la _____ de nuevas acciones (o de acciones iniciales) la corporación tiene que registrar una _____ con la SEC (la Comisión de Valores y Bolsa) y mandar un _____ a los potenciales compradores de las nuevas acciones.
4. El accionista quiere recibir un beneficio de su _____ pero siempre corre el riesgo de perder.
5. Las _____ son pasivos y las _____ son activos.

Ejercicio 7   Match the English word or expression in Column A with its Spanish equivalent in Column B.

A	B
1. to carry with it	a. contravenir
2. to stop	b. detener
3. to restrict	c. conllevar
4. to suspect	d. perjudicar
5. to circumvent, not comply	e. sospechar
6. to cause harm	f. restringir

Ejercicio 8   Match the English word or expression in Column A with its Spanish equivalent in Column B.

A	B
1. punishment	a. el entredicho
2. fine	b. el castigo
3. suit	c. el traslapo

4. injunction
5. competition
6. overlapping, overlap
7. harmful, damaging

d. la multa
e. dañino
f. el pleito
g. la competencia

Ejercicio 9   Give the word or expression being defined.
1. la prohibición de poder hacer algo
2. la rivalidad entre dos individuos o empresas
3. que perjudica o causa daño
4. limitar, reducir
5. lo que uno tiene que pagar como castigo
6. la disputa o el litigio judicial entre dos personas
7. la acción de coincidir parcialmente
8. no cumplir, obrar en contra
9. imaginar algo por apariencias, creer que algo puede ser
10. parar, poner fin a

COMPRENSION

Ejercicio 1   True or false?
1. El gobierno ejerce muchos controles sobre las actividades corporativas de las grandes empresas comerciales.
2. Debido a estos controles ya no existen abusos.
3. El prospecto que una corporación entrega a los inversionistas es una versión condensada de la declaración de inscripción que la empresa registra con la Comisión de Valores y Bolsa.
4. La aprobación de la Comisión de Valores y Bolsa constituye una recomendación positiva sobre el valor de las acciones emitidas por la corporación.
5. La Ley de Sherman prohibió la formación de monopolios.
6. Es legal que una empresa ofrezca precios reducidos o descuentos enormes a compradores de grandes cantidades sin ofrecer los mismos precios o descuentos a los compradores de cantidades más pequeñas.

Ejercicio 2   Answer.
1. ¿De qué se deriva el poder regulatorio del gobierno?
2. ¿Qué poder le da al gobierno la «cláusula de comercio»?
3. ¿Qué es la Comisión de Valores y Bolsa?
4. ¿Por qué se estableció esta comisión?
5. ¿Cuál es el propósito de la Ley de Valores aprobada en 1933 y la de la Bolsa de Valores aprobada en 1934?
6. ¿Cuál es la definición de «valor»?
7. ¿Qué está obligada a hacer cualquier empresa que cae bajo la jurisdicción de la Comisión de Valores y Bolsa?

8. ¿Qué contiene esta declaración?
9. ¿Por qué existen las leyes antitrust?
10. ¿Qué es un monopolio?
11. ¿Cuál es el objetivo de un monopolio?
12. ¿En qué se diferencian la Ley de Sherman y la Ley de Clayton?
13. ¿Cuáles son algunas prácticas que la Ley de Clayton declaró ilegales?
14. ¿Qué hace la Comisión Federal de Comercio?

Capítulo 12
EL CONSUMERISMO

La protección y los derechos del consumidor

Los conceptos de la protección del consumidor y de los derechos del consumidor son relativamente nuevos. Hasta recientemente *caveat emptor* eran las palabras clave, «que tenga cuidado el comprador». Además de la protección contra negligencia y las garantías expresas e implícitas, el consumidor goza de protección legal contra prácticas injustas y engañosas, publicidad falaz, fraude en ventas por correo y productos defectuosos.

Prácticas injustas y engañosas Estas son prácticas que intentan engañar al consumidor. Un ejemplo es el precio engañoso. Es una práctica engañosa, por ley, subir el precio de un artículo con la intención de bajar el precio después y decir que el precio reducido es una «ganga». Además de los remedios disponibles al consumidor, las leyes permiten que los fiscales del Estado recurran a la corte con pleitos contra los violadores.

Publicidad falaz Generalmente los estados tienen estatutos que regulan la publicidad falsa. La FTC hace lo mismo a nivel nacional. El Congreso ha autorizado a la FTC emitir «órdenes de cesar y desistir» a los que usan publicidad que podía engañar al público. Los que se ven acusados por la FTC tienen el derecho de recurrir a las cortes. Es raro, sin embargo, que las cortes federales decidan en contra de una agencia regulatoria como la FTC. Lo hacen sólo en los casos en que las órdenes de la agencia son obviamente injustas.

Responsabilidad por el producto Las personas que sufren un daño a causa de un producto defectuoso pueden conseguir satisfacción si pueden probar que:
- el fabricante o el vendedor vendió el producto en condición defectuosa
- el fabricante o el vendedor se dedicaba a la venta del producto
- el producto era razonablemente peligroso para el usuario o consumidor
- la condición defectuosa era la causa más próxima del daño
- la condición defectuosa existía cuando el producto dejó las manos del fabricante o vendedor
- el consumidor sufrió daño físico o de propiedad por el uso o consumo del producto.

La Ley sobre comestibles, drogas y cosméticos Esta ley prohíbe la manufactura y transporte en el comercio interestatal de cualquier comestible, droga, cosmético o artefacto para fines de salud que es dañino, adulterado o falazmente denominado. La Enmienda Delaney (1958) le otorga al gobierno federal el derecho de prohibir la venta de cualquier comestible o aditivo que pudiera causar el cáncer en personas o animales. La prohibición del Tinte Rojo #2 se hizo bajo la Enmienda Delaney, igual que la prohibición de ciclamato.

Otros controles gubernamentales El gobierno puede, por ley, emplear otros métodos para proteger al público:

- los impuestos altos sobre licor y tabaco
- los reglamentos sobre envases[1] y etiquetas[2]
- la simple prohibición.

En 1971 se promulgó una ley que prohíbe los anuncios televisados para el tabaco. Anteriormente se prohibieron los anuncios para licores, aunque no para vinos y cervezas.

El gobierno federal no ejerce ningún control sobre los productos fabricados y vendidos dentro de un estado. Por eso los estados y los municipios han aprobado sus propias leyes para controlar el comercio dentro del estado. Casi todos los estados y gobiernos locales tienen sus propias leyes sobre la sanidad y la pureza de los comestibles para proteger al público. Los estados y municipios también requieren una licencia para la venta de comida. Muchos estados y municipios han establecido agencias protectoras del consumidor para investigar las quejas de los consumidores.

---

[1]*containers*   [2]*labels*

ESTUDIO DE PALABRAS

Ejercicio 1   Study the following cognates that appear in this chapter.

la protección	la satisfacción	injusto
el consumidor	el acta	defectuoso
la negligencia	el ciclamato	reducido
la garantía	el aditivo	acusado
la práctica	el artefacto	regulatorio
la publicidad	la droga	físico
el fraude	el cosmético	adulterado
el producto	el comercio	interestatal
el precio	el método	local
la intención	el estado	
el remedio	el municipio	intentar
el fiscal	el gobierno	recurrir
el violador	la licencia	emitir
el estatuto		prohibir
la agencia	expreso	controlar
la responsabilidad	implícito	investigar
el caso	legal	regular
la propiedad	falso	

Ejercicio 2   Complete each expression with the appropriate word(s).

1. consumers' rights   los derechos del _____
2. unfair (unjust) practice   una práctica _____
3. deceitful practice   una _____ engañosa
4. false advertising (publicity) la _____ falaz
5. defective product   el _____ defectuoso
6. false intent   la intención _____
7. reduced price   el precio _____
8. regulatory agency   la agencia _____
9. customer satisfaction   la _____ del consumidor
10. physical harm   el daño _____
11. property damage   el daño de _____
12. interstate commerce   el _____ interestatal

Ejercicio 3   Match the word in Column A with its definition in Column B.

A	B
1. la droga	a. el que rompe la ley
2. un aditivo, sustitivo del azúcar	b. el que compra o consume algo
3. el municipio	c. la marihuana, la cocaína y muchos medicamentos
4. adulterado	
5. el método	d. no expresado
6. el cosmético	e. la manera
7. el violador	f. el ciclamato
8. intentar	g. tratar
9. implícito	h. la ciudad o el pueblo
10. el consumidor	i. cambiado, contaminado
	j. el esmalte para las uñas, el lápiz de labios, el perfume, el agua de colonia

Ejercicio 4   Complete each statement with the appropriate word(s).

1. Un precio _____ es un precio más bajo.
2. Una _____ engañosa es una manera de hacer algo para engañar al consumidor.
3. El _____ es la acción de rectificar o corregir un abuso o práctica injusta.
4. Al criminal se le ha declarado _____ dc la ley.
5. El gobierno _____ el comercio para proteger a los consumidores.
6. Para proteger los derechos del consumidor el gobierno ha establecido agencias _____.
7. Si un vendedor ha violado los derechos del consumidor, el consumidor puede _____ a las cortes.
8. El _____ físico es infligido sobre una persona y el _____ de propiedad sobre las posesiones del individuo.

9. El comercio entre un estado y otro es el comercio _____.
10. El _____ es una acción cometida de mala fe, con engaño.

Ejercicio 5   Match the English word or expression in Column A with its Spanish equivalent in Column B.

A	B
1. case, suit	a. los daños
2. cease and desist order	b. la queja
3. damages	c. el daño de propiedad
4. property damage	d. el pleito
5. harmful	e. el fabricante
6. deceitful	f. la orden de cese y desista
7. advertisements	g. otorgar
8. complaint	h. los anuncios
9. manufacturer	i. engañoso
10. to grant	j. dañino

Ejercicio 6   Complete each statement with the appropriate word(s).
1. Los _____ físicos son los que ha sufrido un individuo en su persona.
2. Y los _____ son, por ejemplo, la destrucción parcial o total de los bienes que posee un individuo.
3. Hay muchas _____ que se pueden resolver sin recurrir a las cortes.
4. Algo que puede causar daño es _____.
5. Algo _____ produce ilusiones que no se convierten en la realidad.
6. El _____ se encarga de la manufactura de un producto.
7. Una disputa o litigio judicial entre dos individuos es un _____.
8. El gobierno federal _____ poderes y responsabilidades a las agencias regulatorias.
9. Los _____ que aparecen en los periódicos, en las revistas y en la televisión no deben engañar al cliente o consumidor susceptible.

COMPRENSION

Ejercicio 1   Answer.
1. ¿Contra qué goza de protección el consumidor?
2. ¿Qué es una agencia regulatoria?
3. ¿Qué prohíbe la Ley sobre comestibles, drogas y cosméticos?
4. ¿Qué hace el gobierno para controlar o reducir la venta de licor y tabaco?
5. Recientemente, ¿qué ha prohibido el gobierno?
6. ¿Por qué los estados y los municipios han aprobado sus propias leyes para controlar el comercio dentro del estado?

Ejercicio 2   Follow the directions.
1. Dé un ejemplo de una práctica injusta o engañosa de parte de un vendedor o fabricante.
2. Explique lo que tiene que probar un individuo antes de conseguir (recibir) satisfacción por haber sufrido daño a causa de un producto defectuoso.

Ejercicio 3   Identify each of the following terms.
1. *caveat emptor*
2. las órdenes de cese y desista
3. la FTC

Sección V
EL DERECHO PENAL

Capítulo 13
EL CRIMEN

El crimen es una ofensa contra el pueblo en general. Por esta razón, el gobierno estatal o federal, como representante del público, es el demandante o acusador, es decir, la persona que inicia el pleito. La persona denunciada por la corte y acusada de un crimen u otra acción ilícita se llama «demandado» o «acusado». Un crimen es un acto que se puede castigar por multa, condena a prisión o ambas. Ningún acto puede considerarse crimen si no se prohíbe por ley en el lugar donde se comete y si la ley no provee un castigo para los ofensores.

Las categorías del crimen

Hay tres categorías básicas del crimen: la traición, el delito mayor y el delito menor.

La traición y el espionaje En Inglaterra, bajo la ley común, la traición se dividía en «alta traición», que era cualquier acto en contra del rey, y «pequeña traición», que era cualquier acto en contra del noble o señor de uno. En los EE.UU. la traición se define en la Constitución así: «La traición contra los Estados Unidos consistirá solamente en levantar la guerra contra ellos o en la adhesión a sus enemigos, dándoles ayuda y auxilio». El espionaje es un crimen similar a la traición. El espionaje es el recaudamiento, transmisión o pérdida de información relativa a la defensa nacional que se cree que se usará para el detrimento de este país o para ayudar a un gobierno extranjero. El espionaje se prohíbe por estatuto federal con penalidades tan graves como la cadena perpetua o la muerte.

El delito mayor En la mayoría de los estados el delito mayor es un crimen que se puede castigar con prisión o muerte. Para determinar si el crimen es delito mayor se busca el castigo que pide el estatuto para la comisión del crimen. El homicidio premeditado o impremeditado, escalamiento, el hurto, el robo y el incendio premeditado son típicos delitos mayores. En algunos estados el delito mayor se define como un crimen que se puede castigar con «condena a trabajos forzados» o como «un crimen infame» o un crimen que merece «castigo infame». La Ley Federal Comprensiva de Control Criminal (1984) define el delito mayor como «cualquier ofensa que se puede castigar con la muerte o prisión de más de un año».

El delito menor Todo crimen que no sea traición ni delito mayor es delito menor. Las penalidades para los delitos menores no son graves—una multa o el encarcelamiento en una cárcel local o del condado. Algunos delitos menores son: conducir un auto sin licencia; mentir sobre su edad para poder comprar bebidas alcohólicas; abandonar el lugar de un accidente; amenazar y agredir (sin arma peligrosa).

Categorías de criminales

El agente, la persona que realmente comete el crimen, que oprime el gatillo o da el golpe, se llama «principal en primer grado». La persona que está presente y que ayuda a otro en cometer un delito mayor sin haber, personalmente, cometido el crimen se llama «principal en segundo grado». En casi todos los estados, se le castiga de igual manera al principal en segundo grado como al principal en primer grado. Una persona que hace que otro cometa un delito mayor, pero que no está presente cuando se comete el crimen, es un «accesorio antes del hecho». Este accesorio generalmente lleva la responsabilidad por lo que hace el principal. Si el accesorio le dice al principal que no use un arma durante un robo, y el principal lo usa y mata a alguien, el accesorio es tan responsable como el principal. Por lo general, el accesorio antes del hecho recibe el mismo castigo que el principal. El «accesorio después del hecho» es una persona que ayuda a otro sabiendo que esa persona ha cometido un delito mayor. El castigo que se le impone al accesorio después del hecho varía de estado en estado. En Massachusetts, el estatuto dice que un accesorio después del hecho será castigado con prisión en la penitenciaría estatal por un máximo de 7 años, o en una cárcel por no más de 2 años y medio o por una multa de no más de $1.000. En la mayoría de los estados no se le puede declarar culpable de ser accesorio después del hecho a un esposo, hijo, padre u otro pariente cercano del criminal.

Tipos de crímenes

Cada crimen tiene que tener su propia definición. Estas definiciones provienen de la ley común o de los estatutos de cada estado. Es necesario que todo el mundo sepa, sin duda alguna, lo que es ilícito o ilegal.

La agresión La agresión es el tocar ilícitamente a otra persona. Un empujón en el metro sin intención no sería agresión. La agresión requiere un propósito criminal o comportamiento imprudente. La agresión más común es con la mano, pero también ocurre con arma blanca, arma de fuego o dándole veneno[1] o drogas a otro sin que la persona lo sepa. El escupirle[2] en la cara a alguien, el hacer que su perro le muerda[3] a alguien, hasta un beso[4] indeseado puede considerarse agresión.

El asalto El asalto es la intención de agredir. El apuntar una pistola a alguien es asalto. Cuando la bala hiere a la persona, es agresión. Puede existir el asalto sin la agresión, pero no la agresión sin el asalto. Esta distinción se hacía en la ley común. En algunos estados se ha eliminado esta distinción. En Ohio, por ejemplo, el código penal no menciona «agresión»; se emplea el término «asalto» solamente. El asalto simple es un delito menor. El asalto con agravio es un delito mayor en casi todos los estados. El asalto con intención de matar es un ejemplo de asalto con agravio. Otros ejemplos son el asalto y agresión con arma peligrosa, el asalto con intención de robo, el asalto con intención de violar.

---

[1]*poison*   [2]*to spit*   [3]*bite*   [4]*kiss*

El (robo por) escalamiento Este crimen se define en la ley común como «el abrir y entrar en un hogar de noche con intención de cometer un delito». Todavía se emplea esa definición, pero los estados tienen otras leyes para tratar con otros tipos de escalamiento. Estas leyes tratan el escalamiento de día, de lugares que no son hogares y el escalamiento con intención de cometer un delito menor. Hay que probar cada parte de la definición para condenar al presunto escalador.

El hurto y el desfalco «El hurto» es el término legal para el robo. Es quitarle ilícitamente la propiedad personal de una persona con la intención de robar. En muchos estados este crimen se divide en hurto menor (un delito menor) y hurto mayor (un delito mayor). La categoría de hurto depende del valor de la propiedad robada. El desfalco es semejante al hurto porque es un tipo de robo. El desfalco consiste en quitarle la propiedad a una persona sobre cuyos bienes uno tiene cargo y control.

El latrocinio El latrocinio es el hurto de la propiedad ajena de la misma persona, en contra de la voluntad de la persona, por la fuerza, la violencia o la amenaza de violencia. La principal diferencia entre el hurto y el latrocinio es que el latrocinio envuelve la toma de la propiedad de la persona de la víctima, es decir, de su propio cuerpo o de cerca de su cuerpo, por la fuerza, la violencia o la amenaza; el hurto, no. Los castigos que la ley impone para el latrocinio son mayores que para el hurto. En un estado de los EE.UU. el latrocinio, con o sin armas, se castiga con «cadena perpetua en la penitenciaría del estado o por cualquier número de años». Pero el castigo por hurto mayor es de «prisión en la penitenciaría del estado por no más de 5 años o por multa de no más de $600 y encarcelamiento por no más de 2 años».

El incendio premeditado Según la ley común, el incendio premeditado es la quema premeditada y maliciosa del hogar de otro. El propósito original de la ley era la protección de la persona en lugar de la propiedad, y por eso el requisito de «hogar». Los estados retienen la definición que viene de la ley común, pero han añadido estatutos para cubrir otras formas de incendio premeditado, como la quema de edificios comerciales.

El homicidio El homicidio es el quitarle la vida a otra persona. El homicidio justificable ocurre cuando un criminal convicto es ejecutado legalmente o cuando se mata a un soldado en la guerra. El homicidio perdonable ocurre cuando una persona mata a otra persona en defensa propia. Ni el homicidio justificable ni el perdonable son, de por sí, crímenes. Todos los otros homicidios son delitos mayores graves. Son de dos clases, asesinato y homicidio impremeditado.

El asesinato El asesinato es la matanza ilícita de una persona por otra persona con intención maliciosa. En muchos estados este crimen tiene dos clasificaciones, asesinato en primer grado y asesinato en segundo grado. La definición de asesinato en primer grado no es la misma en todos los estados. Pero, generalmente, se considera necesario que el asesino haya matado: (1) después de la premeditación; (2) con excesiva crueldad; (3) mientras cometía un delito mayor como la violación, el secuestro o el latrocinio. Si ninguna de estas condiciones existe, entonces el crimen es de asesinato en segundo grado.

El homicidio impremeditado consiste en matar ilícitamente a otra persona sin premeditación maliciosa. La mayor diferencia entre el asesinato y el homicidio impremeditado es que la malicia ocurre en el asesinato, pero no en el homicidio impremeditado. El homicidio impremeditado es de dos tipos, voluntario e involuntario. El homicidio impremeditado voluntario ocurre cuando una persona tiene la intención de matar al momento de cometer el crimen, pero lo hace de repente y como resultado de gran aflicción personal. El homicidio impremeditado involuntario ocurre cuando una persona, al cometer un acto imprudente o ilícito, mata a otro. No existe la intención de matar.

ESTUDIO DE PALABRAS

Ejercicio 1   Study the following cognates that appear in this chapter.

el crimen	el robo	representante
la ofensa	el encarcelamiento	similar
el público	el arma	nacional
el acto	la penitenciaría	premeditado
el ofensor	el comportamiento	impremeditado
la categoría	el asalto	imprudente
la traición	la pistola	malicioso
el espionaje	la distinción	justificable
la adhesión	la premeditación	perdonable
la transmisión	la crueldad	en primer grado
la información	la aflicción	excesivo
la defensa	el agravio	voluntario
el detrimento	la intención	involuntario
el estatuto	el asesinato	local
la penalidad		
la comisión	estatal	cometer
el homicidio	federal	eliminar

Ejercicio 2   Complete each expression with the appropriate word(s).

1. federal offense   una ofensa _____
2. national defense   la defensa _____
3. federal statute   el _____ federal
4. to commit a crime   _____ un crimen
5. local jail   una cárcel _____
6. county jail   una _____ del condado
7. state penitentiary   la _____ estatal (del estado)
8. premeditated homicide   el homicidio _____
9. unpremeditated homicide   el _____ impremeditado
10. aggravated assault   el _____ con agravio
11. assault with intent to kill   el _____ con intención de matar
12. justifiable homicide   el _____ justificable

13. voluntary manslaughter   el _____ voluntario
14. involuntary manslaughter   el homicidio _____
15. first-degree murder   el asesinato en primer _____
16. second-degree murder   el _____ en segundo grado
17. in self-defense   en _____ propia
18. excessive cruelty   la crueldad _____

Ejercicio 3   Match the word in Column A with its definition in Column B.

A	B
1. la prisión	a. el que ofende
2. similar	b. el que representa
3. el homicidio, el asesinato	c. del estado
4. el ofensor	d. del gobierno central (del país)
5. la penalidad	e. la clase
6. el representante	f. semejante, no muy diferente
7. malicioso	g. la cárcel
8. premeditado	h. el castigo
9. estatal	i. muy malo
10. federal	j. el matarle a alguien
11. excesivo	k. de grado exagerado
12. la categoría	l. pensado y planeado antes (de antemano)

Ejercicio 4 Match the verb in Column A with its noun form in Column B.

A	B
1. robar	a. la ofensa, el ofensor
2. transmitir	b. la comisión
3. ofender	c. el robo
4. defender	d. el asalto
5. asaltar	e. la eliminación
6. traicionar	f. la transmisión
7. cometer	g. la ejecución, el ejecutado
8. premeditar	h. la defensa, el defensor
9. eliminar	i. la premeditación
10. ejecutar	j. la traición, el traidor
11. agredir	k. la agresión

Ejercicio 5   Match the English word or expression in Column A with its Spanish equivalent in Column B.

A	B
1. assault and battery	a. amenazar y golpear, el asalto y el golpeo
2. battery	b. el golpeo
3. aggravated assault	c. el secuestro
4. murder	d. el asesinato en primer grado
5. first-degree murder	e. el asesinato en segundo grado
6. second-degree murder	f. el asalto con agravio

7. rape
8. kidnapping, abduction
9. armed robbery
10. embezzlement
11. offense

g. el asesinato
h. el desfalco
i. el latrocinio
j. la violación
k. el delito

Ejercicio 6   Complete each statement with the appropriate word(s).
1. Los dos son graves pero el _____ en primer grado es un crimen más serio que el _____ en segundo grado.
2. El _____ es matar (tomarle, quitarle la vida) a uno.
3. El _____ es el acto de robar o tomarle la propiedad a alguien de su propio cuerpo.
4. La _____ es un crimen asqueroso cuyas víctimas son, en la mayoría, las mujeres.
5. La _____ es tocar ilícitamente a una persona.
6. El _____ es el tomar o robar dinero o propiedad que otro le ha confiado y luego usarlo por sus propios propósitos (su cuenta).
7. El _____ es el llevar y encerrar a una persona ilegalmente.
8. El asalto con la intención de matar es un ejemplo del asalto _____.

Ejercicio 7   Match the English word or expression in Column A with its Spanish equivalent in Column B.

A	B
1. to initiate a suit	a. el abrir y entrar, el escalamiento
2. plaintiff	b. el hurto
3. prosecutor	c. abandonar el lugar del accidente
4. defendant	d. iniciar el pleito
5. larceny	e. el delito menor
6. arson	f. el delito mayor
7. felony	g. el demandante
8. misdemeanor	h. el fiscal
9. breaking and entering	i. el demandado, el acusado
10. leaving the scene of an accident	j. el incendio premeditado
11. petty larceny	k. el hurto menor
12. grand larceny	l. el hurto mayor

Ejercicio 8   Select the appropriate word(s) to complete each statement.
1. El (demandante / demandado) inicia el pleito.
2. El (demandante / acusado) acusa.
3. El (demandado / acusador) se defiende en la corte.
4. Abandonar el lugar de un accidente es un (delito / hurto).
5. El (hurto / incendio) es un robo.
6. Quemar o prender fuego a algo intencionalmente es el (hurto / incendio) premeditado.

7. El robar algo de poco valor es el (hurto mayor / hurto menor).
8. El robar algo de mucho valor es el (hurto mayor / hurto menor).
9. Entrar en un edificio con la intención de robar algo es el (hurto / escalamiento).
10. Hay dos tipos de (delitos / incendios).

Ejercicio 9   Match the English word or expression in Column A with its Spanish equivalent in Column B.

A	B
1. to punish	a. el presunto delincuente
2. to sentence	b. la bala
3. guilty	c. la condena a prisión, el encarcelamiento
4. accused	d. la multa
5. life (imprisonment)	e. el arma blanca
6. gathering, collecting	f. el arma de fuego
7. trigger	g. el golpe
8. blow	h. el gatillo
9. firearm	i. el recaudamiento
10. weapon (with a blade)	j. la cadena perpetua
11. fine	k. el acusado
12. imprisonment	l. culpable
13. bullet	m. condenar, sentenciar
14. suspect	n. castigar

Ejercicio 10   Complete each statement with the appropriate word(s).
1. Todavía no lo han condenado pero él es el autor _____ del crimen.
2. Uno es _____ cuando se puede probar sin duda que es el que ha cometido el crimen.
3. Después del juicio el juez _____ al culpable (acusado).
4. A veces el acusado recibe una penalidad grave como la _____ y a veces recibe una penalidad menos grave como una _____. Depende del grado del crimen que ha cometido.
5. Las condenas más graves son la _____ o la muerte. La condena a muerte no existe en algunos estados.
6. El _____ es la condena a prisión.
7. Una pistola es un _____ y un cuchillo es un _____.
8. La _____ es lo que tiene que pagar el acusado como penalidad por su crimen.
9. Para tirar a alguien con una pistola u otra arma de fuego hay que oprimir el _____.
10. El Negociado Federal de Investigaciones *(FBI)* se encarga del _____ de informes sobre los criminales y los actos ilegales que se cometen dentro del país.

COMPRENSION _____

Ejercicio 1   Answer.
1. ¿Qué es un crimen?
2. ¿Cómo es que el gobierno federal o estatal es el demandante en muchos pleitos?
3. ¿Cómo se puede castigar un crimen?
4. En muchos estados, ¿a quién no se le puede declarar culpable de ser accesorio después del hecho?
5. ¿Qué es la agresión?
6. ¿Qué es el asalto?
7. ¿Qué es el escalamiento?
8. ¿Qué es el hurto?
9. ¿De qué depende la categoría del hurto?
10. ¿Qué es el latrocinio?

Ejercicio 2   Complete each statement with the approriate word(s).
1. _____ inicia el pleito.
2. La persona denunciada es _____.
3. Las tres categorías básicas del crimen son _____.
4. Típicos delitos mayores son _____.
5. Algunos ejemplos de delitos menores son _____.
6. Algunos ejemplos de la agresión son _____.
7. Un ejemplo del asalto con agravio es _____.
8. El término legal para el robo es _____.

Ejercicio 3   True or false?
1. Para que un acto sea un crimen, hay que existir una ley que prohíbe el acto en el lugar donde se cometió.
2. La traición es el recaudamiento y transmisión de información que se podría usar para el detrimento de la defensa nacional del país.
3. Al individuo que realmente comete el crimen se le llama «el principal en primer grado».
4. En la mayoría de los estados la penalidad que se le impone al principal en primer grado es mucho más grave que la que se impone al principal en segundo grado.
5. El accesorio antes del hecho es el que ayuda a una persona sabiendo que esa persona ha cometido un delito mayor.
6. En muchos estados no se puede declarar a un pariente cercano culpable de accesorio antes del hecho.
7. Un empujón en el metro o en el autobús sin intención es un ejemplo de agresión.
8. Puede existir el golpeo sin el asalto.
9. El homicidio es el quitarle la vida a una persona.

Ejercicio 4   Explain the difference between each of the following.
 1. la traición y el espionaje
 2. el delito mayor y el delito menor
 3. el principal en primer grado y el principal en segundo grado
 4. el accesorio antes del hecho y el accesorio después del hecho
 5. la agresión y el asalto
 6. el latrocinio y el desfalco
 7. el homicidio justificable y el homicidio perdonable
 8. el asesinato y el homicidio impremeditado
 9. el asesinato en primer grado y el asesinato en segundo grado
10. el homicidio impremeditado voluntario y el homicidio impremeditado involuntario

Capítulo 14
LA DEFENSA

Cada crimen lleva una definición exacta y puede ser dividida en elementos precisos. Por eso los abogados usan como defensa la falta del fiscal de probar un elemento necesario del crimen. Algunas defensas comunes son la defensa propia, atrapamiento por el engaño y la locura.

La defensa propia La defensa propia es una excusa para el uso de la violencia para resistir un ataque. Salvo en el caso de su propio hogar, la persona que reclama la defensa propia tiene que retroceder, si es posible, antes de recurrir a la fuerza excesiva. Cuando la defensa propia se emplea como defensa contra el asesinato, hay que probar que la única manera de salvarse de la muerte o de la herida era con matar al asaltador.

Atrapamiento Si un agente de policía le sugiere o le induce a una persona a cometer un crimen, el atrapamiento puede emplearse como defensa. La persona que emplea esta defensa tiene que mostrar que el crimen nunca se hubiera cometido si no fuera por la influencia del policía.

Locura En 1843 un tal McNaughton trató de matar al Primer Ministro de Inglaterra, pero sólo mató a su secretario. Disparó contra la primera persona con sombrero de copa que salió de la casa del Primer Ministro. Sus defensores alegaron que McNaughton estaba loco. A McNaughton le absolvieron de la responsabilidad del crimen por razón de locura. Esta fue la prueba legal más antigua sobre la locura. Según la Regla de McNaughton «hay que probar claramente que, al momento de cometer el acto, la parte acusada obraba bajo tal defecto de razonamiento, de enfermedad de la mente, que no podía conocer la naturaleza ni la calidad del acto que cometía; o si la conocía, que no sabía que lo que hacía era injusto». La Prueba de McNaughton se usa todavía en dos de cada cinco estados. Es también la base para la definición de locura en el Acta Federal de Control Criminal Comprensiva de 1984.

En 1962 el Instituto Americano de la Ley *(ALI)* desarrolló una prueba de locura más moderna. Según esta prueba, una persona no es responsable si «como resultado de enfermedad mental o defecto, carece de capacidad sustancial o para apreciar la criminalidad de su conducta o para conformar su conducta con los requisitos de la ley». Unos tres de cada cinco estados emplean la prueba del ALI.

Las personas que se encuentran no culpables por razón de locura no son liberadas automáticamente. Con frecuencia se les encierran en instituciones y tienen que someterse a exámenes psicológicos periódicos. A veces permanecen más tiempo en hospitales psiquiátricos que lo que habrían permanecido en prisión si se les hubieran encontrado responsables.

El arresto

Un arresto ocurre cuando se le priva a una persona de su libertad. Una persona bajo arresto tiene el derecho, bajo la Constitución de los EE.UU., de no contestar preguntas si no quiere hacerlo. Un policía puede arrestar a una persona en cualquier momento si el policía posee una orden de detención. Una orden de detención es una orden de la corte que dice que se le ha demandado a la persona por un crimen y que se le debe detener. Un policía puede arrestar a una persona sin una orden de detención si el policía tiene una razón válida para creer que la persona ha cometido o está cometiendo un delito. Además, un policía puede, sin una orden de detención arrestar a alguien que ha cometido un delito menor si el delito envuelve una violación de la paz en presencia del policía.

La orden de registro

Una orden de registro es una orden de la corte que le permite a la policía hacer un registro. El registro se limita al área que se menciona en la orden. La persona cuya propiedad se va a registrar tiene el derecho de ver la orden o de pedir que se la lea en voz alta. El policía retiene la orden porque hay que entregársela después a la corte. Un policía puede efectuar un registro personal si tiene alguna razón por pensar que una persona lleva un arma oculta. Este registro personal limitado se hace sobre la ropa exterior de la persona. Si el registro indica algo que parece ser un arma, el policía puede buscar y quitar el objeto. El policía está obligado a devolver cualquier objeto legal que se encuentre. Al terminar el registro, hay que arrestar o poner en libertad a la persona. Las personas que han sido arrestadas pueden ser registradas sin necesidad de una orden de registro.

Los derechos de personas detenidas (arrestadas)

Cuando se le detiene a una persona hay que leerle sus derechos constitucionales. Este derecho fue afirmado en el caso de *Miranda* v. *Arizona.* Según los avisos de *Miranda,* la persona tiene el derecho de saber cuales son los delitos con que se le carga y los nombres de los policías que lo detienen. Tiene el derecho de hacer una llamada telefónica poco después de llegar a la comisaría para llamar a su familia, a un amigo o a un abogado o para conseguir fianza. La fianza es el dinero u otra propiedad que se deja con la corte para asegurarle a la corte que la persona volverá para el juicio. Las personas detenidas tienen el derecho de mantener silencio. Si deciden contestar preguntas, tienen el derecho de tener presente a un abogado. Las personas que no pueden pagar los servicios legales tienen el derecho de pedir a la corte los servicios de un abogado sin tener que pagarle. Además de los avisos *Miranda,* los acusados también tienen el derecho constitucional a un juicio justo y a la presunción de inocencia hasta que la corte les pruebe culpables de un delito. Otros cuantos derechos que protegen a las personas acusadas de un crimen aparecen en las 10 primeras enmiendas a la Constitución.

Uno de los propósitos de la Carta de Derechos (las 10 primeras enmiendas de la Constitución) y de todo el sistema jurídico es el de proteger los derechos de cualquier persona acusada de delitos y de presumir la inocencia de los acusados hasta que se les pruebe culpables.

ESTUDIO DE PALABRAS

Ejercicio 1   Study the following cognates that appear in this chapter.

la defensa	la criminalidad	psiquiátrico
el fiscal	la conducta	bajo arresto
el elemento	el requisito	legal
el uso	la institución	justo
la violencia	el hospital	jurídico
la excusa	el arresto	constitucional
el ataque	la libertad	mental
la fuerza	el silencio	
el asaltador	el servicio	resistir
el agente de policía	el sistema	inducir
la influencia		apreciar
la enfermedad	necesario	arrestar
el defecto	excesivo	mantener
la capacidad	acusado	

Ejercicio 2   Give the word or expression being defined.
1. lo que uno hace para defenderse
2. el abogado que representa al gobierno
3. lo que uno ofrece para tratar de defender sus acciones
4. el que asalta
5. el comportamiento, el modo de portarse
6. lo que se requiere, lo que es obligatorio
7. detener
8. lo contrario de «la detención» o «el encarcelamiento»

Ejercicio 3   Complete each expression with the appropriate word(s).
1. self-defense   la _____ propia
2. use of violence   el uso de la _____
3. to resist an attack   _____ un ataque
4. excessive force   la fuerza _____
5. police officer   el agente de _____
6. the accused party   la parte _____
7. under arrest   bajo _____
8. constitutional rights   los derechos _____
9. legal services   los servicios _____
10. just trial   el juicio _____

11. court system   el _____ jurídico
12. mental illness   la enfermedad _____

Ejercicio 4 Match the verb in Column A with its noun form in Column B.

A	B
1. defender	a. la resistencia
2. resistir	b. la detención, el detenido
3. requerir	c. la defensa
4. arrestar	d. el acusado, el acusador, la acusación
5. detener	e. el arresto
6. acusar	f. el requisito

Ejercicio 5 Match the English word or expression in Column A with its Spanish equivalent in Column B.

A	B
1. lawyer	a. la orden de detención
2. inability, lack	b. la orden de registro
3. entrapment	c. el abogado
4. insanity	d. la fianza
5. arrest warrant	e. la falta
6. search warrant	f. la violación de la paz
7. frisking	g. la locura
8. disturbing the peace	h. la comisaría
9. bail	i. el atrapamiento (por engaño)
10. police station	j. el registro personal

Ejercicio 6 Select the appropriate word(s) to complete each statement.
1. El detenido no tiene que contestar a ninguna pregunta si no está presente un _____.
   a. agente de policía   b. fiscal   c. abogado
2. Cuando le llevan al detenido a la _____ él tiene el derecho de mantener silencio.
   a. comisaría   b. corte   c. institución
3. Un agente de policía no puede arrestar a una persona sin ningún motivo obvio sin _____.
   a. una orden de registro   b. una orden de detención
   c. un atrapamiento
4. _____ le da al fiscal o al agente de policía el derecho de entrar en un área para ver lo que contiene.
   a. Una orden de registro   b. Una orden de detención
   c. Un atrapamiento
5. _____ significa que el agente de policía le ha inducido al individuo a cometer un delito.
   a. El registro   b. El atrapamiento   c. La fianza

6. _____ es el acto de examinar el cuerpo de un individuo para determinar, por ejemplo, si lleva un arma oculta, drogas, etc.
   a. El atrapamiento   b. La violación   c. El registro personal
7. La _____ es la demencia, la privación de la razón.
   a. enfermedad   b. locura   c. comisaría
8. _____ es lo que tiene que dar el detenido a la corte para asegurar que volverá.
   a. La fianza   b. La comisaría   c. El registro personal

Ejercicio 7   Match the English word or expression in Column A with its Spanish equivalent in Column B.

A	B
1. to prove	a. disparar
2. to claim	b. privar
3. to shoot	c. registrar
4. to deprive	d. probar
5. to file suit (a claim) against	e. cargársele
6. to search	f. reclamar
7. to be charged	g. demandar

Ejercicio 8   Complete each statement with the appropriate word(s).
1. Se le _____ de haber cometido un crimen.
2. Dicen que es el que _____ la pistola.
3. El _____ que lo había hecho en defensa propia.
4. El dice que no pueden _____ que él lo ha hecho (que él es culpable) y que le quieren _____ de sus derechos.
5. No pueden _____ su casa porque no tienen una orden de registro.

COMPRENSION _____

Ejercicio 1   Tell what is being defined.
1. Es una excusa por haber usado la violencia para resistir un ataque y salvarse la vida.
2. Un agente de policía le sugiere a un individuo cometer un crimen y el individuo lo comete.
3. Sirve de defensa cuando una persona que ha cometido un crimen carece de capacidad mental sustancial para apreciar la criminalidad de su conducta.
4. Se le priva a una persona de su libertad.
5. Es una orden de la corte que indica que se le ha demandado un individuo por un crimen.
6. Es una orden de la corte que le permite a un agente de policía entrar en un lugar para examinarlo detenidamente.

7. Es el dinero o la propiedad que tiene que dejar un individuo con la corte para asegurar que no se huirá (escapará) y que volverá.
8. Hay que considerar a la persona inocente hasta que la corte le pruebe culpable del delito.

Ejercicio 2   Answer.
1. En los casos penales, ¿qué usan los abogados como defensa?
2. ¿Qué es la defensa propia?
3. ¿Qué tiene que mostrar la persona que usa el atrapamiento como defensa?
4. ¿Qué se les hace a las personas que se declaran no culpables por razón de locura?
5. ¿Cuándo puede un policía arrestar a una persona?
6. ¿Qué es el registro personal?
7. Cuando se le detiene a una persona, ¿qué hay que leerle?
8. ¿A quién puede llamar el detenido?
9. ¿Qué puede tratar de conseguir?
10. Si un detenido decide contestar preguntas, ¿a quién puede tener presente?

Ejercicio 3   Complete.
1. Algunas defensas comunes son _____.
2. Algunos derechos que tiene la persona bajo arresto son _____.

Sección VI

EL SISTEMA JUDICIAL

Capítulo 15
LAS CORTES

Cuando los individuos no pueden resolver un conflicto satisfactoriamente, pueden recurrir a las cortes (los tribunales) para una decisión. Algunas cortes tienen la autorización para oír casos civiles y penales. También hay cortes para fines especiales, desde casos administrativos hasta pequeños pleitos civiles. En el caso de que uno no esté de acuerdo con la decisión tomada por la corte, tiene el derecho de apelar a una corte superior.

Existen dos categorías de cortes en los EE.UU., las cortes federales y las estatales. Cada una tiene jurisdicción sobre ciertas clases de controversia. La jurisdicción es el poder y la autoridad que se le da a una corte o a un juez para oír un caso y hacer un juicio. Cuando una corte tiene jurisdicción exclusiva para oír ciertos casos, sólo esa corte puede oír esos casos. En otros casos, una persona puede escoger entre los dos sistemas. En todo caso, las funciones de la corte son las mismas— determinar los hechos del caso y aplicar la ley apropiada a los hechos.

Las cortes estatales

Cada estado tiene su propio sistema jurídico. A pesar de ciertas variaciones de estado en estado, el patrón general es el mismo en todos los estados. Se puede pensar en el sistema como una pirámide (véase la página 114). Muchas pequeñas cortes municipales forman la base de la pirámide. Las decisiones tomadas por estas cortes pueden ser apeladas a cortes del condado, llamadas también «cortes de jurisdicción general». Las decisiones de estas cortes, a su vez, pueden ser apeladas a las cortes de apelación. En la cima de la pirámide se encuentra siempre la corte de mayor apelación, la que dicta las decisiones finales en los casos estatales.

Las cortes municipales o locales Estas son cortes de jurisdicción limitada. Sólo tienen jurisdicción sobre asuntos de menor peso, delitos menores y demandas civiles que envuelven pequeñas cantidades de dinero.

El juez de paz En tiempos antiguos, tanto en la tradición anglosajona como en la española, el juez de paz oía los casos de poco peso y castigaba los delitos menores en las comunidades locales. Hoy el juez de paz o magistrado hace lo mismo. Oye tanto casos civiles como criminales sin un jurado, tanto para cerciorarse[1] de los hechos como para aplicar la ley. En casi todos los estados el demandado o acusado puede apelar la decisión del magistrado a la corte del condado.

---

[1]*ascertain*

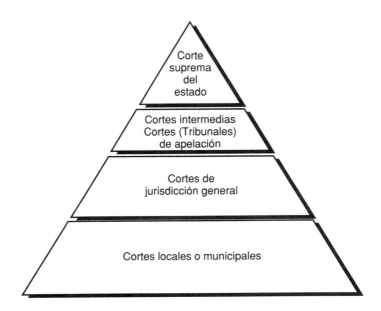

Las cortes municipales Estas han reemplazado al juez de paz en las comunidades más grandes. En algunas ciudades grandes las diferentes funciones se reparten entre diferentes cortes especializadas, como, por ejemplo, las cortes de tránsito, cortes para menores de edad, cortes familiares, cortes para demandas menores, cortes policíacas.

Las cortes para demandas menores Oyen solamente casos civiles que envuelven demandas con un valor máximo entre $500 y $5.000, según la ley del estado. En estos tribunales las partes, el demandante y el demandado, pueden ser sus propios abogados. Los procedimientos en estas cortes son menos formales que en los otros tribunales y, por consiguiente, resultan más económicos para los litigantes.

Las cortes de jurisdicción general En la mayoría de los estados hay por lo menos una corte de jurisdicción general. Puede ser la corte del condado, la corte superior, la corte de circuito y, en algunos estados, la corte suprema. Cualquier caso puede originarse en una corte de jurisdicción general, pero los casos menores normalmente se originan en las cortes locales. Cuando una de las partes en un litigio cree que no ha recibido justicia en una corte local, puede apelar a la corte de jurisdicción general. Los casos de delito mayor y los casos civiles que envuelven importantes sumas de dinero tienen que originarse en una corte de jurisdicción general. Estos tribunales oyen los casos más importantes. Ellos tienen la obligación de determinar los hechos, casi siempre con la colaboración de un jurado, y de aplicar la ley apropiada a los hechos.

Las cortes intermedias La función de las cortes intermedias es de oír las apelaciones de las cortes de jurisdicción general, en lugar de oír casos nuevos. Las apelaciones se llevan a una corte intermedia si las partes creen que no han tenido un juicio justo en una corte inferior o que el juez de la corte de jurisdicción original no interpretó la ley correctamente. Las cortes intermedias oyen las apelaciones solamente en base de cuestiones de ley y no sobre cuestiones de hecho.

Las cortes intermedias se conocen, generalmente, como cortes de apelación, cortes de apelación de distrito o similar. Casi la mitad de los estados tienen cortes intermedias. En los estados que no las tienen, las apelaciones van directamente de la corte del juicio al tribunal supremo del estado.

Las cortes superiores de apelación En 40 de los estados, el tribunal superior se llama «la corte suprema del estado». En otros estados es «la corte de errores» o similar. La función de esos tribunales es de dictar los fallos (las decisiones definitivas) sobre cuestiones de ley que son apeladas de las cortes inferiores. Estos tribunales no enjuician de nuevo los casos ni determinan los hechos; solamente deciden si se cometió o no un error en la corte inferior sobre una cuestión de ley. En muchos estados, los tribunales supremos seleccionan los casos que quieren oír.

Las cortes federales

Estos tribunales tienen jurisdicción exclusiva sobre (1) todas las acciones en que los EE.UU. es una parte, excepto aquellos pleitos entre los estados y sus ciudadanos; (2) todo caso que trata de interpretación de la Constitución o que envuelve una violación de estatuto federal; (3) todo caso de almirantazgo (leyes marítimas), derechos de patente, derechos de autor y de quiebra y (4) casos que envuelven ciudadanos de diferentes estados donde las sumas de dinero son superiores a los $10.000. Según la undécima enmienda a la Constitución, ningún estado, sin su consentimiento, puede ser objeto de un pleito por un ciudadano de otro estado en una corte federal.

Las cortes federales de distrito En la pirámide del sistema federal las cortes federales de distrito forman la base. Los EE.UU. y sus territorios se dividen en distritos judiciales, y muchos distritos se subdividen aún más. Las cortes de distrito son las cortes de jurisdicción original en el sistema federal. Casi todos los casos federales se oyen primero en las cortes de distrito.

Las cortes de apelación Los EE.UU. están divididos en 13 circuitos judiciales. En cada circuito hay una corte de apelación de los EE.UU. Estas cortes oyen las apelaciones de las cortes federales de distrito. La corte de apelación de los EE.UU. para el circuito del Distrito de Columbia oye las apelaciones de las agencias administrativas federales y de la corte de distrito en Washington, D.C. La corte de apelación de los EE.UU. para el circuito federal oye apelaciones en casos de derechos de patente y de casos aduaneros[2]. La Corte Suprema de los EE.UU. sólo oye un reducido número de apelaciones.

---

[2]*customs*

La Corte Suprema de los EE.UU. Este es el tribunal supremo de la nación. Oye casos originales y de jurisdicción apelativa. Tiene jurisdicción original, es decir, puede oír casos nuevos, si afectan a embajadores, otros ministros públicos, cónsules y otros en que un estado es una parte. Su jurisdicción apelativa, su autorización para oír las apelaciones, es la función primordial de la Corte Suprema. La Corte Suprema decide, por voto de cuatro de los nueve jueces, cuáles son los casos que se oirán. Los jueces tratan de seleccionar solamente los casos que tendrán un impacto sobre la sociedad, tales como aquéllos que determinarán si alguna legislación importante es constitucional o no.

Las cortes de demandas Los individuos no pueden demandar ni al gobierno federal ni a los gobiernos estatales, salvo con el permiso del gobierno. No obstante, los gobiernos federal y la mayoría de los estatales han establecido cortes especiales, las cortes de demandas, donde los individuos pueden llevar sus pleitos contra estos gobiernos.

Las cortes de hecho de sucesiones, de familia o testamentarias En casi todos los estados, cada condado tiene una corte para dirigir la administración del patrimonio de los difuntos. Estas cortes se encargan de la distribución de la propiedad según las leyes que rigen los testamentos y la herencia. Estas cortes también se ocupan de los juicios de divorcio, de custodia y otros asuntos familiares.

Las cortes para menores Estas cortes tienen jurisdicción especial sobre los delincuentes juveniles y los niños abandonados hasta que lleguen a cierta edad, según los estatutos de cada estado. Estas cortes existen en todos los estados de los EE.UU. a nivel estatal y local.

Las cortes penales Un delincuente adulto puede ser enjuiciado en una corte penal a nivel local, estatal o federal. Muchas cortes federales y estatales tienen jurisdicción sobre casos civiles tanto como criminales. En ambos casos, los procesos son los mismos. La corte determina los hechos y entonces aplica la ley a los hechos. Con frecuencia esta tarea[3] le toca al jurado, al grupo de personas seleccionadas para determinar la verdad en cuestiones de hecho. En aquellos casos que se oyen sin jurado, el juez realiza estas funciones.

En los sistemas judiciales hispanos, el jurado es menos frecuente que en los sistemas anglosajones. Por lo general, en los sistemas hispanos, son los jueces, uno solo o un grupo de jueces, quienes determinan si el demandado o acusado es culpable o no.

---

[3]*task*

ESTUDIO DE PALABRAS _____

Ejercicio 1 Study the following cognates that appear in this chapter.

el individuo	el distrito	estatal
el conflicto	el error	federal
la decisión	la cuestión	jurídico
la autorización	la interpretación	general
el caso	el divorcio	limitado
la corte	la custodia	familiar
la jurisdicción	el proceso	menor
la controversia		exclusivo
la autoridad	satisfactoriamente	original
la función	civil	juvenil
la aplicación	penal	abandonado
el sistema	administrativo	criminal
la apelación	superior	
el magistrado	inferior	resolver
el menor	supremo	aplicar
el litigante	local	dictar
el circuito	municipal	determinar
el litigio	del condado	

Ejercicio 2 Complete each term for the following types of court with the appropriate word(s).

1. local court   la corte _____
2. municipal court   la corte _____
3. state court   la _____ estatal
4. federal court   la corte _____
5. lower court   la _____ inferior
6. superior court   la _____ superior
7. intermediate court   la _____ intermedia
8. Supreme Court   la Corte _____ o el
                          Tribunal Supremo
9. small claims court   la _____ de (para)
                          demandas menores
10. courts of general jurisdiction   las cortes de _____ general
11. federal district courts   las cortes _____ de distrito
12. courts of appeals   las _____ de apelación
13. claims courts   las _____ de demandas
14. probate court   la _____ testamentaria
15. family court   la _____ familiar
16. juvenile court   la _____ para menores
                                     (juveniles)

17. criminal court   la _____ penal (criminal,
                                 del crimen)
18. circuit court   la _____ de circuito
19. district appeals court la corte de _____ de distrito

Ejercicio 3   Complete each expression with the appropriate word(s).
1. to determine the facts   _____ los hechos
2. to apply the law   _____ la ley
3. to hear the case   oír el _____
4. abandoned child   el niño _____
5. juvenile delinquent   el delincuente _____
6. exclusive jurisdiction   la _____ exclusiva
7. court of errors   la corte de _____
8. civil case   el caso _____
9. criminal case   el _____ penal
10. to resolve the conflict   resolver el _____
11. to have recourse to (to petition) recurrir a las _____
    the courts
12. judicial system   el _____ jurídico (judicial)

Ejercicio 4   Match the English word or expression in Column A with its
Spanish equivalent in Column B.

A	B
1. courts	a. las cortes, los tribunales
2. (law)suit	b. demandar
3. judge	c. la demanda
4. jury	d. el demandado
5. to appeal	e. el demandante, el demandador
6. trial	f. el pleito
7. minor offense	g. el juicio
8. claim	h. el juez
9. to sue	i. el juez de paz
10. plaintiff	j. el jurado
11. defendant	k. castigar
12. to punish	l. el fallo
13. final decision, verdict	m. el patrimonio
14. to try (in court)	n. el testamento
15. will	o. el delito menor
16. estate	p. apelar
17. justice of the peace	q. enjuiciar
18. fair trial	r. un juicio justo

Ejercicio 5   Complete each statement with the appropriate word(s).
1. Las cortes se llaman también los _____.
2. Hay _____ municipales, estatales y federales.

3. _____ es un tipo de magistrado.
4. _____ es el que está encargado de juzgar o sentenciar.
5. Muchos casos graves se juzgan por un _____.
6. El que inicia el juicio o el pleito es el _____.
7. El que se defiende es el _____.
8. _____ es juzgar una causa o un pleito.
9. El _____ es la decisión final.
10. Una _____ menor no envuelve una gran cantidad de dinero.
11. Si uno no está satisfecho con la decisión de la corte, puede _____ a otra corte.
12. El homicidio es un _____ mayor, no _____.
13. Cuando uno muere deja un _____.
14. El _____ indica lo que se hará con el _____ del difunto, o sea, su propiedad, dinero, etc.
15. Es necesario sentenciar y _____ al culpable.

COMPRENSION

Ejercicio 1   Answer.
1. ¿Adónde pueden recurrir los individuos cuando no pueden resolver un conflicto?
2. ¿Qué significa «jurisdicción»?
3. ¿Cuáles son las dos funciones de las cortes?
4. ¿Sobre qué tienen jurisdicción las cortes municipales?
5. ¿Qué puede hacer el individuo que no cree haber tenido un juicio justo en una corte inferior?
6. ¿Cuál es la función de la corte suprema del estado?
7. ¿Qué dice la undécima enmienda a la Constitución de los EE.UU.?
8. ¿Dónde se oyen primero casi todos los casos federales?
9. ¿Cómo se deciden cuáles casos se oirán en la Corte Suprema de los EE.UU.?
10. ¿Qué tipo de casos se seleccionan?
11. ¿Qué es el jurado?

Ejercicio 2   Complete each statement with the appropriate word(s).
1. En los EE.UU. hay dos categorías de cortes. Son cortes _____ y _____.
2. A las cortes del condado se les llaman también _____.
3. En las comunidades más grandes las cortes municipales han reemplazado al _____.
4. Las cortes que oyen casos civiles que envuelven demandas con un valor que no excede los $5.000 son _____.
5. Las cortes de jurisdicción general tienen la obligación de determinar los hechos casi siempre con la colaboración de _____.

6. Las cortes federales no tienen jurisdicción sobre _____.
7. En la pirámide del sistema federal la base se forma por _____.
8. Los EE.UU. están divididos en 13 _____.
9. En cada circuito hay una corte _____.
10. Muchas cortes federales y estatales tienen jurisdicción sobre casos _____.

Ejercicio 3   True or false?
1. El sistema jurídico varía mucho de un estado a otro.
2. Las cortes municipales o locales tienen jurisdicción limitada.
3. Los casos de delito mayor y los casos civiles que envuelven grandes sumas de dinero tienen que originarse en la Corte Suprema.
4. Las cortes de apelación tienen el poder y el derecho de oír casos nuevos.
5. En algunos estados la corte suprema del estado se llama «la corte de errores».
6. Los tribunales supremos de los estados enjuician de nuevo los casos y determinan los hechos que han sido apelados.
7. La Corte Suprema de los EE.UU. oye casos originales y de jurisdicción apelativa.
8. En las cortes criminales le toca frecuentemente a un jurado determinar los hechos y aplicar la ley a los hechos.

Capítulo 16
LOS PROCESOS

Los procesos para iniciar los casos civiles y los casos criminales son diferentes. En un caso civil el demandador inicia la acción cuando pone pleito. En casos penales es el fiscal quien inicia la acción. El fiscal tiene la responsabilidad de hacer las investigaciones necesarias para determinar si se ha cometido un delito y si algún individuo debe comparecer ante el tribunal para un juicio. El gran jurado de acusación le ayuda al fiscal a hacer esa determinación.

El gran jurado de acusación

El gran jurado de acusación es un jurado de investigación. Es un grupo de ciudadanos que se reúne a petición de un oficial de la corte para determinar si existe bastante prueba o evidencia para justificar la acusación de un individuo de un delito. El gran jurado de acusación dirige un examen de testigos preliminar en secreto para determinar si alguien debe ser enjuiciado. Este proceso se conduce en secreto para evitar que una persona inocente sea expuesta a publicidad injusta.

El gran jurado de acusación conduce sus propias investigaciones, normalmente bajo la dirección del fiscal. El gran jurado de acusación oye testigos, investiga y considera toda la evidencia. Los miembros del gran jurado de acusación no dictan un fallo sobre los hechos; sólo indican sus sospechas. Si los miembros de un gran jurado de acusación, después de oír la evidencia y de escuchar a los testigos, creen que un delito ha sido cometido por la persona o las personas nombradas, ellos expiden una denuncia. La denuncia es una acusación, por escrito, que le acusa al individuo de algún delito. La denuncia no quiere decir que la persona es culpable del delito. Sólo indica que el gran jurado de acusación cree que se ha cometido un delito y que existe la posibilidad de que la persona nombrada en la denuncia sea culpable del delito.

El próximo paso en el proceso le toca al fiscal. El fiscal inicia una acción en la corte y carga la persona denunciada con la comisión del delito. La inocencia o la culpabilidad del denunciado se establece por el enjuiciamiento en la corte. El enjuiciamiento en un caso criminal es semejante al enjuiciamiento de un caso civil. Se cita al jurado; los abogados presentan pruebas o evidencia, interrogan a los testigos y presentan un resumen de sus alegatos al jurado. El jurado (el jurado de juicio) entonces decide si es culpable o inocente el acusado. El juez entonces dicta la sentencia. La diferencia entre un gran jurado de acusación y un jurado de juicio es importante.

El jurado de juicio

El jurado de juicio determina la culpabilidad o inocencia de la persona enjuiciada. Este enjuiciamiento aparece en los registros públicos y oficiales y se conduce ante el público. En inglés el gran jurado de acusación se llama «gran jurado», y el jurado de juicio se llama «pequeño jurado» o «jurado menor», simplemente por la diferencia en el número de miembros que compone cada uno.

Los reglamentos para llevar un pleito a la corte

El procedimiento para llevar un pleito a la corte se rige por los reglamentos establecidos por las leyes y cortes federales y estatales. En casos civiles, los reglamentos se llaman «reglas de proceso civil». En casos penales, son las «reglas de proceso penal».

Los partícipes en el juicio

El demandante Es la persona que presenta una querella, la persona que ha sufrido algún daño. En un caso criminal, el demandante, o la víctima, es el Estado. El Estado o los EE.UU. inicia una acción contra el acusado del delito.

El abogado del demandante Es el que representa a la víctima en la corte. En casos criminales, el fiscal representa a la comunidad.

El escribano de la corte Es la persona que recibe y archiva todos los documentos relativos al juicio. El escribano prepara el calendario del juicio y es responsable de todos los detalles similares. En algunos estados el escribano tiene el poder para oír casos menores y de resolver disputas.

El expedidor Es el oficial de la corte que entrega los expedientes. El expedidor les informa a las partes y a los testigos en un juicio por medio de la entrega de documentos oficiales. El expedidor puede ser un sheriff, un alguacil, un ministril o un agente de policía.

El acusado o demandado Es la persona a quien se le pone pleito en la corte. En un caso criminal, es la persona acusada de cometer un delito.

El abogado del demandado Es el que representa a la persona demandada o al acusado de un delito.

El juez El juez, a quien también se le refiere como «la corte», es la persona que preside sobre todas las acciones de la corte.

El estenógrafo El estenógrafo de la corte es la persona que lleva un registro por escrito de todo lo que ocurre en el juicio.

El jurado Es el grupo de ciudadanos seleccionados de entre los miembros de la comunidad para determinar la culpabilidad o inocencia del denunciado en un caso criminal, o de la responsabilidad del demandado para daños en un caso civil.

Los testigos Son los individuos que aparecen ante la corte para dar testimonio sobre los hechos de un caso.

El alguacil Es un oficial de la corte encargado de mantener el orden en la sala de la corte. El alguacil también le ayuda al sheriff cumplir con las órdenes de la corte.

El descubrimiento anterior al juicio

El propósito de la corte es de informar a todas las partes sobre los hechos de un caso antes del comienzo del enjuiciamiento. Así las cuestiones que se disputan se conocen claramente. Así también el juicio toma menos tiempo y muchas veces se puede llegar a un acuerdo antes de que haya un juicio o de que se presente en la corte.

Los métodos de descubrimiento

Se emplean varios métodos para sacar los hechos a la luz. Estos son los métodos de descubrimiento. Los más comunes son las deposiciones, los interrogatorios, los pedidos de documentos y otra evidencia, los exámenes físicos y mentales y los pedidos de admisión.

La deposición La deposición es la toma de testimonio de un testigo bajo juramento antes de tener lugar el juicio. Normalmente el examen ocurre en presencia de ambos abogados en el bufete de uno de ellos. Los testigos se someten al examen y al examen por parte contraria. Un estenógrafo toma todo el testimonio y luego lo transcribe. A veces se emplean las deposiciones en la corte en lugar del testimonio de un testigo cuando el testigo está enfermo o si se ha mudado[1] o si ha muerto. También se usa la deposición para atacar la credibilidad del testigo si su testimonio posterior no es lo mismo que aparece en la deposición.

Los interrogatorios Cualquiera de las dos partes en el pleito tiene el derecho de hacerle a la otra parte un número limitado de preguntas sobre los hechos del caso. Estas series de preguntas se llaman «interrogatorios» y tienen que presentarse por escrito. También tienen que contestarse por escrito durante cierto período de tiempo. Si una parte no responde a los interrogatorios a tiempo, corre el riesgo de perder el pleito. Los interrogatorios sirven para enterarse de la posición de la otra parte en el caso. También pueden usarse para poner en tela de juicio el testimonio de un testigo si no está de acuerdo con las respuestas en sus interrogatorios.

Los pedidos de admisiones Cualquiera de las partes puede hacer por escrito un «pedido de admisión» de la verdad de cualquier asunto pertinente al caso. Hay que responder a estos pedidos dentro de un período específico de tiempo «so penalidades de perjurio». El perjurio es el delito de dar testimonio falso bajo juramento. La respuesta al pedido de admisión tiene que declarar (1) la negación del asunto; (2) la razón por qué la parte que responde no puede en verdad admitir ni negar el asunto o (3) una objeción al pedido con razones.

El juicio sumarísimo A veces, después de los procesos de descubrimiento, los hechos quedan tan claros que no hay necesidad de recurrir a la corte para el juicio. Es obvio quien ha ganado. En estos casos, una parte puede proponer un juicio sumarísimo. Esto consiste en pedir a la corte que falle a favor de la persona que hace el pedido sin continuar con los procesos. Si el juez acepta la propuesta, el enjuiciamiento termina. Si el juez no la acepta, el juicio continúa.

---

[1]*moved*

ESTUDIO DE PALABRAS _____

Ejercicio 1   Study the following cognates that appear in this chapter.

el proceso	el sheriff	en secreto
la investigación	el método	inocente
la acusación	el descubrimiento	falso
la petición	la deposición	
el oficial	la credibilidad	iniciar
la evidencia	el interrogatorio	justificar
el secreto	el testimonio	citar
la inocencia		interrogar
la querella	civil	presidir
el calendario	criminal	transcribir

Ejercicio 2   Match the word in Column A with its definition in Column B.

A	B
1. iniciar	a. dirigir
2. penal	b. probar, demostrar
3. interrogar	c. la atestación de una cosa
4. justificar	d. comenzar
5. presidir	e. copiar por escrito
6. transcribir	f. criminal
7. el testimonio	g. lo contrario de «la culpabilidad»
8. la inocencia	h. hacerle preguntas
9. la querella	i. una cosa que se pide por escrito
10. la petición	j. la batalla, el conflicto

Ejercicio 3   Complete each statement with the appropriate word(s).
1. El policía tiene que conducir una _____.
2. El fiscal es un _____ del gobierno.
3. El acusado es _____ hasta que la evidencia pruebe (determine) su culpabilidad.
4. Se puede imponer una penalidad al que da testimonio _____.
5. Van a conducir la investigación en _____ para no hacerle daño a ningún individuo inocente.
6. El juez _____ en la corte o el tribunal.
7. Hay que tener _____ para determinar los hechos.

Ejercicio 4   Match the English word or expression in Column A with its Spanish equivalent in Column B.

A	B
1. plaintiff	a. el delito
2. defendant	b. el fiscal
3. district attorney	c. el demandado, el acusado
4. trial	d. el jurado de acusación, el gran jurado

5. to hear   e. el jurado de juicio
6. to appear (in court)   f. la prueba
7. grand jury, jury of inquiry   g. el demandante, el demandador
8. petit jury   h. el juicio
9. proof   i. enjuiciar
10. witness   j. el bufete del abogado
11. crime, offense   k. comparecer
12. lawyer's office   l. el testigo

Ejercicio 5   Complete each statement with the appropriate word(s).
1. Un _____ representa al demandante y el otro al demandado o acusado.
2. Si no pueden resolver el conflicto, el _____ y el _____ tienen que _____ ante la corte.
3. En el caso de un caso penal el _____ es el demandante y el que es acusado de haber cometido el delito es el _____.
4. El _____ es el grupo que determina si existe evidencia suficiente para acusar al individuo de un crimen.
5. El _____ es el grupo que oye la evidencia y determina la inocencia o la culpabilidad del acusado.
6. Para determinar los hechos y recaudar evidencia es casi siempre necesario tener _____.
7. Durante una deposición los testigos dan testimonio. La deposición se hace frecuentemente en el _____ del _____.
8. Para determinar la culpabilidad del enjuiciado hay que tener no sólo evidencia sino _____ de la evidencia.

Ejercicio 6   Give the word or expression being defined.
1. el que vio o presenció la comisión del delito
2. oír un caso, sentenciar una causa o un pleito
3. un indicio o una señal de una cosa, comprobación de la evidencia
4. la acción de juzgar en una corte o en un tribunal
5. el crimen, la ofensa
6. el grupo que conduce una investigación preliminar en secreto para enjuiciar al que se acusa de haber cometido un delito
7. el que se dedica a defender los intereses de sus clientes y a dar consejos sobre cuestiones jurídicas
8. el acusado

Ejercicio 7   Match the English word or expression in Column A with its Spanish equivalent in Column B.

A	B
1. preliminary investigation	a. enjuiciado
2. indictment	b. el enjuiciamiento
3. to charge	c. el bufete (del abogado)

4. trial	d. la denuncia, la acusación por gran
5. guilt	jurado
6. process server	e. la culpabilidad
7. warrant	f. el escribano de la corte
8. damages	g. un examen preliminar
9. court clerk	h. cargar
10. court stenographer	i. el estenógrafo (de la corte)
11. sheriff's deputy, bailiff	j. el expedidor
12. lawyer's office	k. el expediente
13. prosecuted	l. el alguacil
14. to pass a judgment	m. los daños
15. to hand down a sentence	n. dictar un fallo
16. constable	o. dictar la sentencia
	p. el ministril

Ejercicio 8   Study the Spanish equivalent for each of the following legal terms.
rules of civil (criminal) procedure   los reglamentos de proceso civil (penal)
pretrial discovery   el descubrimiento anterior al juicio
to call into question, consider   poner en tela de juicio
under oath   bajo juramento
under penalty of perjury   so penalidades de perjurio
request for admission   el pedido de admisión
court calendar   el calendario de juicio
methods of discovery   los métodos de descubrimiento
review of allegations   un resumen de alegatos
to determine the facts   determinar los hechos

Ejercicio 9   Complete each statement with the appropriate word(s).
1. El que ayuda al sheriff es el _____.
2. Al determinar los jurados del gran jurado de acusación que existe suficiente evidencia para acusarle a alguien de la comisión de un delito, ellos le sirven (entregan) al acusado un _____.
3. El _____, que puede ser un sheriff o un alguacil, les informa a las partes de un pleito de la existencia del pleito entregándoles un _____.
4. El _____ archiva todos los documentos y se encarga del calendario de juicio.
5. El que escribe todo lo que se dice durante el juicio es el _____.
6. El jurado dicta _____ y el juez dicta _____.
7. El jurado determina la inocencia o la _____ del acusado.
8. Las deposiciones se efectúan frecuentemente en el _____ de los abogados.
9. Le han _____ o acusado de haber cometido el delito.
10. El demandado que pierde el pleito en un caso civil tiene que pagar los _____.

COMPRENSION _____

Ejercicio 1   True or false?
1. Los procesos para iniciar los casos civiles y los casos criminales son los mismos.
2. El gran jurado de acusación dirige un examen preliminar en público para determinar si alguien debe ser enjuiciado.
3. Los miembros del gran jurado de acusación dictan un fallo sobre los hechos.
4. La deposición es la toma de testimonio de un testigo bajo juramento.
5. Las deposiciones tienen lugar durante el enjuiciamiento.
6. Los interrogatorios son las preguntas sobre los hechos del caso que cada parte tiene el derecho de hacerle a la otra parte.
7. Después de determinar los hechos durante los procesos de descubrimiento, es siempre necesario recurrir a la corte para el juicio.

Ejercicio 2   Select the appropriate word(s) to complete each statement.
1. El (jurado de acusación / jurado de juicio) le ayuda al fiscal determinar si un individuo tiene que comparecer ante el tribunal.
2. El gran jurado de acusación conduce sus investigaciones generalmente bajo la dirección del (abogado del demandante / fiscal).
3. Los miembros del gran jurado de acusación (indican sus sospechas / dictan un fallo).
4. El (jurado de juicio / juez) determina la culpabilidad.
5. El (jurado de juicio / juez) dicta la sentencia.

Ejercicio 3   Answer.
1. ¿Quién inicia el pleito en un caso civil?
2. ¿Quién inicia la acción en un caso criminal?
3. ¿Qué responsabilidad tiene el fiscal?
4. ¿Qué es el gran jurado de acusación?
5. ¿Por qué se conduce en secreto el examen preliminar por parte del jurado de acusación?
6. ¿Qué es una denuncia y cuándo se expide?
7. Después de expedir la denuncia, ¿qué hace el fiscal?
8. ¿Cuál es el propósito de la corte?
9. ¿Cómo tienen que presentarse y contestarse los interrogatorios?
10. ¿Qué ocurre si una parte no responde a los interrogatorios?

Ejercicio 4   Follow the directions.
1. Describa lo que ocurre normalmente durante el enjuiciamiento en un caso criminal o civil.
2. Cite los métodos de descubrimiento que se emplean para sacar los hechos de un juicio a la luz.

Ejercicio 5   Identify each of the following.

1. el demandante
2. el abogado del demandante
3. el escribano de la corte
4. el expedidor
5. el demandado
6. el abogado del demandado
7. el juez
8. el estenógrafo de la corte
9. el jurado
10. los testigos
11. el perjurio
12. el juicio sumarísimo

Capítulo 17
EL JURADO Y EL ENJUICIAMIENTO

La selección del jurado

Si la disputa no se resuelve durante la fase de descubrimiento, el escribano de la corte registra el caso en la lista de causas pendientes, que es el calendario para el enjuiciamiento. El día del juicio, el juez manda seleccionar los miembros del jurado de una lista de ciudadanos. Para asegurar un juicio justo, los miembros del jurado no deben tener ningún prejuicio ni parcialidad ni a favor ni en contra del demandado o del demandador. Para el fin de asegurar la imparcialidad existe un método que forma parte del procedimiento para seleccionar el jurado que evita escoger miembros con prejuicios. El método consiste en interrogar al jurado antes del comienzo del enjuiciamiento. El juez vigila la interrogación del jurado que hacen los abogados. El juez y los abogados tratan de determinar lo siguiente. ¿Tienen los miembros del jurado algún parentesco con las partes en el pleito? ¿Tienen los miembros del jurado algún interés en el caso? ¿Tienen los miembros del jurado algún prejuicio que afectaría su habilidad para evaluar los hechos?

Si un abogado puede presentar una razón válida para creer que un posible miembro del jurado tiene un prejuicio o predisposición, el abogado puede recusar a la persona, es decir, pedir que la corte le quite a la persona del jurado. Esto se llama «recusación por causa». No hay límite para las recusaciones por causa. A veces los abogados no pueden mostrar causa, pero todavía quieren eliminar a ciertas personas del jurado. Para este fin pueden recusar perentoriamente. Las recusaciones perentorias no requieren causa ni razón. Pero el número de recusaciones perentorias se limita. En algunos estados se permiten solamente dos, en otros estados hasta seis. Las cortes federales permiten hasta tres recusaciones perentorias a cada abogado. Se selecciona a un nuevo miembro del jurado al azar[1] de la lista de ciudadanos para reemplazar a cada miembro recusado. Por fin, o por acuerdo entre los abogados o cuando ya no quedan recusaciones, el proceso de selección de jurado está completo, y el enjuiciamiento puede comenzar.

Los argumentos de apertura

El primer paso en el enjuiciamiento, después de la selección del jurado, son los argumentos de apertura por cada uno de los abogados. Es ahora cuando los

---

[1] *randomly*

abogados para las dos partes le dicen al juez y al jurado sobre el caso y lo que pretenden probar. El abogado del demandador habla primero y después el abogado del demandado. En algunos estados el abogado del demandado puede posponer sus argumentos hasta que se haya presentado la evidencia del demandador.

Los argumentos de apertura incluyen: (1) un sumario breve de los hechos; (2) una indicación de lo que se tiene que poner a prueba; (3) una descripción de la evidencia que se presentará; (4) una opinión sobre la ley pertinente y (5) una declaración sobre lo que el abogado espera que sea el resultado del juicio.

Los argumentos de cierre

Después de que los dos abogados hayan acabado con sus casos, ellos presentan sus argumentos de cierre. El abogado del demandador presenta primero, y después el abogado del demandado. Cada abogado resume la evidencia y sugiere las razones por qué el juez o el jurado debe fallar a favor de su cliente.

Los argumentos de cierre incluyen: (1) un resumen de la evidencia más favorable para el cliente del abogado; (2) un repaso del testimonio de los testigos y otra evidencia que enfatiza lo favorable a su parte y las debilidades de la parte contraria; (3) un recordatorio de lo que constituye el cargo de prueba, incluso una declaración de como el abogado ha cumplido con el cargo de prueba (o como la otra parte no ha cumplido) y (4) una explicación de como la ley se aplica a los hechos que se han presentado.

Las instrucciones al jurado

Los miembros de los jurados no son expertos en cuestiones jurídicas. Por eso, en todos los juicios ante jurado, alguien tiene que explicarle la ley al jurado. El juez, que es el árbitro imparcial, dicta estas instrucciones al jurado. Los abogados para ambas partes pueden ofrecer algunas sugerencias sobre las instrucciones para ayudarle al juez. No obstante, al fin y al cabo, el cargo final al jurado es lo que decide el juez. El juez tiene que explicar la ley en términos que personas no expertas puedan comprender. Pero a la vez, no puede diluir la ley hasta tal punto que las instrucciones sean inexactas. Porque las instrucciones al jurado son tan importantes y porque son tan difíciles, con frecuencia se ven recusadas en apelación.

El fallo o veredicto

La decisión del jurado se llama «veredicto» o «fallo». En un caso civil, normalmente cinco de cada seis miembros del jurado tienen que estar de acuerdo para que haya un veredicto. El demandador y el demandado pueden aceptar otro tipo de mayoría para llegar a un veredicto. Para llegar a un veredicto o un fallo en un caso penal, la decisión del jurado tiene que ser unánime. Si el jurado no es unánime en su decisión, se declara un pleito viciado por desacuerdo del jurado, y el fiscal puede pedir un nuevo juicio.

Después del veredicto del jurado, el juez dicta su sentencia o juicio. Con la sentencia (en algunos tribunales se llama «decreto»), la corte determina, finalmente, los derechos de las partes. Es ésta la decisión de la corte en este caso.

El juez puede dictar un juicio sumarísimo sin oír la evidencia si la corte determina que una de las partes debe ganar el pleito por cuestión de ley. Si el juez decide que el veredicto del jurado es erróneo por cuestión de ley, él o ella puede dictar un juicio a pesar del veredicto. Este es un juicio a favor de una parte aunque el jurado falló a favor de la otra parte. Los juicios sumarísimos y los juicios a pesar del veredicto se inician por medio de mociones por cualquier de las dos partes.

ESTUDIO DE PALABRAS

Ejercicio 1   Study the following cognates that appear in this chapter.

la selección	el sumario	breve
la disputa	el resultado	favorable
la fase	el cliente	impertinente
la lista	las instrucciones	imparcial
la causa	el cargo	sumarísimo
el calendario	el veredicto	
el miembro	la sentencia	iniciar
la lista	la moción	resolver
la parcialidad		interrogar
el interés	pendiente	evaluar
el caso	justo	reemplazar
la razón	a favor de	posponer
el argumento	válido	resumir
la evidencia	perentorio	

Ejercicio 2   Complete each expression with the appropriate word(s).

1. list of pending cases   la _____ de causas
2. court (trial) calendar   el _____ para el enjuiciamiento
3. jury members   los _____ del jurado
4. list of citizens   la _____ de ciudadanos
5. a fair trial   un juicio _____
6. in favor of   a _____ de
7. a valid reason   una razón _____
8. challenge for cause   la recusación por _____
9. peremptory challenges   las recusaciones _____
10. short (brief) summary   el _____ breve
11. verdict of the court   el _____ del juicio
12. favorable evidence   la _____ favorable
13. jury instructions   las _____ al jurado
14. charge to the jury   el _____ al jurado
15. a summary judgment   un juicio _____

Ejercicio 3   Complete each statement with the appropriate form of the word.
interrogar   interrogación
interrogatorio   interrogador (interrogante)
1. El que _____ (hace las preguntas) es el _____.
2. La pregunta que hace es la _____.
3. La serie de preguntas que dirige al acusado es el _____.

Ejercicio 4   Complete each statement with the appropriate word(s).
1. Si las dos partes no pueden _____ el conflicto, tienen que recurrir a la corte.
2. La _____ de los miembros del jurado es importante. Hay que _____ a los miembros de una lista de ciudadanos.
3. Los miembros del jurado, que también se llaman «jurados», no pueden mostrar _____ a ninguna de las partes y no pueden tener un _____ personal en la causa.
4. Al final del juicio el juez dicta una _____.

Ejercicio 5   Select the appropriate word to complete each statement.
interrogan   pertinente   posponer
reemplazar   resumen   seleccionan
1. Los abogados _____ los miembros del jurado.
2. Antes de hacer la selección los abogados _____ a los candidatos para el jurado.
3. Si un jurado muestra parcialidad o prejuicio, lo tienen que _____.
4. A veces es necesario _____ el enjuiciamiento.
5. Al final del enjuiciamiento los abogados _____ los argumentos.
6. El juez tiene que explicarles a los jurados la ley _____ al caso.

Ejercicio 6   Match the English word or expression in Column A with its Spanish equivalent in Column B.

A	B
1. prejudice	a. los argumentos de apertura
2. against	b. los argumentos de cierre
3. relationship	c. el fallo, el veredicto
4. opening statements	d. el prejuicio
5. closing statements	e. la debilidad
6. to excuse (a juror)	f. el cargo de prueba
7. to find, pass judgment on	g. un juicio a pesar del veredicto
8. weakness	h. recusado en apelación
9. burden of proof	i. el parentesco
10. verdict	j. recusar
11. mistrial	k. fallar
12. reversed on appeal	l. un pleito viciado
13. judgment notwithstanding verdict	m. en contra de

Ejercicio 7   Complete each statement with the appropriate word(s).
1. Después de la selección del jurado, el juicio comienza y los abogados presentan sus _____.
2. Si es posible que un candidato para el jurado tenga _____ contra una de las partes, lo _____ en seguida.
3. _____ incluyen un resumen de la evidencia más favorable para el cliente del abogado.
4. La decisión del jurado es el _____.
5. Si el jurado no puede llegar a un fallo en un caso penal, hay que declarar un _____.
6. Los miembros del jurado no pueden tener ningún _____ con los litigantes.

Ejercicio 8   Give the word or expression being defined.
1. el juez no está de acuerdo por razones de ley con el fallo o la decisión del jurado
2. lo contrario de «a favor de»
3. lo contrario de «la fuerza»
4. una idea preconcebida
5. el veredicto, la decisión
6. la responsabilidad de probar algo
7. no aceptar, rechazar, no admitir
8. decidir un litigio o proceso
9. lo que presenta el abogado al terminar el proceso

COMPRENSION

Ejercicio 1   True or false?
1. El calendario para el enjuiciamiento es la lista de causas pendientes.
2. Si un abogado puede presentar una razón válida para creer que un individuo no debe ser miembro del jurado, puede recusar a la persona.
3. A veces los abogados pueden recusar a una persona del jurado sin mostrar causa.
4. El número de recusaciones perentorias se limita.
5. En el enjuiciamiento el abogado del acusado habla primero.

Ejercicio 2   Answer.
1. ¿Qué incluyen los argumentos de apertura?
2. ¿Qué incluyen los argumentos de cierre?
3. ¿Por qué tiene que darle instrucciones al jurado el juez?
4. ¿Cómo se llama la decisión del jurado?
5. ¿En qué tipo de caso tiene que ser unánime la decisión del jurado?
6. A no ser el jurado unánime en su decisión, ¿qué se declara?

7. ¿Cuándo puede el juez dictar un juicio sumarísimo sin oír la evidencia de la corte?
8. ¿Qué puede hacer el juez si decide que el veredicto del jurado es erróneo por cuestión de ley?

Ejercicio 3   Follow the directions.
1. Prepare una lista de cosas que no deben tener los miembros de un jurado para asegurar un juicio justo.
2. Explique la diferencia entre recusación con causa y recusación perentoria.

Segunda parte
CRIMINOLOGIA

Capítulo **18**
EL CRIMEN
O DELITO

Definición del crimen

En términos técnicos, el crimen es lo que las legislaturas definen como crimen o delito. Claro está, algunas actividades durante casi toda la historia humana se han considerado como delitos, por ejemplo, el robo, el asesinato, el secuestro. Pero hoy no existe el delito si no ha sido definido específicamente por estatuto, y si el castigo máximo por cometer el delito no haya sido también especificado.

Nullum crimen, nulla poena, sine lege es una frase en latín que significa que no hay crimen, ni pena, sin ley. Es decir, un comportamiento no puede ser delito sin que la legislatura apruebe un estatuto que describa con precisión la actividad prohibida y que determine el castigo máximo para los violadores.

La gravedad del crimen—el grado de amenaza a la sociedad que el delito representa—varía de época en época y de región en región. ¿Cuál es más grave, la contaminación del medio ambiente o el uso de drogas?

Los códigos penales

La categorización del delito por nivel de gravedad ha existido durante siglos. Los códigos penales modernos se basan en parte en la antigua ley común. En los códigos modernos existen todavía muchos de los delitos mayores que se consideraban *mala in se,* o malos en sí mismos, como el asesinato. La sociedad moderna ha añadido a los códigos otros delitos que no existían en la antigüedad, delitos como el fraude. Estos delitos fueron creados por las legislaturas y no tienen sus orígenes en la historia. Se conocen como *mala prohibita.* Con pocas excepciones, los delitos *mala in se* se consideran más graves que los delitos *mala prohibita,* y dentro de las dos categorías existen distinciones más finas de gravedad.

Los códigos penales distinguen entre delitos mayores y delitos menores, también llamados «violaciones» e «infracciones». Los delitos mayores son crímenes graves con penalidades o castigos igualmente duros (mínimo de un año de prisión). Los delitos menores son menos graves que los mayores y llevan castigos como multas y menos de un año de encarcelamiento. Tanto los delitos mayores como los menores tienen varios grados de gravedad. Por ejemplo, un código penal puede proveer diferentes castigos por el delito mayor de allanamiento o escalamiento en el primer grado—entrando en casa ajena de noche con arma y con intención de robar; en segundo grado—escalamiento de día de una vivienda sin armas; y en tercer grado—escalamiento de día y sin armas de un edificio que no es vivienda, etc.

En algunos casos la severidad del delito depende de la intención del cometedor o perpetrador. Un homicidio puede ser premeditado culposo, homicidio por negligencia o algún grado inferior de homicidio sin premeditación, dependiendo de la prueba del estado mental del autor, es decir, hasta qué punto las consecuencias criminales fueron resultado de la intención y deseo o simplemente de la negligencia y descuido. No existe una sola clasificación de delitos y de castigos que sea uniforme e idéntica en todas partes. Sólo refiriéndose a los estatutos específicos de cada jurisdicción se puede determinar si una ofensa es delito mayor o menor.

Otras definiciones

Homicidio Es el acto de causar la muerte de otra persona sin justificación ni excusa legal, incluso el asesinato y el homicidio impremeditado negligente y no negligente.

Violación (sexual) Es el acceso sexual a una persona por la fuerza o sin consentimiento legal o de hecho.

Robo Es la toma ilegal o el intento de tomar la propiedad que está en posesión de otro.

Asalto Es el acto de causarle o tratar de causarle daño físico a otro ilegalmente y con intención. El asalto con agravio es causarle, ilegalmente y con intención, daño físico grave, o amenazar o intentar causar daño físico o muerte por medio de un arma mortal o peligrosa con o sin haber realmente causado daño físico. El asalto simple es el causar daño físico no grave ilegalmente y con intención sin arma mortal ni peligrosa, o el intento o amenaza de causar daño físico sin un arma mortal ni peligrosa.

Escalamiento (Allanamiento) Es la entrada ilegal a cualquier estructura fija, vehículo o embarcación que se usa normalmente para vivienda, industria o comercio, con o sin fuerza, con intención de cometer un delito o hurto.

Hurto Es la toma o intento de tomar ilegalmente la propiedad (excepto vehículo motorizado) en posesión ajena, con sigilo (furtivamente), sin la fuerza y sin engaño, con intención de privárselo permanentemente al dueño de la propiedad.

Latrocinio Es la toma ilegal de la propiedad de la persona de otro por la fuerza o por amenaza de la fuerza.

Incendio intencional (doloso) Es el destruir o dañar o tratar de destruir o dañar con intención, incendiando o violando propiedad sin el consentimiento del propietario, o la propiedad propia o de otro con fuego o explosivos con o sin intención de defraudar.

ESTUDIO DE PALABRAS _____

Ejercicio 1   Study the following cognates that appear in this chapter.

el término	el arma	técnico
el crimen	la intención	máximo
la legislatura	la severidad	prohibido
el robo	el cometedor	penal
el estatuto	el perpetrador	común
el crimen	el homicidio	grave
el comportamiento	la premeditación	mental
el violador	el estado	sexual
el grado	las consecuencias	criminal
el uso	el resultado	motorizado
la categorización	la definición	impremeditado
el código	la justificación	
el fraude	el intento	definir
el origen	el consentimiento	cometer
la distinción	el asalto	aprobar
la violación	la propiedad	existir
la infracción	el vehículo	defraudar
la penalidad	los explosivos	
la prisión	la negligencia	
el encarcelamiento		

Ejercicio 2   Match the verb in Column A with its noun form in Column B.

A	B
1. cometer	a. el fraude
2. aprobar	b. la definición
3. robar	c. la comisión, el cometedor
4. definir	d. el consentimiento
5. violar	e. la aprobación
6. usar	f. la intención, el intento
7. defraudar	g. el robo
8. intentar	h. la violación, el violador
9. consentir	i. el agravio
10. agraviar	j. el uso

Ejercicio 3   Match the word in Column A with its definition in Column B.

A	B
1. el crimen	a. el reglamento, la ley
2. máximo	b. criminal
3. el estatuto	c. serio

4. la violación
5. el grado
6. penal
7. grave
8. la gravedad
9. la prisión
10. aprobar
11. el perpetrador
12. el homicidio

d. el delito
e. el nivel
f. la cárcel
g. lo contrario de «mínimo»
h. la infracción
i. consentir
j. la seriedad
k. el asesinato
l. el cometedor

Ejercicio 4 Complete each expression with the appropriate word(s).
1. drug use
2. criminal (penal) code
3. aggravated assault
4. serious crime
5. intent to rob
6. British Common Law
7. to commit a crime
8. motor vehicle
9. without consent
10. firearm
11. unpremeditated homicide
12. criminal consequences
13. negligent homicide
14. premeditated murder
15. mental state
16. unjustifiable
17. aggravated sexual assault

el _____ de drogas
el _____ penal
el _____ con agravio
el _____ grave
la _____ de robar
la ley _____ británica
_____ un crimen
el _____ motorizado
sin el _____
el _____ de fuego
el homicidio _____
las _____ criminales
el homicidio por _____
el asesinato _____
el estado _____
sin _____
el asalto _____ agraviado
  (con agravio)

Ejercicio 5 Match the English word or expression in Column A with its Spanish equivalent in Column B.

A
1. crime
2. felony
3. misdemeanor
4. murder
5. rape
6. larceny
7. breaking and entering
8. entry
9. kidnapping
10. threat

B
a. el delito mayor
b. el delito menor
c. el hurto, robo
d. la amenaza
e. el crimen, el delito
f. el secuestro
g. el asesinato
h. la violación sexual
i. la entrada
j. el escalamiento, el allanamiento

Ejercicio 6   Complete each statement with the appropriate word(s).
1. El crimen es un _____.
2. Hay dos categorías de delitos. El _____ es más grave que el
   _____. Por consiguiente el _____ conlleva mayor castigo o
   penalidad que el _____.
3. Matarle o quitarle la vida a una persona es _____.
4. El _____ es el acto de robar a una persona, es decir, tomarle
   ilegalmente su propiedad.
5. El _____ es la entrada ilegal a una estructura fija con el intento de
   cometer un delito o un hurto.
6. El _____ es tomarle a alguien contra su voluntad.
7. La _____ es un crimen sexual que se comete con más frecuencia
   contra las mujeres.

Ejercicio 7   Match the English word in Column A with its Spanish equivalent
in Column B.

A	B
1. law	a. el sigilo
2. punishment	b. peligroso
3. penalty	c. la ley
4. fine	d. la fuerza
5. conduct, behavior	e. la multa
6. death	f. el castigo, la pena
7. force	g. la penalidad
8. secrecy, stealth	h. la conducta
9. dangerous	i. la muerte

Ejercicio 8   Complete each statement with the appropriate word(s).
1. La _____ prohíbe la comisión de un delito. Por consiguiente
   cualquier delito es ilegal.
2. La penalidad o el _____ por algunos delitos, como por ejemplo los
   delitos mayores, es el encarcelamiento.
3. La penalidad o el _____ por algunos delitos menos graves, tales
   como los delitos menores, es la obligación de pagar una _____.
4. Las armas de fuego son _____.
5. El asesinato es el acto de tomarle la vida a alguien, es decir, causarle la
   _____.

COMPRENSION

Ejercicio 1   True or false?
1. Puede existir un crimen aunque no haya ley que lo prohíba.
2. Un delito o un crimen tiene que ser específicamente definido por un
   estatuto.

3. En términos generales, los delitos *mala in se* son más graves que los delitos *mala prohibita*.
4. El escalamiento en tercer grado es el acto de entrar en una casa ajena de noche con arma y con intención de robar (cometer un hurto).
5. El asesinato con premeditación es un delito más grave que el homicidio por negligencia.

Ejercicio 2   Answer.
1. ¿Cuándo no puede un comportamiento ser un delito?
2. ¿Qué delitos fueron creados por las legislaturas, los delitos *mala in se* o los delitos *mala prohibita?*
3. ¿Qué son delitos mayores?
4. ¿Qué tipos de penalidades llevan los delitos mayores?
5. ¿Qué son delitos menores?
6. ¿Qué castigos llevan?
7. ¿Cuál es la diferencia entre el escalamiento en primer grado y el escalamiento en tercer grado?
8. En algunos casos, ¿de qué depende la severidad del delito?
9. ¿Cuál es la diferencia entre el hurto y el escalamiento?

Ejercicio 3   Identify and describe each of the following terms.
1. el homicidio
2. la violación sexual
3. el asalto
4. el asalto con agravio
5. el escalamiento
6. el hurto

Capítulo 19
EL CASTIGO Y LOS CRIMINALES

El castigo

Por lo general, los delitos mayores llevan mayor castigo que los delitos menores, pero hay excepciones. Como regla general, la condena por delito mayor lleva un castigo de un mínimo de un año en una penitenciaría del estado. La condena por delito menor lleva un castigo de menos de un año en una cárcel del condado. La libertad condicional es una alternativa tanto para delitos mayores como menores, pero las multas se imponen con más frecuencia en casos de delito menor, o como alternativa al encarcelamiento o libertad condicional, o además de los otros.

La persona convicta de delito mayor sufre consecuencias colaterales más severas. Estas incluyen la pérdida de ciertos derechos políticos (el derecho al voto o de tener un cargo político), y también puede sufrir la pérdida de o el derecho a licencias y otros permisos. Se le puede negar una variedad de oportunidades de empleo y, si es profesional o político, puede sufrir la exclusión o censura.

La gravedad del delito

La determinación de la gravedad relativa de un delito es una función legislativa. Los tradicionales delitos mayores casi nunca son revisados o cambiados. Los delitos «sin víctima» son objeto de bastante controversia y debate. ¿Deben considerarse delitos los juegos ilegales o la prostitución? Y, ¿cómo se debe clasificar la adicción a los estupefacientes (las drogas)?

En 1962 el American Law Institute promulgó su Código Penal Modelo *(MPC)*. Este código modelo y varios otros sirvieron de base para la revisión de los códigos penales estatales en más de la mitad de los estados y en el sistema federal. En estos nuevos códigos se ha tratado de separar los casos peligrosos de los más rutinarios y no amenazantes. El Código Penal Modelo provee términos extendidos de encarcelamiento para los delincuentes habituales, para criminales profesionales, para aquéllos que se consideran «peligrosos y mentalmente anormales», cuya reclusión prolongada «es necesaria para la protección del pueblo». El Acta de Sentencia Modelo *(National Council on Crime and Delinquency,* 1963) distingue entre los delitos atroces y los delitos mayores en general, proveyendo así sentencias prolongadas para delitos tales como asesinato en segundo grado, incendio, violación por la fuerza, robo armado y volar con bomba. Tanto el Código Penal Modelo como el Acta de Sentencia Modelo proveen términos prolongados para el criminal organizado, también conocido como gángster o mafioso.

La detención preventiva

Las leyes de detención y cacheo tienen el propósito de proteger a los agentes de policía de la posible violencia en casos rutinarios de detención e interrogación de sospechosos en la calle. Estas leyes le permiten al policía cachear a un sospechoso para poder quitarle cualquier arma que podría ponerle en peligro al policía. Hoy también se ve más interés en aprobar legislación constitucional que permita la detención preventiva, que les niegue la libertad bajo fianza a sospechosos que probablemente cometerían delitos violentos mientras esperan ser procesados.

El comportamiento delictivo

Aunque los expertos no están totalmente de acuerdo en cuanto a los detalles de los diferentes tipos de comportamiento, los criminalistas han identificado varios sistemas de comportamiento delictivo.

Maleantes de violencia personal Muestran patrones crónicos de asalto, incluso, a veces, el homicidio.

Delincuentes profesionales Son de dos subtipos, uno incluye los timadores, carteristas, las mecheras y similares; y el segundo incluye los «pesados», es decir, los atracadores de carros blindados, los asaltadores de bancos, los ladrones de cajas de caudales, de joyas y pieles y los operadores de grandes redes de ladrones de autos.

Criminales organizados Son vendedores altamente sistematizados de vicios y «protección», conocidos individualmente como gángsters y raqueteros, y colectivamente como la Mafia y el Sindicato.

Delincuentes ocasionales de delito contra propiedad Estos son ladrones y vándalos aficionados cuya actividad delictiva es esporádica y oportunista y que ni realizan grandes ganancias de sus delitos ni progresan al nivel profesional de criminal de tiempo completo.

Delincuentes convencionales Son los ladrones, escaladores, asaltadores, falsificadores y vendedores de estupefacientes al por menor, quienes ocupan la mayor parte del tiempo y los esfuerzos de las fuerzas del orden y que llenan las cárceles. En contraste con los delincuentes ocasionales, estos malhechores se consideran criminales, tienden a progresar del simple robo por capricho a más serios delitos y tratan de hacer del crimen su oficio.

Transgresores sexuales Aquí se incluyen todos los ofensores cuyo mayor descarrío[1] es alguna forma de perversión o compulsión sexual pero que frecuentemente no son «criminales» en otras formas; es decir, no progresan a otras formas de crimen, no roban, por ejemplo, y se autodefinen y son definidos por otros como «enfermos» en lugar de criminales. Esta categoría abarca toda una gama de conducta desde el exhibicionismo, las llamadas telefónicas obscenas,

---

[1]*going astray*

hasta el comportamiento mucho más peligroso como el abuso sexual de menores y la violación violenta al azar[2].

Criminales de cuello blanco (crimen de profesionales) Esta categoría incluye las ofensas corporativas igual que individuales y también las formas de hurto y fraude cometidas en el transcurso de la vida profesional del delincuente, tales como la fijación de precios, los trusts y carteles ilegales.

Criminales políticos Son los terroristas.

Perturbadores del orden público Estos son los vagabundos, los borrachos[3] perdidos, los mendigos[4] y similares.

---

[2]*random*   [3]*drunkards*   [4]*beggars*

ESTUDIO DE PALABRAS

Ejercicio 1   Study the following cognates that appear in this chapter.

la excepción	la protección	armado
la regla	la sentencia	colateral
el mínimo	el asesinato	severo
la penitenciaría	el grado	profesional
el condado	el gángster	organizado
la alternativa	el mafioso	político
la persona convicta	el raquetero	legislativo
las consecuencias	la detención	penal
la licencia	la interrogación	estatal
la variedad	el agente de policía	federal
la oportunidad	el experto	rutinario
la exclusión	el criminalista	atroz
la censura	el banco	reincidente
la gravedad	el vicio	anormal
la determinación	el vándalo	prolongado
la función	el falsificador	violento
el debate	el transgresor	corporativo
la prostitución	la perversión	sexual
la controversia	la compulsión	público
la adicción	la ofensa	convencional
la droga	el abuso	personal
el código	el menor	
el sistema	el vagabundo	imponer
el caso	el terrorista	clasificar
el criminal	la víctima	promlulgar
el robo	el delincuente	separar

Ejercicio 2   Complete each expression with the appropriate word(s).

1. state penitentiary   la _____ del estado (estatal)
2. county jail   la cárcel del _____
3. collateral consequences   las _____ colaterales
4. atrocious crimes   los delitos _____
5. victimless crimes   los delitos sin _____
6. dangerous criminals   los _____ peligrosos
7. organized crime   el crimen _____
8. professional criminal   el criminal _____
9. drug addiction   la adicción a las _____
10. state penal code   el código _____ estatal
11. Model Penal Code   el Código Penal _____
12. Model Sentencing Act   la Ley de _____ Modelo
13. preventive detention   la detención _____
14. juvenile delinquent   el _____ juvenil
15. routine case   el caso _____
16. mentally unbalanced   _____ anormal
17. second-degree murder   el asesinato en segundo _____
18. police officer   el agente de _____
19. violent personal offenders los maleantes de violencia

_____

20. occasional property crime   los delincuentes _____ de
    violators   delito contra la propiedad
21. conventional criminals   los delincuentes (criminales)

_____

22. sex offenders   los transgresores _____
23. political criminals   los criminales _____
24. public order violators   los perturbadores del orden

_____

25. violent crime   el delito _____
26. armed robbery   el _____ armado
27. repeat offenders (delinquents) los _____ reincidentes

Ejercicio 3   Match the word or expression in Column A with its equivalent in Column B.

A	B
1. la prisión	a. la gravedad
2. del estado	b. el raquetero
3. severo	c. la controversia
4. la seriedad	d. la cárcel
5. la discusión, el debate	e. el delito
6. publicar, anunciar	f. el criminal

7. no excepcional   g. grave
8. el delincuente   h. promulgar
9. el gángster   i. rutinario
10. el crimen   j. estatal

Ejercicio 4   Give the word or expression being defined.
1. el que infringe la ley
2. el que no tiene domicilio fijo, que anda errante
3. la corrupción, la perversión, la depravación y la inmoralidad
4. el que destruye cosas tales como monumentos, etc.
5. el que tiene un conocimiento profundo de algo
6. el experto en la criminalidad
7. largo, que dura mucho tiempo
8. la opción

Ejercicio 5   Match the English word or expression in Column A with its Spanish equivalent in Column B.

A	**B**
1. sentence	a. la libertad condicional
2. punishment	b. la libertad bajo fianza
3. jail	c. la detención y cacheo
4. probation	d. la condena, la sentencia
5. fine	e. la multa
6. right	f. el castigo
7. stop and frisk	g. ser procesado
8. out (free) on bail	h. la cárcel
9. to be tried	i. la reclusión
10. confinement, imprisonment	j. el derecho

Ejercicio 6   Complete each statement with the appropriate word(s).
1. La _____ a muerte es el _____ más fuerte (grave).
2. La penitenciaría estatal es más grande que la _____ del condado. Y la _____ del condado es más grande que la _____ municipal.
3. El juez no le encarceló. Le hizo pagar una _____.
4. El convicto puede tener la _____ hasta ser _____.
5. Las leyes de _____ le permiten al agente de policía detener a un sospechoso y registrarlo para ver si tiene un arma oculta, por ejemplo.
6. El transgresor tiene el _____ de no hablar si no está presente su abogado.
7. La _____ es el dinero o la propiedad que tiene que dejar con la corte el demandado para asegurar que no se huya (escape) antes de ser procesado.
8. El encarcelamiento es un tipo de _____.

Ejercicio 7   Match the English word or expression in Column A with its
Spanish equivalent in Column B.

A	B
1. rape	a. la violación por la fuerza
2. gambling	b. el timador
3. threatening	c. los juegos
4. suspect	d. el atracador
5. criminal behavior	e. amenazante
6. hoodlum, thug, roughneck,	f. la mechera
7. swindler	g. el comportamiento delictivo
8. pickpocket	h. el sospechoso
9. shoplifter	i. el maleante
10. holdup man, bandit	j. el carterista
11. thief	k. el ladrón
12. disorderly person, public	l. el carro blindado
nuisance	m. la red
13. armored car	n. el perturbador del orden
14. network	

Ejercicio 8   Complete each statement with the appropriate word(s).
1. Hay muchos _____ en las estaciones del metro, en los autobuses, en todos los lugares donde hay mucha gente.
2. El _____ le quita la bolsa o la cartera a alguien sin hacerle más daño.
3. La _____ es la persona que roba mercancías en una tienda.
4. El _____ es un bandido que asalta a los transeúntes en las calles y caminos.
5. El que roba es _____.
6. El dinero se transporta al banco en un _____.
7. Un _____ es un individuo de carácter criminal.
8. Cometer un acto sexual contra la voluntad (sin el consentimiento) del (de la) otro(a) es la _____.
9. El _____ es un vagabundo o un borracho que está haciendo mucho ruido.
10. El es un _____ pero los fiscales no tienen suficiente evidencia para cargarlo con la comisión del delito.
11. El _____ es el que roba no con un arma sino con engaño.
12. Muchos maleantes manifiestan lo que llamarían los psicólogos _____.

COMPRENSION

Ejercicio 1   Answer.
1. Como regla general, ¿qué castigo llevan la condena por delito mayor y la condena por delito menor?
2. ¿Cuándo es la libertad condicional (provisional) una alternativa?
3. ¿Cuáles son algunas consecuencias colaterales que puede sufrir el individuo convicto de delito mayor?
4. ¿Cómo se determina la gravedad de un delito?
5. ¿Entre qué distingue la Ley de Sentencia Modelo?
6. ¿Cuál es el propósito de las leyes de detención y cacheo?

Ejercicio 2   Match the criminal with his or her criminal behavior system.
1. el raquetero que tiene un sistema bien desarrollado de vender vicios y «protección»
2. el vándalo que rompe el cristal de una ventana de una casa
3. el carterista
4. el operador de una red de ladrones de autos
5. el que comete asaltos
6. el vendedor de pequeñas cantidades de drogas
7. el que recibe dinero de una corporación de una manera fraudulenta (falaz)
8. un borracho cantando en la calle
9. el terrorista que pone una bomba en un avión
10. el que hace llamadas telefónicas obscenas
11. el que comete un homicidio
12. el que roba con muy poca frecuencia
13. el que abusa sexualmente a los menores
14. el que roba con bastante frecuencia

Ejercicio 3   Identify each of the following terms.
1. la libertad condicional
2. los delitos «sin víctima»

Capítulo 20
LAS ESTADISTICAS CRIMINALES

Los datos e informes estadísticos

Para poder evaluar los esfuerzos para controlar el crimen, hay que tener datos confiables y fáciles de buscar que cubren toda la gama del proceso de justicia penal, no solamente los delitos denunciados a la policía. Casi todas las agencias involucradas en el sistema mantienen en alguna forma sumarios de datos sobre las personas procesadas. Estos datos se mantienen en forma tabular que se conoce como «guardabarrera» y se parece al método que emplean las cárceles cuando cuentan el número de presos que entran y salen. Informes sobre el número de personas arrestadas es un requisito para la policía, pero el contacto con el público y los sospechosos previo al arresto rara vez se registra. La mayor laguna en cuanto a los datos de «guardabarrera» se encuentra entre las cortes y los fiscales. Rara vez se les requiere a los fiscales y jueces informes estadísticos anuales.

Los informes uniformes sobre el crimen *(Uniform Crime Reports—UCR)* se basan en los datos sobre los ocho delitos del «índice»: el asesinato premeditado, la violación forzosa, el asalto con agravio, el robo, el escalamiento, el hurto, el incendio y el robo de vehículos. La estadística básica es el número de delitos «conocidos por la policía», es decir, los delitos denunciados o descubiertos pero no necesariamente resueltos. Además, los UCR dan el número y porcentaje de estos delitos que terminaron con la aprehensión de un sospechoso y, en algunos casos donde hay datos disponibles[1], el porcentaje de condenas también se incluye. Por ejemplo, recientemente hubo aproximadamente 3 millones de escalamientos conocidos por la policía, de los cuales sólo el 14% resultaron en arresto, con menos de la mitad resultando en proceso y condena.

Las estadísticas sobre delitos y delincuentes se basan en medidas sobre cierto período de tiempo, normalmente un año. Aunque estas medidas son obviamente útiles, el problema es que, calculando así, el número de criminales se acumula. Los asesinos del año pasado se suman a los de este año, y a éstos se les añaden los del futuro. Los otros delitos y las condenas inferiores a cadena perpetua

---

[1]*available*

hacen que las poblaciones delictivas acumulen, tanto en la prisión como en la calle, lo cual nos presenta una pregunta difícil: ¿Es una persona que una vez cometió un delito un criminal para siempre?

No existe un censo preciso del número de criminales actuales y anteriores en nuestra sociedad. Varios gobiernos estatales y el gobierno federal mantienen extensos bancos de huellas dactilares, pero estos bancos contienen las huellas de sospechosos sin procesar, personas arrestadas equivocadamente y las huellas de otros que no figuran para nada en el sistema penal. Es casi imposible eliminar o tachar las huellas y otros registros de arresto de personas inocentes o injustamente denunciadas, hasta con orden de la corte y la buena voluntad de la policía. Así es que nadie sabe con certeza cuántas personas que han sido condenadas por delitos graves viven en nuestra sociedad hoy día. Aquí hay algunas estadísticas importantes.

**Delitos que resultaron en arresto
y aquéllos que no resultaron en arresto†**

Delitos violentos

sin arresto		con arresto	
		Homicidio	70%
		Asalto con agravio	59%
		Violación forzosa	52%
Robo	25%		

Delitos contra propiedad

sin arresto		con arresto
Escalamiento	14%	
Hurto	20%	
Robo de vehículos	15%	

_____

†*Fuente: FBI, Uniform Crime Reports*

Un centro de investigaciones de la Universidad de Chicago hizo una encuesta con una muestra de 10.000 hogares y preguntó a cada persona si había sido víctima de un crimen durante el año, si algún otro miembro de la familia había sido víctima y, si había sido víctima, si denunció el crimen a la policía. Esta encuesta y otras subsiguientes indican que hay muchos más crímenes de los que se denuncian a la policía. En un año reciente hubo aproximadamente 6 millones de delitos de violencia en los EE.UU. y más de 13 millones de hurtos. No obstante, de la totalidad, sólo el 36% de los delitos fueron denunciados a las autoridades.

ESTUDIO DE PALABRAS _____

Ejercicio 1   Study the following cognates that appear in this chapter.

la gama	los vehículos	uniforme
el proceso	el número	premeditado
la justicia	el porcentaje	tabular
el sumario	la aprehensión	
los datos	el período de tiempo	arrestar
el requisito	el criminal	registrarse
los informes	el asesino	calcular
el «index»	la víctima	acumular
el índice	el crimen	robar
el homicidio		asesinar
la violación	forzoso	resolver (resuelto)
el asalto	penal	
el robo	previo al arresto	

Ejercicio 2   Complete each expression with the appropriate word(s).

1. criminal justice process   el _____ de justicia penal
2. summary data   los _____ de datos
3. prior to arrest   previo al _____
4. Uniform Crime Reports   Informes _____ sobre el
                                 crimen
5. "index" crimes   los crímenes del _____
6. forcible rape   la violación _____
7. aggravated assault   el _____ con agravio
8. motor vehicle theft   el robo de _____
9. available data   los _____ disponibles
10. victim of a crime   la _____ de un crimen

Ejercicio 3   Complete each statement with the appropriate word(s).

1. Violar sexualmente a una mujer es la _____.
2. Quitarle la vida a alguien habiéndolo pensado y planeado de antemano es
   el _____.
3. El _____ o el delincuente es el que comete un crimen o un delito.
4. Un policía puede _____ al sospechoso.
5. La _____ del culpable se efectúa cuando se arresta (en el momento
   de su arresto).
6. El que sufre de un crimen es la _____.

Ejercicio 4   Match the word or expression in Column A with its equivalent in
Column B.

A	**B**
1. la gama	a. el hurto
2. el asesinato	b. el resumen

3. resolver (se resuelve)   c. previo a
4. el robo   d. el homicidio
5. los datos   e. la escala
6. acumular   f. solucionar
7. antes de   g. amasar
8. el sumario   h. los informes

Ejercicio 5   Note the differences among the following crimes.

el asalto Hay asalto simple y asalto con agravio. Existe también el asalto
y agresión o golpeo *(assault and battery)* o el asalto con lesión (véase
página 96). El asalto puede tener varios motivos: el asalto con arma
mortífera; el asalto con intento homicida, con intento hurtador.

el robo Es el tomar de la propiedad ajena. Se puede cometer el robo con o
sin fuerza. La traducción en inglés es *robbery*.

el escalamiento Para cometer el escalamiento hay que entrar en un
edificio para robar algo. En inglés es *burglary* o *breaking and entering*.

el hurto Es el tomar de la propiedad ajena sin fuerza. En
inglés se dice *larceny*.

el atraco Es el robo con fuerza. En inglés es *stickup* o *holdup*.

el latrocinio Es el hurto de la propiedad ajena de la misma persona, en
contra de la voluntad de la persona, por la fuerza, la violencia o la amenaza
de violencia.

Ejercicio 6   Match the English word or expression in Column A with its
Spanish equivalent in Column B.

A	B
1. to report (a crime)	a. el fiscal
2. prisoner, detainee	b. las huellas dactilares
3. "gatekeeping"	c. el sospechoso
4. D.A. (District Attorney)	d. denunciar
5. trial	e. el proceso
6. life term (imprisonment)	f. el incendio
7. fingerprints	g. el preso
8. burglary, breaking and entering	h. la muestra
9. larceny	i. el «guardabarrera»
10. suspect	j. la encuesta
11. arson	k. la cadena perpetua
12. survey	l. el escalamiento
13. sample	m. el hurto

Ejercicio 7   Complete each statement with the appropriate word(s).
1. Si uno quiere una _____ cuyos resultados sean válidos, es necesario
   tener una _____ bastante grande.
2. No hay duda que él es un _____ en el caso pero todavía no hay
   suficiente evidencia para detenerlo.

3. Durante la investigación no pudieron detectar (encontrar evidencia) de sus _____ en el lugar del escalamiento.
4. La _____ y la condena a muerte son las sentencias más graves que hay.
5. Muchos crímenes no se _____ porque la víctima del crimen tiene miedo de _____ el crimen.
6. El está libre bajo fianza hasta la fecha del _____.
7. El _____ se encarga de la investigación que se hace previo al arresto.
8. El _____ es el acto de prenderle fuego a un edificio.

COMPRENSION

Ejercicio 1   Answer.
1. ¿Qué hay que tener para evaluar los esfuerzos para controlar el crimen?
2. ¿Qué mantienen las agencias involucradas en el sistema penal?
3. ¿Cuáles son los ocho delitos del «índice» en que se basan los informes uniformes sobre el crimen?
4. Recientemente, ¿cuántos escalamientos conocidos por la policía hubo?
5. De esta cifra, ¿cuántos resultaron en arresto?
6. ¿Cuántos resultaron en proceso y condena?
7. ¿Por qué no se pueden usar los bancos de huellas dactilares para preparar un censo preciso del número de criminales actuales?
8. De todos los delitos cometidos, ¿qué porcentaje es denunciado?

Ejercicio 2   True or false?
1. Se registran todas las personas arrestadas.
2. Se registran también los sospechosos previo al arresto.
3. Los fiscales tienen que preparar informes estadísticos anuales.
4. La estadística básica es el número de delitos conocidos por la policía.
5. Los delitos conocidos por la policía son los delitos denunciados o descubiertos.
6. Los delitos conocidos por la policía son resueltos también.
7. Todos los delitos son denunciados.

Capítulo 21
EL CONTROL Y
LA PREVENCION
DEL CRIMEN

Los objetivos del sistema de justicia

Los objetivos más importantes del sistema de justicia penal son el control del crimen por medio de la resolución de delitos, la aprehensión de sospechosos, el procesamiento y encarcelamiento de los delincuentes y la prevención del crimen por este procesamiento u otros medios. El objetivo de control trata de la situación actual y depende del descubrimiento de comportamiento criminal pasado o anterior, mientras que la prevención mira hacia adelante, prediciendo y previniendo delitos futuros por medio de intervenciones presentes.

A veces los dos propósitos son tan estrechamente vinculados que es difícil distinguir entre los dos. Por ejemplo, el propósito de la aprehensión y condena y el encarcelamiento del reo puede ser la rehabilitación con la meta de prevenir delitos futuros. El uso de coches de patrulla obviamente identificados en zonas de mucho crimen puede tener el propósito de disuadir a los potenciales delincuentes y así prevenir el delito. Es obvio que los dos propósitos se entrelazan, aunque a uno o al otro se le da prioridad. El uso de la fuerza por la policía es primeramente cuestión de control, pero la exhibición de la fuerza por la policía tiene miras al futuro y así tiene una función preventiva.

La detección, la aprehensión, la condena y el encarcelamiento

Estos son los propósitos más inmediatos, directos y tradicionales del sistema de justicia penal. Existen dos maneras de efectuarlos. Una sostiene que el proceso del sistema de justicia penal debe emplearse con frecuencia, con rigor y en su totalidad contra los delincuentes. La otra sostiene que un sistema mejor y más efectivo puede lograrse cuando el sistema actúa renuente[1], y cuando su propósito es de desviar a cuantos sospechosos sea posible del proceso de justicia penal, o, si el arresto y condena tienen lugar, apartar a los reos del sistema lo antes posible.

---

[1]*reluctantly, unwillingly*

La efectividad de la primera posición se mide mediante altas tasas de aprehensión, el cargo del delito más grave posible, la condena de los convictos según el cargo y la condena a las penas máximas. La posición contraria pide el arresto sólo bajo condiciones extraordinarias, el desvío de los acusados a otras agencias y, al procesar a los acusados, cargarlos sólo según lo que parece ser lo mejor para el individuo y, después de la condena, ponerle en libertad condicional o en una facilidad correccional comunitaria por un corto período de tiempo.

La prueba más común de la efectividad de los dos métodos será la de medir el nivel de reincidencia, para determinar si el número de convictos que comete delitos nuevos sube o baja según la manera en que se les procesó por el sistema. Esto es difícil de determinar con precisión. Por ejemplo, ¿durante cuánto tiempo hay que vigilar a la persona para ver si comete algún delito nuevo? ¿Se considera reincidencia un delito menor cometido por una persona condenada alguna vez por homicidio? ¿Hay que cometer el mismo delito para que se considere reincidencia?

Aunque el uso del castigo—tal como muchos años de encarcelamiento—se emplea con el propósito de disuadir a otros delincuentes potenciales, el encarcelamiento también tiene el propósito de hacer del reo un ciudadano observante de la ley. A veces las sentencias de encarcelamiento por muchos años se imponen para «darle una lección» al delincuente. Si el delincuente se ve reformado por la prisión o sencillamente tiene demasiado miedo para poder cometer nuevos delitos, no importa. El castigo se ha aceptado desde siglos como una manera de cambiar el comportamiento, de obligar a la conformidad. El propósito punitivo no ha desaparecido. Sus proponentes mantienen que el castigo es mucho más eficaz para «reformar» a los malhechores que las técnicas del trabajo social u otras formas de rehabilitación.

El desalentar a delincuentes potenciales

Otra meta del sistema de justicia penal es la de evitar el delito deteniendo o ahuyentando a los potenciales malhechores. El sistema emplea dos métodos importantes para evitar el crimen. El primero se basa en la idea de establecer la confianza en la certeza del procesamiento de justicia penal y el segundo en la esperanza de que la severidad de las reacciones oficiales cuando los reos son aprehendidos les disuadirá a otros de iniciar actividades delictivas. Con este fin está el deseo de hacer que el sistema de justicia penal sea omnipresente, visible, seguro y rápido, pero no hay ningún acuerdo sobre cómo lograrlo.

ESTUDIO DE PALABRAS

Ejercicio 1   Study the following cognates that appear in this chapter.

el objetivo	el comportamiento	el delincuente
el control	la intervención	la prioridad
el crimen	la rehabilitación	el uso
la aprehensión	el gol	la fuerza
la prevención	la zona	la detección

el sistema	criminal	prevenir
la justicia	penal	distinguir
el convicto	efectivo	disuadir
la facilidad	observante	vigilar
la sentencia	reformado	obligar
el encarcelamiento	punitivo	
la conformidad	correccional	
el proponente	comunitario	
el sospechoso	potencial	

Ejercicio 2   Match the word in Column A with its equivalent in Column B.

A	B
1. la condena	a. el descubrimiento
2. el proponente	b. necesitar, compeler
3. obligar	c. lo contrario de «persuadir»
4. vigilar	d. diferente o cambiado en sentido
5. reformado	positivo
6. la conformidad	e. cuidar muy bien
7. disuadir	f. la sentencia
8. la detección	g. la semejanza
	h. el que está en favor

Ejercicio 3   Match the verb in Column A with its noun form in Column B.

A	B
1. obligar	a. la prevención
2. proponer	b. la intervención
3. detectar	c. la detección, el detective
4. rehabilitar	d. la distinción
5. controlar	e. el control
6. distinguir	f. la proposición, el proponente
7. prevenir	g. la obligación
8. intervenir	h. la rehabilitación

Ejercicio 4   Complete each expression with the appropriate word(s).

1. crime control   el _____ del crimen
2. crime prevention   la _____ del crimen
3. criminal behavior   el comportamiento _____
4. high crime areas   las zonas de mucho _____
5. potential criminal   el delincuente _____
6. use of force   el _____ de la fuerza
7. criminal justice system el _____ de
                          _____ penal
8. community correctional   una facilidad _____
   facility   comunitaria

Ejercicio 5   Match the English word or expression in Column A with its
Spanish equivalent in Column B.

A	B
1. solving	a. el procesamiento
2. trial, prosecution	b. la libertad condicional (provisional)
3. guilty one, offender, criminal	c. evitar
4. goal	d. la resolución
5. patrol car	e. el reo
6. charge	f. el cargo
7. to divert	g. la meta
8. to avoid	h. el nivel de reincidencia
9. maximum penalty	i. el coche de patrulla
10. probation	j. el malhechor
11. level of recurrence	k. desviar
12. wrongdoer	l. la pena máxima
13. recurrence (of a crime)	m. el reincidente
14. second-time (repeat) offender	n. la reincidencia

Ejercicio 6   Complete each statement with the appropriate word(s).
1. La _____ de un caso criminal no es una tarea fácil.
2. El _____ es el que es culpable de haber cometido un delito.
3. Algunos están en favor de la condena a _____ y otros son
   proponentes de la rehabilitación.
4. El _____ es el que hace cosas malas, o sea, cosas que no debe hacer.
5. Muchos ciudadanos ordinarios tratan de _____ las zonas de mucho
   crimen porque tienen miedo de frecuentarlas.
6. El propósito del _____ es el de vigilar las calles para prevenir
   crímenes.
7. La _____ es menos grave que el encarcelamiento.
8. Es la segunda vez que le han acusado y condenado del mismo delito. Es un
   _____.
9. El _____ tiene lugar después de cargar al sospechoso de haber
   cometido el delito.
10. Una _____ del sistema de justicia penal es la prevención de
    crímenes.

Ejercicio 7   Give the word or expression being defined.
1. el culpable
2. la falta que se echa a alguien
3. apartar, alejar
4. la penalidad
5. el coche del policía
6. el que hace algo malo
7. el gol
8. el acto de hacerlo de nuevo, la repetición, la reaparición

COMPRENSION

Ejercicio 1   Complete each statement with the appropriate word(s).
1. Los objetivos más importantes del sistema de justicia penal son
   _____ y _____ del crimen.
2. Los propósitos más inmediatos del sistema de justicia penal son
   _____, _____, _____ y _____.
3. Existe el deseo de hacer _____, _____, _____ y
   _____ el sistema de justicia penal.

Ejercicio 2   Select the appropriate word(s) to complete each statement.
1. El objetivo del control del crimen trata de la situación (actual / futura).
2. El objetivo de la prevención del crimen trata de la situación (actual / futura).
3. El uso de la fuerza por parte de la policía es cuestión de (control / prevención).
4. La exhibición de la fuerza por la policía es una función de (control / prevención).

Ejercicio 3   Answer.
1. ¿De qué depende el control del crimen?
2. ¿De qué depende la prevención del crimen?
3. ¿Cómo están los propósitos del control del crimen y los de la prevención del crimen estrechamente vinculados?
4. ¿Cómo puede el coche de patrulla controlar el crimen?
5. ¿Cómo puede el coche de patrulla prevenir el crimen?
6. ¿Cuál es el propósito del uso del castigo?

Ejercicio 4   Explain.
1. Existen dos maneras de efectuar los propósitos del sistema de justicia penal. Las dos maneras se basan en filosofías y métodos muy distintos. ¿Cuáles son las dos filosofías o métodos?
2. ¿Cómo se puede evaluar la efectividad de los dos métodos?
3. ¿Por qué es difícil efectuar tal evaluación?

Capítulo 22
LAS AGENCIAS Y
LOS PERSONAJES

Las fuentes de personal

Lo más característico del sistema de justicia penal en los EE.UU. es la separación y autonomía de las diferentes agencias y jurisdicciones.

Policías Con la posible excepción de la FBI, los policías son reclutados entre los graduados de la escuela superior y reciben su entrenamiento en su propia agencia. Algunos estados y algunas grandes ciudades tienen sus propias academias para entrenar a sus policías. Hasta hace poco, no se daban cursos sobre la justicia penal en las universidades, y todavía es raro que se requiera educación universitaria para trabajo policíaco. Además, los ascensos en la jerarquía policial dependían casi siempre de la experiencia y los años de servicio en lugar de la educación y el entrenamiento.

Jueces En casi todas partes, los jueces y los fiscales tienen que ser abogados, y esto requiere haberse recibido el título de doctor en derecho.

Personal de corrección En esta categoría hay personas con diferentes responsabilidades y antecedentes. Las agencias institucionales son prisiones, reformatorios, cárceles y hogares para delincuentes juveniles. Las agencias reclutan personal para dos propósitos: custodia y tratamiento. Los oficiales de custodia supervisan a los prisioneros, mantienen el orden y la seguridad y típicamente son reclutados y entrenados de manera similar a los policías. El personal profesional de tratamiento tiene responsabilidades de clínica y de educación; normalmente tiene título universitario, algunos con preparación a nivel de posgrado.

Las agencias de libertad condicional o bajo palabra Durante el siglo pasado la tarea de supervisión de personas bajo libertad condicional o bajo palabra les tocaba a voluntarios de la comunidad que prometían ayudar a los convictos a reintegrarse a la comunidad. Hoy la libertad condicional se supervisa por la corte y es un servicio municipal o del condado, mientras que la libertad bajo palabra, que tiene que ver con la supervisión de prisioneros liberados de las prisiones estatales antes de terminar su sentencia, es un servicio estatal. Las habilidades requeridas de los profesionales en ambos servicios son casi idénticas: preparación a nivel de posgrado en trabajo social o en similares ciencias del comportamiento.

Las juntas de libertad bajo palabra Las juntas deciden cuándo y bajo qué circunstancias se ponen en libertad a los convictos antes de terminar su sentencia. Las juntas son casi siempre independientes de los sistemas penitenciarios para proveer un contrapeso[1] dentro del proceso de corrección. En la mayoría de los estados, los miembros de las juntas son nombrados por el gobernador a un término de cinco o seis años.

La selección de fiscales En casi todas las jurisdicciones locales el fiscal general es un oficial electo. Los fiscales federales son nombrados por el Presidente y sirven a su voluntad. En algunos estados el fiscal general del estado es nombrado por el gobernador y aprobado por la legislatura. Las elecciones para fiscales son, típicamente, cada dos años.

La selección de jueces En casi todos los estados los jueces son propuestos como candidatos por los partidos políticos y elegidos a base de partido. En nueve estados los jueces son nombrados por el gobernador. En el sistema federal los jueces son nombrados por el Presidente con el consentimiento del Senado. En cinco estados los jueces son nombrados por la legislatura. Los jueces federales tienen cargo vitalicio[2], pero en algunos estados sirven hasta sólo cuatro años. Lo más común es un término de seis a quince años.

Los abogados de defensa El papel histórico del abogado de defensa ha sido de representar a los acusados en el juicio. A pesar de que la Constitución garantiza el juicio ante jurado, hasta recientemente el acusado que no tenía dinero para un abogado no tenía derecho a representación durante el juicio ni en cualquier otra etapa del proceso. En 1932 se determinó que los acusados pobres tenían derecho a un abogado en casos capitales «con pena de muerte». En 1963 la Corte Suprema declaró que los acusados pobres en todos los estados tenían derecho a representación durante el juicio si existía la posibilidad de «una sentencia de encarcelamiento considerable». Hoy el derecho a representación incluye varias «etapas críticas» en el proceso penal, desde la interrogación por la policía, hasta la apelación y varias determinaciones poscondena.

---

[1]*counterbalance*   [2]*for life, lifetime*

ESTUDIO DE PALABRAS

Ejercicio 1 Study the following cognates that appear in this chapter.

la separación	el delincuente juvenil	el convicto
la autonomía	la custodia	la sociedad
la agencia	el tratamiento	la circunstancia
la policía	el prisionero	la sentencia
la academia	el personal	el sistema
la categoría	la clínica	la elección
la responsabilidad	la educación	el oficial
la prisión	el voluntario	el candidato
el reformatorio	la comunidad	el partido político

el Senado   institucional   supervisar
la legislatura   profesional   mantener
el acusado   penitenciario   reintegrarse
la interrogación   electo   representar
la policía
la apelación
la ciencia

Ejercicio 2   Give the word or expression being defined.
1. la condena
2. el total de individuos que viven sometidos a leyes comunes
3. el acusado y culpable (reo) de un delito
4. entrar de nuevo con el propósito de funcionar
5. el que está encarcelado
6. la acción de guardar o vigilar a alguien
7. una escuela para delincuentes
8. la obligación

Ejercicio 3   Complete each expression with the appropriate word(s).
1. police academy   la _____ policial
2. correction personnel   el _____ de corrección
3. professional personnel   el personal _____
4. community volunteer   el _____ de la comunidad
5. penitentiary system   el _____ penitenciario
6. juvenile delinquent home   el hogar para los _____
7. elected official   el _____ electo
8. political party   el partido _____
9. police interrogation   la _____ por la policía
10. to represent the accused   _____ al acusado
11. behavioral sciences   las _____ de
                               comportamiento

Ejercicio 4   Match the English word or expression in Column A with its Spanish equivalent in Column B.

A	B
1. judge	a. el abogado
2. attorney general	b. el abogado de defensa
3. district attorney	c. el juicio ante jurado
4. lawyer	d. la corte
5. court	e. el juez
6. trial by jury	f. la cárcel
7. defense lawyer	g. el fiscal general
8. parole board	h. el fiscal
9. parole	i. reclutar, el reclutamiento

10. safety   j. el entrenamiento
11. prison warden   k. la libertad bajo palabra
12. jail   l. el oficial de custodia, el custodio
13. training   m. la seguridad
14. to recruit, recruitment   n. la junta de libertad bajo palabra

Ejercicio 5   Complete each statement with the appropriate word(s).
1. Es el _____ que representa al acusado.
2. Antes de ser agente de policía, hay que recibir _____ especial. Existen academias policiales que proveen este _____.
3. _____ se encarga de la _____ de los presos o prisioneros.
4. Los prisioneros están detenidos en la _____ y los oficiales de custodia trabajan en la _____.
5. La _____ decide quién puede salir de la cárcel antes de terminar su sentencia.
6. Bajo la constitución de la nación, todo ciudadano acusado de (denunciado por) un delito mayor tiene derecho a un _____.
7. El _____ es, a veces, un oficial electo.
8. El _____ determina el castigo o la sentencia.
9. El _____ tiene su doctorado en derecho.
10. Los departamentos de policía _____ sus agentes potenciales en las escuelas secundarias.

COMPRENSION

Ejercicio 1   Answer.
1. ¿Dónde se reclutan la mayoría de los policías?
2. ¿Cuál es una especialización reciente en las universidades de los EE.UU.?
3. ¿Qué tienen que ser los jueces y los fiscales?
4. ¿Cuáles son algunas instituciones penales?
5. ¿Qué tipo de personal reclutan estas instituciones?
6. ¿Qué hacen los oficiales de custodia?
7. Hoy día, ¿cómo se supervisa la libertad condicional?
8. ¿Qué necesitan los profesionales que son responsables por los individuos bajo libertad condicional o libertad bajo palabra?
9. ¿Quiénes deciden cuándo y bajo qué condiciones se ponen en libertad a los convictos antes de terminar su sentencia?
10. ¿Cómo son elegidos los jueces?
11. En el sistema federal, ¿cómo son nombrados los jueces?
12. ¿Cuál es el papel del abogado de defensa?
13. ¿Qué quiere decir «vitalicio»?

Ejercicio 2   Complete each statement with the appropriate word(s).
1. En la mayoría de los estados los miembros de las juntas de libertad bajo palabra son _____.
2. En casi todas las jurisdicciones locales el fiscal general es _____.
3. Los fiscales federales son _____.
4. Los acusados pobres (sin recursos) tienen derecho _____.

Capítulo 23
PROPOSITOS Y FUNCIONES DEL SISTEMA PENAL

El mayor objetivo del sistema de justicia penal es el de controlar el crimen y de mantener el orden público. Para algunos, esto se logra con el castigo rápido y severo y se basa en antecedentes históricos, en conceptos tradicionales sobre la naturaleza humana, el pecado y el arrepentimiento. Para otros, basándose en las ciencias sociales y los conceptos modernos sobre el comportamiento, la personalidad y el cambio, el enfoque debe ser sobre la rehabilitación del ofensor y el trato compasivo y humano.

Las funciones

La función punitiva es quizás la más antigua. Es la idea bíblica de un ojo por un ojo. Una meta de la función punitiva es la de imponer la conformidad castigando al malhechor, tal como se entrena a un perro por medio del castigo y se castiga al niño para enseñarle a obedecer. También la función punitiva tiene la meta de disuadir a delincuentes potenciales, mostrándoles el castigo que les espera si cometen un delito.

Los códigos penales tienen como fundamento la aplicación del castigo en proporción a la gravedad del delito. No obstante, en la función punitiva, no se pretende considerar los intereses de los procesados. Desde el principio del proceso el sentido del castigo es evidente— en el comportamiento de los policías, en la necesidad que tiene el fiscal de un veredicto de culpabilidad para mantener el apoyo de la comunidad, en la formalidad y severidad del proceso en el tribunal y, por último, en el ambiente duro y deshumanizador de la prisión.

La función de disuasión La función de disuasión está estrechamente ligada con la función punitiva. Es el argumento básico a favor de las condenas severas, incluso la pena de muerte. La función de disuasión tiene una base aún más amplia. La exhibición de la fuerza puede imponer la conformidad tan bien o mejor que el uso de la fuerza. Por consiguiente, las prácticas de todas las agencias del orden se ven afectadas por el objetivo de la disuasión. La omnipresencia de las patrullas de policía, las deliberaciones secretas del gran jurado de acusación, los procesos y juicios ante el público, los dictámenes de los magistrados y jueces y la presencia de las prisiones y penitenciarías no solamente muestran la naturaleza punitiva del sistema, sino que muestran que el sistema está dispuesto a intervenir. Siempre que la toma de una decisión con respecto a un sospechoso, un acusado o delincuente se basa en parte en el probable efecto que tendrá sobre otros, incluso el público, la función de disuasión ha sido servida.

La función protectora de la comunidad Se espera que el sistema de justicia penal proteja a la comunidad de las continuas depravaciones de los delincuentes. Con este fin, se les permite a las autoridades aprehender y restringir a sospechosos y malhechores. El mayor poder restrictivo se ve en el encarcelamiento bajo seguridad máxima. De hecho, el propósito primordial del encarcelamiento es la restricción e incapacitación de los criminales para la protección de la comunidad. Las fianzas altas para la libertad bajo fianza y la detención preventiva son también aspectos de la función protectora. También lo son las decisiones en cuanto a los términos de condena, los programas de las prisiones y los criterios para conceder la libertad condicional o la libertad bajo palabra.

La función correctiva Se espera que el sistema de justicia penal, de alguna manera, pueda reformar y rehabilitar a los convictos. Se reconoce que casi todas las personas procesadas, hasta aquéllas a quienes se les ha impuesto la sentencia de cadena perpetua, algún día volverán a la comunidad. Por eso es importante que las prisiones y otras agencias traten de rehabilitar a los convictos cambiando sus actitudes y enseñándoles nuevas destrezas vocacionales. También tratan de reintegrarlos, ayudándoles en el ajuste a la vida normal de la comunidad.

A pesar de que la función correctiva ha sido casi siempre responsabilidad de las agencias como las prisiones y los servicios de libertad condicional, todas las áreas del sistema de la justicia penal tienen un papel en la función correctiva. La policía, por ejemplo, toma decisiones que pueden tener mucho efecto en el futuro del individuo. El uso de la fuerza, su comportamiento hacia el detenido, etc., pueden endurecer las actitudes criminales o, por lo contrario, tener el efecto positivo de crear en el detenido un respeto hacia la policía y, en general, hacia el sistema judicial. La policía influye mucho en la rehabilitación de los delincuentes.

ESTUDIO DE PALABRAS

Ejercicio 1 Study the following cognates that appear in this chapter.

el orden público	el código	la condena
la naturaleza	el fundamento	la exhibición
las ciencias	la aplicación	el uso
la personalidad	el interés	la fuerza
el enfoque	el veredicto	la omnipresencia
la rehabilitación	la culpabilidad	las patrullas de
el ofensor	la comunidad	policías
la función	la prisión	las deliberaciones
la conformidad	la función	el dictamen
el delincuente	la disuasión	el efecto

social	secreto	imponer
humano	correctivo	disuadir
compasivo	máximo	cometer
punitivo	penal	considerar
potencial	criminal	conceder
anormal	potencial	mantener
deshumanizador	vocacional	rehabilitar
severo	judicial	

Ejercicio 2 Match the verb in Column A with its noun form in Column B.

A	B
1. mantener	a. la restricción
2. rehabilitar	b. la aprehensión
3. reformar	c. la intervención
4. imponer	d. la protección
5. disuadir	e. la concesión
6. cometer	f. la corrección
7. considerar	g. la prevención
8. exhibir	h. la detención
9. usar	i. la deliberación
10. deliberar	j. el uso
11. detener	k. la exhibición
12. prevenir	l. la consideración
13. corregir	m. la comisión
14. conceder	n. la disuasión
15. proteger	o. la imposición
16. intervenir	p. la reforma
17. aprehender	q. la rehabilitación
18. restringir	r. el mantenimiento

Ejercicio 3 Complete each expression with the appropriate word(s).

1. social sciences	las ciencias _____
2. human nature	la naturaleza _____
3. punitive function	la función _____
4. criminal attitude	la actitud _____
5. abnormal behavior	el comportamiento _____
6. potential criminals	los delincuentes _____
7. to maintain the public order	_____ el orden público
8. to commit a crime	_____ un delito
9. penal code	el código _____
10. show of force	la exhibición de _____
11. use of force	el uso de _____

12. police patrols	las patrullas de _____
13. function of disuasion	la función de _____
14. corrective function	la _____ correctiva
15. secret deliberations	las deliberaciones _____
16. probable effect	el probable _____
17. maximum security	la seguridad _____
18. prison programs	los programas de las _____
19. dehumanizing environment	el ambiente _____
20. to impose conformity	_____ la conformidad
21. vocational skills	las destrezas _____
22. judicial system	el sistema _____
23. normal life	la vida _____
24. to rehabilitate the convict	_____ al convicto

Ejercicio 4   Match the English word or expression in Column A with its Spanish equivalent in Column B.

A	B
1. behavior, conduct	a. el cambio
2. change	b. el detenido
3. seriousness of the crime	c. el procesado
4. prosecuted, indicted (person)	d. la gravedad del crimen
5. court	e. el gran jurado de acusación
6. death sentence	f. la conducta, el comportamiento
7. life imprisonment	g. el tribunal
8. detainee	h. en libertad bajo fianza
9. free (out) on bail	i. la cadena perpetua
10. grand jury	j. la pena de muerte

Ejercicio 5   Complete each statement with the appropriate word(s).
1. Las dos sentencias más graves del sistema penal son _____ y _____.
2. La corte supervisa o vigila a los que están en _____.
3. _____ es la corte.
4. El _____ es el acusado.
5. La _____ determina el castigo.
6. Muchos delincuentes tienen un _____ criminal.
7. El _____ es el arrestado o el preso.
8. El _____ conduce investigaciones previas a la denuncia o acusación.

COMPRENSION _____

Ejercicio 1   Answer.
1. Para algunos, ¿cómo se logra controlar el crimen?
2. Para otros, ¿qué debe ser el enfoque para controlar el crimen y mantener el orden público?
3. ¿Cómo puede la función punitiva disuadir a delincuentes potenciales?
4. ¿Por qué se les permite a las autoridades aprehender y restringir a sospechosos y malhechores?
5. ¿Qué se espera que pueda hacer el sistema de justicia penal?
6. ¿Qué les pasará a la mayoría de las personas procesadas incluyendo a aquéllas con sentencia de cadena perpetua?
7. ¿Qué hacen las prisiones para tratar de reintegrar a los convictos a la sociedad?
8. ¿Cómo puede afectar a los criminales el comportamiento de los policías?

Ejercicio 2   Complete each statement with the appropriate word(s).
1. Dos objetivos del sistema de justicia penal son _____ y _____.
2. Una meta (Un gol) de la función punitiva es _____.
3. La aplicación del castigo se considera en proporción a _____.
4. Algunas prácticas que tienen como objetivo la disuasión son _____ y _____.
5. Dos funciones de la función protectora del sistema penal son _____ y _____.

Ejercicio 3   True or false?
1. En la función punitiva hay que considerar los intereses de los procesados.
2. La función de disuasión es el argumento básico a favor de las condenas severas.
3. El propósito principal del encarcelamiento es la restricción e incapacitación de los criminales para la protección de la comunidad.

Capítulo 24
LA POLICIA (I)

La policía, como cuerpo profesional, es relativamente reciente en la historia. La policía es la agencia más grande en el sistema penal. La policía emplea a más personas que la totalidad de todas las otras agencias. La mayor parte del tiempo la policía se dedica a funciones de servicio tales como el control del tránsito, los desfiles, funerales y emergencias de varias clases que no se relacionan con el crimen. El típico agente de policía dedica sólo el 10% al 15% de su tiempo a actividades de control del crimen.

Todos los centros metropolitanos, ciudades medianas, pueblos y aldeas tienen sus cuerpos de policía. Las áreas rurales tienen su sheriff y gozan de la protección de la policía del estado. También hay policías federales incluso, pero no sólo, la FBI, policías de parques, de tránsito, policías militares y varios otros. Además, hay policías privados, o guardias de seguridad, que protegen fábricas, comercios y edificios. También hay policías aficionados, los «vigilantes» contemporáneos, que son asociaciones de ciudadanos voluntarios que patrullan su vecindad[1].

Historia

En la Inglaterra antigua todo ciudadano tenía la obligación de ayudar y defender a su vecino contra bandidos. Se llamaba «el sistema de promesa». Cada uno prometía proteger a su vecino y así asegurar su propia protección. Diez familias—llamado un «diezmo»—se unían bajo promesa de cooperar en vigilar la vecindad. Diez diezmos constituían un centenar, dirigido por un condestable (nombrado por el noble local) quien, efectivamente, era el primer policía, es decir, el primer oficial con responsabilidad de hacer cumplir la ley. Más tarde los centenares se agrupaban en «shires» o condados. Para cada condado el rey nombraba un supervisor que se llamaba el «shire reeve» de donde viene el nombre moderno de «sheriff». En el siglo XIV se introdujo el sistema de ronda en las ciudades y pueblos grandes. Estos guardias patrullaban y vigilaban, alertas por ladrones o incendios. En España se les llamaban «serenos». Ellos daban la hora en voz alta, y si no había problema, decían «y sereno». En 1829 Sir Robert Peel organizó el primer cuerpo metropolitano de policía en Londres. Por primera vez los policías llevaban uniforme, pero no armas, y hasta hoy no las llevan. En los EE.UU. el condestable fue reemplazado por el *marshall* del pueblo, quien pedía la

---

[1]*neighborhood*

ayuda de ciudadanos vigilantes para aprehender criminales. En 1838 la ciudad de Boston estableció el primer departamento de policía. Después, Nueva York en 1844 y Filadelfia en 1854.

La discreción

El pueblo piensa que la policía debe hacer respetar todas las leyes penales uniformemente, sin miedo ni favor. En teoría es así, pero en la práctica, no. La discreción de la policía, es decir, decidir cuáles leyes respaldar con vigor y cuáles de manera menos intensa, y a cuáles sospechosos aprehender y a cuáles poner en libertad, es una realidad en todas partes. La embriaguez pública es un delito menor. ¿Debe el policía arrestar a todo borracho que encuentre en la calle? Los juegos de azar (la ruleta, etc.) son ilegales, pero las loterías de los estados, no. ¿Debe el policía arrestar a un grupo de amigos que juegan al póker? En estos casos el policía emplea su discreción.

Los detectives

Los detectives gozan de mayor prestigio que los policías uniformados aunque no necesariamente de mayor rango. La jerarquía paramilitar de la policía no toma en cuenta la diferencia entre detectives y policías. Los rangos son como en el ejército— sargento, teniente, capitán, etc. A pesar de lo que cree el público, los detectives dedican la mayor parte de su tiempo repasando informes, revisando archivos y tratando de encontrar y entrevistar a las víctimas en casos que probablemente nunca se resolverán. El público y en particular los jurados esperan que los detectives empleen técnicas científicas como las huellas dactilares, la ADN (DNA), informes balísticos, análisis espectográficos de evidencia física. En realidad, todos estos medios científicos rara vez sirven para identificar a un sospechoso. Lo que más determina si un caso se resolverá es la información que le da la víctima al primer agente de policía que llega al escenario. Casi siempre, si no se obtiene esta información, no se identificará al delincuente. Hasta en los casos en que no hubo identificación inicial y el sospechoso todavía fue aprehendido, el arresto es el resultado de procedimientos policiales rutinarios y no del trabajo de los detectives.

Las técnicas de los detectives La herramienta más valiosa para los detectives es la interrogación. Normalmente la víctima y los testigos son interrogados para confirmar la información que recogió el primer policía en llegar. Pero la interrogación después del arresto es casi exclusivamente una función del detective. Los detectives, como todo policía, dependen mucho de la confesión para resolver casos criminales. El aviso Miranda, el cual le obliga a la policía informarle al detenido de sus derechos, tiene el propósito de evitar abusos en la interrogación. La práctica de registrar o anotar el ingreso en custodia policial de un individuo se introdujo en la primera parte de este siglo para impedir la práctica de guardar incomunicados a los sospechosos. A los sospechosos se les llevaba de un lugar a otro mientras continuaba la interrogación. Ni a la familia se les informaba del paradero del individuo.

ESTUDIO DE PALABRAS _____

Ejercicio 1   Study the following cognates that appear in this chapter.

la policía	la discreción	paramilitar
la totalidad	la embriaguez	policial
la función	el detective	incomunicado
el control	el prestigio	criminal
el funeral	la jerarquía	científico
la emergencia	la información	
el agente de policía	la confesión	dedicarse
el centro	el caso	relacionarse
el cuerpo de policía	la custodia	proteger
el parque	el ingreso	patrullar
el tránsito (el tráfico)	la evidencia	defender
el guardia		respetar
la seguridad	metropolitano	aprehender
la obligación	militar	arrestar
la teoría	uniformado	guardar
la práctica	público	confirmar

Ejercicio 2   Complete each expression with the appropriate word(s).

1. police force   el cuerpo de _____
2. state police   la _____ del estado
3. municipal police   la _____ municipal
4. park police   los _____ de parques
5. traffic police   los _____ de tránsito
6. military police   los policías _____
7. uniformed police   los policías _____
8. private detective   el _____ privado
9. security guard   el _____ de seguridad
10. police officer   el agente de _____

Ejercicio 3   Select the appropriate word to complete each expression.

aprehender   resolver   ingresar
informar   respetar   patrullar
arrestar

1. _____ al sospechoso
2. _____ al sospechoso en custodia policial
3. _____ al delincuente
4. _____ al detenido de sus derechos
5. _____ el caso
6. _____ las calles de la vecindad
7. _____ las leyes

Ejercicio 4   Match the word or expression in Column A with its equivalent in Column B.

A	B
1. la función	a. la prueba
2. la emergencia	b. vigilar
3. la teoría	c. el empleo, el propósito
4. público	d. solucionar
5. detener	e. la urgencia
6. guardar	f. la idea
7. resolver	g. nombrar
8. la evidencia	h. arrestar
9. identificar	i. la acción de cuidar o vigilar a alguien
10. la custodia	j. no privado

Ejercicio 5   Complete each expression with the appropriate word(s).

1. traffic control   el _____ del tránsito
2. police discretion   la _____ de la policía
3. public drunkenness   la embriaguez _____
4. scientific techniques   las técnicas _____
5. physical evidence   la _____ física
6. to gather information   recoger _____
7. routine police procedures   los procedimientos _____ rutinarios
8. to take into police custody   tomar (ingresar) en _____ policial
9. criminal case   el caso _____
10. to keep incommunicado   guardar _____

Ejercicio 6   Match the English word or expression in Column A with its Spanish equivalent in Column B.

A	B
1. to back up, support	a. las huellas dactilares
2. rank	b. los juegos de azar
3. report	c. el testigo
4. to interview	d. respaldar
5. fingerprints	e. el rango
6. witness	f. llegar al escenario
7. whereabouts	g. el informe
8. to arrive on the scene	h. el paradero
9. to inform the accused of his or her rights	i. entrevistar
10. games of chance	j. informarle al detenido de sus derechos

Ejercicio 7   Complete each statement with the appropriate word(s).
1. La ruleta es _____. Los _____ son generalmente ilegales.
2. Nadie sabe dónde está. Su _____ es desconocido.
3. Los detectives quieren _____ e interrogar a los _____, o sea, a los que presenciaron la comisión del delito.
4. El detective tiene que leer y estudiar muchos _____.
5. Los agentes de policía tienen que usar discreción en la determinación de qué leyes penales van a _____ con todo rigor.
6. Muchas veces es el primer policía que _____ que puede resolver el caso.
7. En todos los estados hay bancos de _____ para ayudar a los detectives a encontrar (hallar) a los delincuentes.

COMPRENSION

Ejercicio 1   True or false?
1. La policía es la agencia más pequeña en el sistema penal.
2. La mayor parte del tiempo la policía se dedica a funciones de servicio.
3. La policía dedica la mayor parte de su tiempo al control y a la prevención del crimen.
4. Los guardias de seguridad son policías privados que patrullan la vecindad.
5. Los vigilantes son ciudadanos voluntarios que patrullan la vecindad.
6. Los policías de Nueva York no llevan armas, sólo uniformes.
7. La embriaguez pública es un delito mayor.
8. Los juegos de azar son siempre legales.
9. Por lo general los policías gozan de más prestigio que los detectives.
10. Las técnicas científicas modernas sirven para identificar a la mayoría de los sospechosos.
11. La práctica de registrar (anotar) el ingreso en custodia policial de un individuo no existió siempre.
12. Anteriormente las autoridades llevaban al sospechoso de un lugar a otro guardándolo incomunicado mientras continuaban la interrogación.

Ejercicio 2   Answer.
1. En la Inglaterra antigua, ¿quiénes tenían la obligación de ayudar y defender a su vecino?
2. ¿Quién era el primer policía?
3. ¿Cuándo y dónde se organizó el primer cuerpo de policías?
4. ¿Cuál fue la primera ciudad estadounidense en establecer un cuerpo de policías?

5. ¿A qué dedican la mayor parte de su tiempo los detectives?
6. ¿Qué determina con más seguridad si se resolverá un caso criminal o no?
7. ¿Cuál es la herramienta más valiosa para los detectives?
8. Según el aviso Miranda, ¿de qué tiene que informarle al detenido el policía o el detective?

Ejercicio 3   Follow the directions.

Explique cómo el agente de policía tiene que usar discreción para decidir cuáles de las leyes penales va a respaldar con vigor y cuáles de manera menos intensa.

La investigación e identificación

El proceso de justicia penal comienza cuando la policía sospecha que se ha cometido un delito, o que se va a cometer, y cuando se investiga la situación para verificar si existe o no la posibilidad de actividad criminal. Las sospechas de la policía se basan en tres factores: (1) la denuncia de la víctima; (2) la observación del crimen por un policía; (3) la búsqueda de actividad criminal por la policía.

El primero ocurre cuando la policía recibe una denuncia inicial que indica que se ha cometido un delito. Normalmente, todas las denuncias inician investigaciones que varían en intensidad según el tipo de crimen que se denuncia, la credibilidad del denunciante y otros factores. El segundo ocurre cuando un policía, durante una patrulla rutinaria, observa algo anormal en la calle—alguien que sale corriendo de un almacén a primera hora de la mañana, un automóvil limpio con placa de matrícula sucia o similar—que según su experiencia indica la posibilidad del delito. El policía en patrulla también puede ser testigo de un crimen en flagrante, o lo que parece ser crimen.

La interrogación en el lugar La observación de actividades o personas sospechosas les provee a los policías suficiente indicación para investigar más. Cuando tienen causa razonable para sospechar que alguien había cometido, cometía, o estaba a punto de cometer un crimen, los agentes normalmente detienen e interrogan al sospechoso. Esto se conoce como «interrogación en el lugar». Por lo general, en este momento la policía no tiene bastante evidencia para un arresto. No obstante, los agentes rutinariamente se dirigen a las personas que se encuentran cerca del escenario de un delito o que de alguna manera parecen sospechosos y les piden identificación. La interrogación en el lugar puede confirmar las sospechas de los agentes y resultar en un arresto, o la persona detenida puede explicar sus acciones satisfactoriamente en cuyo caso se le deja en libertad.

La policía tiene autoridad para detener e interrogar a las personas cuando sus sospechas son razonables. Además, tiene la autoridad para detener e interrogar a: (1) personas en circunstancias sospechosas; (2) los testigos cerca del lugar de ciertos delitos y (3) sospechosos a quienes la policía busca en conexión con delitos mayores anteriores.

El cacheo En algunas jurisdicciones la policía tiene el derecho de cachear a las personas a quienes detienen para interrogarles. El cacheo es un registro corporal rápido del sospechoso solamente para descubrir armas y no para encontrar contrabando. El cacheo sólo puede ocurrir bajo ciertas condiciones específicas cuando el policía tiene por qué creer que está en peligro mortal.

La búsqueda de actividad criminal A veces las investigaciones policíacas originan cuando la policía cree que cierto tipo de delito, del que normalmente no se informa a la policía, ocurre o va a ocurrir en la comunidad. Estas investigaciones a menudo enfocan en los llamados delitos sin víctima: la prostitución, los juegos ilegales, la venta de estupefacientes y otros similares. Estas investigaciones se valen de varias técnicas: los registros de persona y domicilio, el uso de aparatos electrónicos para escuchar a escondidas, la vigilancia y la infiltración clandestina en las organizaciones criminales.

El registro El registro se puede emplear en cualquier momento, antes o después de aprehender a un sospechoso. Después de un arresto legal se le puede registrar a un sospechoso sin necesidad de un mandamiento judicial. Un registro previo al arresto requiere el consentimiento de la persona registrada, o un mandamiento judicial, una orden de la corte que le pide a la policía buscar y llevar a la corte objetos específicos para el uso en el procesamiento de una persona.

La aprehensión/El arresto El arresto quiere decir que se pone a la persona bajo custodia y se le lleva a la comisaría donde se le ingresa o registra. Cuando las infracciones son menores, es común citar a la persona para que comparezca en fecha posterior, en lugar de ponerle bajo custodia física. A veces se le pone al sospechoso en «formación» en una fila con otras personas de apariencia similar (sexo, peso, altura, raza, vestido) para la posible identificación por una víctima o un testigo.

Liberación de custodia Poco después del arresto, los sospechosos son llevados ante un magistrado para determinación de fianza. El intervalo entre arresto y la apariencia ante el magistrado varía de estado en estado. Casi todas las jurisdicciones requieren que esto ocurra dentro de «un período de tiempo razonable» después del arresto.

El aviso Miranda Antes de interrogar a un sospechoso arrestado, hay que leerle sus derechos. Este es el aviso que se le lee. «Ud. tiene el derecho de guardar silencio. Cualquier cosa que diga puede usarse en contra de Ud. en una corte. Ud. tiene el derecho de hablar con un abogado y de tenerlo presente cuando se le interroga. Si no tiene con qué pagar a un abogado, se le nombrará uno para representarle durante cualquier interrogación, si así lo desea Ud. Ud. puede decidir en cualquier momento ejercer estos derechos y no contestar a ninguna pregunta ni hacer ninguna declaración. ¿Comprende Ud. cada uno de los derechos que yo le he explicado? Teniendo en mente estos derechos, ¿quiere Ud. hablar con nosotros ahora?

ESTUDIO DE PALABRAS

Ejercicio 1 Study the following cognates that appear in this chapter.

la investigación	la prostitución	legal
la identificación	la infiltración	menor
el proceso	la organización	bajo custodia
la actividad	el aparato electrónico	suficiente
la observación	el arresto	electrónico
la intensidad	el consentimiento	
el tipo	la infracción	guardar
la credibilidad	el magistrado	sospechar
la patrulla	el intervalo	cometer
la interrogación	la apariencia	investigar
la causa	el período de tiempo	verificar
la evidencia	el silencio	iniciar
el arresto		variar
el escenario	criminal	ocurrir
el crimen	rutinario	enfocar
el arma	anormal	aprehender
el contrabando	razonable	citar
la víctima	clandestino	requerir

Ejercicio 2 Match the verb in Column A with its noun form in Column B.

A	B
1. investigar	a. la apariencia
2. identificar	b. la sospecha, el sospechoso
3. resolver	c. la iniciación, el iniciador
4. sospechar	d. la creencia, la credibilidad
5. cometer	e. la identificación
6. verificar	f. la ocurrencia
7. observar	g. la patrulla
8. iniciar	h. la verificación
9. creer	i. la organización
10. patrullar	j. el enfoque
11. arrestar	k. el consentimiento
12. ocurrir	l. la infiltración
13. enfocar	m. la aprehensión
14. infiltrar	n. el arresto
15. organizar	o. la comisión
16. aprehender	p. la investigación
17. consentir	q. la resolución
18. aparecer	r. la observación

Ejercicio 3   Give the word or expression being defined.
1. donde tuvo lugar el crimen
2. el crimen
3. empezar, comenzar
4. creer posible una cosa
5. la detención
6. lícito
7. no normal
8. el juez
9. el período de tiempo
10. la acción de no hablar, callarse
11. la acción de decir que sí
12. tener lugar
13. la pistola, el cuchillo
14. de todos los días

Ejercicio 4   Complete each expression with the appropriate word(s).

1. criminal activity	la actividad _____
2. to initiate the investigation	iniciar la _____
3. routine patrol	la patrulla _____
4. abnormal behavior	el comportamiento _____
5. on-the-spot interrogation	la _____ en el lugar
6. reasonable (just) cause	la _____ razonable
7. sufficient evidence	la evidencia _____
8. scene of the crime	el escenario del _____
9. victimless crime	el delito sin _____
10. clandestine infiltration	la _____ clandestina
11. hidden electronic devices	los aparatos _____ a escondidas
12. legal arrest	el arresto _____
13. to take into custody	poner bajo _____
14. minor infraction	la infracción _____
15. reasonable period of time	un _____ razonable de tiempo
16. to keep quiet (remain silent)	guardar _____

Ejercicio 5   Match the English word or expression in Column A with its Spanish equivalent in Column B.

A	B
1. reporting (of a crime)	a. el registro de domicilio
2. one who reports	b. el registro corporal
3. crime in progress	c. la vigilancia

4. to detain   d. en peligro mortal
5. to let go, set free, release   e. un crimen en flagrante
6. to frisk   f. la formación
7. body search   g. la liberación de custodia
8. house search   h. ejercer los derechos
9. in danger of (losing) one's life   i. cachear
10. surveillance   j. el mandamiento judicial
11. court order   k. la denuncia
12. release   l. el denunciante
13. bail   m. dejar en libertad
14. police station   n. la comisaría
15. lineup   o. detener
16. to exercise one's rights   p. la fianza

Ejercicio 6   Give the word or expression being defined.
1. un crimen que está ocurriendo en este momento
2. el que decide llamar a la policía para informarle sobre un delito
3. la acusación de un delito
4. hacer lo que uno puede hacer legalmente
5. la acción de vigilar a un individuo sin que él lo sepa
6. entrar legalmente en una casa para ver lo que hay allí
7. registrar de una manera rápida el cuerpo de un individuo
8. una fila de criminales en la comisaría
9. las oficinas de la policía
10. lo que tiene que pagar a la corte o dejar en la corte el acusado para tener su libertad hasta el día de su procesamiento
11. la acción de registrar el cuerpo de un individuo
12. una orden de la corte
13. estar (encontrarse) en una situación en que se puede perder la vida
14. arrestar, aprehender

COMPRENSION

Ejercicio 1   Answer.
1. ¿Cuándo comienza (se inicia) el proceso de justicia penal?
2. ¿En qué factores se basan las sospechas del policía?
3. ¿Cómo puede un agente de policía ser testigo de un crimen?
4. ¿Cómo puede la interrogación en el lugar resultar en un arresto?
5. ¿Cuándo tienen los policías la autoridad para detener e interrogar a las personas?
6. ¿Cuándo puede ocurrir el cacheo?
7. ¿Cómo tienen que investigar los policías muchos tipos de crímenes sin víctima?

8. ¿Cuándo y bajo qué condiciones tienen los policías la autoridad para conducir un registro?
9. ¿Qué quiere decir «el arresto»?
10. ¿Cuál es el propósito de una formación en la comisaría?
11. ¿Adónde llevan a los sospechosos poco después del arresto?
12. ¿Qué es el aviso Miranda?

Ejercicio 2   Identify each of the following terms.
1. la denuncia
2. la patrulla rutinaria
3. el crimen en flagrante
4. la interrogación en el lugar
5. el cacheo
6. un crimen sin víctima
7. el registro
8. la formación

Ejercicio 3   Follow the directions.
Outline the major points of the **aviso Miranda.**

Capítulo 26
ANTES DEL JUICIO

El derecho a fianza

Uno de los mayores valores de nuestro sistema se conoce como la presunción de inocencia. En muchos países, y especialmente en las sociedades totalitarias, la presunción es de culpabilidad. El sistema estadounidense opera sobre una creencia creciente en la culpabilidad. La policía inicia su intervención cuando tienen una sospecha razonable que la persona que detienen, interrogan o cachean ha cometido un delito. De allí se pasa a causa probable para pensar en la culpabilidad del sospechoso cuando se le arresta. Las órdenes de arresto se emiten basadas en la culpabilidad probable, y los fiscales inician un proceso sólo si creen que la persona es culpable. Sólo es durante el juicio que se acepta de pleno la inocencia del acusado y se le carga al Estado con probar lo contrario. En la audiencia sobre fianza, un oficial de la corte determina si el acusado debe ser puesto en libertad antes del juicio o mantenido bajo custodia hasta el juicio. La fianza es la cantidad de dinero que se deposita para asegurar que el acusado se presente ante el juicio. La octava enmienda a la Constitución dice que: «No se requerirá fianza excesiva, no se impondrán multas excesivas, ni se infligirán castigos crueles y descomunales». El propósito de la libertad bajo fianza es de permitir que el acusado vuelva a su hogar, que trabaje y mantenga a su familia y que prepare su defensa contra los cargos.

La detención preventiva

Los criterios para la detención preventiva especifican que el individuo tiene que ser acusado de un delito violento o «peligroso», que la persona tenga por lo menos una condena previa por un delito similar y que el delito actual fuera cometido mientras estaba en libertad bajo fianza, libertad condicional o bajo palabra. Durante la presidencia de Ronald Reagan, el Congreso aprobó legislación que permite la detención preventiva para personas que presentan una amenaza a individuos o a la comunidad.

Algunos acusados pueden ser puestos en libertad bajo su propio reconocimiento *(ROR)*, si el oficial de la corte no cree que esa libertad represente un peligro a ningún individuo o a la comunidad. El ROR se usa con acusados que no tienen dinero para las fianzas y que muestran sus vínculos con la comunidad (residencia, empleo, familia). El uso de ROR comienza en los años 50. El porcentaje de acusados liberados bajo ROR es igual o mayor que los que reciben libertad bajo fianza.

Algunos pasos antes del juicio

Cargar al acusado El fiscal decide cargar al acusado con un delito y determina el delito o delitos.

Presentar el caso Se presenta el caso al gran jurado de acusación para obtener una acusación o cargos formales.

Iniciar el auto de procesamiento Se le obliga al acusado a comparecer ante el tribunal para el auto de procesamiento y para la presentación de alegatos.

Antes del juicio se pueden presentar mociones de varios tipos. Por ejemplo, se puede pedir el traslado de proceso a otra ciudad o localidad si se cree que la publicidad excesiva perjudicaría al acusado. También se presentan «mociones de descubrimiento». El acusado puede pedir al fiscal la evidencia que se usará en su contra: pruebas balísticas, análisis de laboratorio, el número y la identidad de testigos que el fiscal piensa llamar. Estas mociones y los otros procesos pueden durar meses y meses antes de que el caso llegue al juicio. El fiscal también puede presentar mociones para revocar o incrementar la fianza.

El gran jurado de acusación y la audiencia preliminar A veces se emplea una audiencia preliminar en lugar de las deliberaciones de un gran jurado de acusación. El fiscal prepara un informe que describe los delitos y los cargos contra el acusado para presentarlo ante el juez durante una audiencia preliminar. Durante la audiencia preliminar el acusado oye la evidencia que presenta el fiscal. El acusado puede repreguntar a los testigos del fiscal. La jurisdicción federal permite o una audiencia preliminar o un gran jurado de acusación.

El gran jurado de acusación y la audiencia preliminar sirven de «tamiz anterior al juicio», con el propósito de controlar los arrestos por investigación y para asegurar que los fiscales no presenten cargos inapropiados. En realidad, ambos procedimientos tienden a aprobar maquinalmente la decisión del fiscal. Las audiencias preliminares y los grandes jurados de acusación casi siempre resultan en fallos de «causa probable».

ESTUDIO DE PALABRAS

Ejercicio 1   Study the following cognates that appear in this chapter.

el proceso	el análisis	formal
la intervención	el laboratorio	inapropiado
la sospecha	las deliberaciones	probable
la causa	el acusado	preliminar
la orden de arresto	la evidencia	
la enmienda	la causa	iniciar
la constitución	la información	cargar
la defensa		mantener
el cargo	razonable	infligir
la detención	bajo custodia	especificar
los criterios	excesivo	revocar
la condena	cruel	incrementar
la moción	preventivo	deliberar
el descubrimiento	violento	controlar
el jurado	previo	

Ejercicio 2   Complete each expression with the appropriate word(s).

1. initiate an indictment	_____ una acusación
2. reasonable suspicion	una sospecha _____
3. probable cause	una causa _____
4. arrest warrant	la orden de _____
5. held in custody	mantenido bajo _____
6. excessive bail	la fianza _____
7. to inflict cruel punishment	infligir castigos _____
8. defense against the charges	la _____ contra los cargos
9. preventive detention	la _____ preventiva
10. violent or dangerous crime	el delito _____ o peligroso
11. a previous conviction	una condena _____
12. formal charges	los cargos _____
13. grand jury	el gran _____ de acusación
14. motions of discovery	las _____ de descubrimiento
15. to revoke bail	_____ la fianza
16. grand jury deliberations	las _____ del gran jurado
17. charges against the accused	los cargos contra el _____
18. wrongful charge	un _____ inapropiado
19. preliminary hearing	la audiencia _____
20. a finding of probable cause	un descubrimiento de _____
21. amendment to the Constitution	la enmienda a la _____

Ejercicio 3   Give the word or expression being defined.

1. la acción de detener a un delincuente para que no pueda causarle daño a sí mismo ni a ningún otro individuo
2. detenido en la cárcel
3. una sospecha que no es absurda ni increíble
4. las pruebas
5. precisar
6. aumentar
7. lo que se hace en un laboratorio
8. la certeza clara o manifestación de una causa
9. quitar, rescindir

Ejercicio 4   Match the English word or expression in Column A with its Spanish equivalent in Column B.

A	B
1. trial	a. el juicio
2. right to bail	b. en libertad bajo palabra
3. presumption of innocence	c. en libertad bajo su propio
4. guilt	reconocimiento
5. bail hearing	d. el auto de procesamiento

6. fine
7. out on bail
8. out on parole
9. out on personal recognizance
10. to pose a threat
11. arraignment
12. D.A.
13. pretrial screening
14. presentation of allegations

e. la presentación de los alegatos
f. el fiscal
g. el derecho a fianza
h. la audiencia sobre fianza
i. en libertad bajo fianza
j. el tamiz anterior al juicio
k. la presunción de inocencia
l. la culpabilidad
m. presentar una amenaza
n. la multa

Ejercicio 5   Give the word or expression being defined.
1. la acción de ponerle en libertad a un acusado (arrestado, detenido) antes del juicio sólo porque él (ella) ha prometido comparecer ante el juez en una fecha posterior
2. la acción de poner en libertad a un acusado (arrestado, detenido) antes del juicio por haber dejado un monto de dinero para asegurar que volverá a presentarse ante el juez
3. la admisión en presencia de una autoridad
4. ser una fuente potencial de peligro o violencia a la comunidad
5. la acción de presentar los cargos contra un delincuente
6. un proceso (procedimiento) legal durante el cual se leen los cargos oficiales y se informa al acusado (demandado) de los cargos
7. lo contrario de «inocencia»
8. inocente hasta ser probado culpable
9. el dinero que uno tiene que pagar por haber cometido un delito menor
10. la acción de darle la libertad a un delincuente antes de terminar su condena o sentencia
11. el proceso, el procesamiento

COMPRENSION

Ejercicio 1   Answer.
1. ¿Cuándo inicia la policía su intervención en un crimen?
2. ¿Cuál sería la diferencia entre la sospecha razonable y la causa probable?
3. ¿Cuándo se acepta de pleno la inocencia del acusado?
4. ¿Qué se decide en la audiencia sobre fianza?
5. ¿Cuál es el propósito de la libertad bajo fianza?
6. ¿Cuáles son los criterios para la detención preventiva?
7. ¿Qué aprobó el Congreso durante la presidencia de Ronald Reagan?
8. ¿Para quiénes se usa la libertad bajo su propio reconocimiento?
9. Antes del juicio, ¿qué decide el fiscal?
10. ¿Ante quién se presenta el caso?

11. ¿Qué se le obliga al acusado a hacer?
12. ¿Bajo qué circunstancias se puede pedir un traslado del proceso a otra ciudad?
13. ¿Qué puede pedir al fiscal el acusado?
14. A veces, ¿qué se emplea en lugar de las deliberaciones del gran jurado de acusación?
15. ¿Qué ocurre durante una audiencia preliminar?
16. ¿Cuál es el propósito del tamiz anterior al juicio?

Ejercicio 2   Identify each of the following terms.
1. la presunción de inocencia
2. la fianza
3. la octava enmienda a la Constitución
4. la libertad bajo su propio reconocimiento

Capítulo 27
EL JUICIO

Durante el auto de procesamiento, el acusado puede declararse culpable, declararse inocente, declararse inocente por locura o alegar *nolo contendere,* que quiere decir que no contestará. El *nolo contendere* tiene el mismo efecto criminal que la culpabilidad, pero, en contraste con la declaración de culpable, no se puede usar en un pleito civil subsiguiente como prueba de que el acusado cometió el delito.

Si el acusado se declara inocente, el auto de procesamiento termina al fijar una fecha para el juicio. Si el acusado se declara culpable o presenta alegato de *nolo contendere*, el juez tiene que dirigirse directamente al acusado para determinar si el acusado comprende que tiene derecho al juicio; que se confiesa culpable voluntariamente y no por coacción; que entiende la naturaleza de los cargos; que conoce la pena máxima que se le puede imponer si se declara culpable. Después de que la corte acepta el alegato, el acusado es obligado a comparecer ante la corte para la sentencia, normalmente algunas semanas después.

Juicio ante juez o ante jurado En casi todos los casos (excepto casos de delito mortal) el acusado puede optar por un juicio ante el juez sin jurado. Por lo general, este tipo de juicio se emplea en casos que tratan de materia legal muy técnica y compleja. El derecho a juicio ante jurado es absoluto en casos de delito mayor, pero no necesariamente en casos de delito menor, con posible pena inferior a los seis meses de prisión. En algunos estados el juez, después de un juicio sin jurado, tiene que preparar un memorando apoyando el fallo de culpable. Los jurados, sin embargo, no tienen que dar explicaciones por sus fallos. No obstante, un fallo de culpable por el jurado puede ser anulado por el juez si cree que la evidencia presentada no cumplió con la prueba de «más allá de una duda razonable». A veces el juez puede emitir un fallo directivo de absolución o exculpación sin esperar el fallo del jurado. Lo más común es que el juez, si está convencido de que la evidencia es insuficiente para una condena, espere el fallo del jurado y deniegue la condena, si éste es el veredicto del jurado. En verdad, el jurado no puede condenar, sólo presenta su recomendación al juez. El poder de anular o denegar que tiene el juez es sólo para fallar a favor del acusado. Aunque esté totalmente convencido de la culpabilidad del acusado, el juez no puede mandar que un jurado falle culpable, ni puede denegar un fallo de absolución. La presunción de inocencia ya no es solamente una presunción si el jurado o el juez así determina. Y un fallo para absolución no puede ser anulado o denegado; sólo un fallo de culpable puede ser revocado por acción judicial. (Véase también los capítulos 16 y 17 de Derecho en las páginas 121 a 134.)

ESTUDIO DE PALABRAS

Ejercicio 1   Study the following cognates that appear in this chapter.

el acusado	criminal	presentar
nolo contendere	voluntariamente	declararse
la culpabilidad	máximo	imponer
la naturaleza	legal	optar
el cargo	técnico	anular
la pena	mecánico	condenar
el alegato		
la sentencia		
la materia		
la recomendación		

Ejercicio 2   Give the word or expression being defined.
1. el demandado, el que se considera culpable de haber cometido un delito
2. la condena, la pena
3. declarar inválido, nulo, abolir, rescindir
4. dentro de la ley
5. escoger (seleccionar) entre varias alternativas o posibilidades
6. poner una carga, sentencia u obligación
7. la esencia, la calidad, la índole
8. de su propia voluntad, sin coacción
9. no oponerse
10. proponer, introducir

Ejercicio 3   Complete each expression with an appropriate verb.
1. _____ una recomendación
2. _____ al acusado
3. _____ el matrimonio
4. _____ una condena, una pena
5. _____ inocente o culpable

Ejercicio 4   Complete each expression with the appropriate word(s).
1. maximum penalty, punishment   la pena _____
2. technical legal material   la materia _____ técnica
3. to impose a sentence   imponer una _____
4. nature of the charges   la _____ de los cargos
5. to confess guilt, enter a plea of   _____ culpable
guilty
6. to declare one's innocence,   _____ inocente
enter a plea of innocent

Ejercicio 5 Match the English word or expression in Column A with its Spanish equivalent in Column B.

A	B
1. proceedings of the case	a. comparecer ante la corte
2. directed verdict of acquittal	b. el juicio ante juez
3. bench trial	c. el juicio ante jurado
4. jury trial	d. los jurados
5. to appear in court	e. el auto de procesamiento
6. coercion, duress	f. la coacción
7. proof beyond a reasonable doubt	g. un fallo directivo de absolución (exculpación)
8. jurors	h. la prueba más allá de una duda razonable
9. judgment, verdict	i. el pleito civil
10. civil suit	j. el fallo
11. arraignment	k. los procedimientos de la causa

Ejercicio 6 Complete each statement with the appropriate word(s).
1. «El veredicto» es sinónimo de _____.
2. La certeza de la evidencia indica prueba _____.
3. Hay pleitos criminales (penales) y pleitos _____.
4. El pleito _____ no requiere jurado.
5. Y el _____ sí, lo requiere.
6. A los que sirven en el jurado se les llaman _____.
7. El acusado tiene que _____ en una fecha y a una hora determinadas para el proceso.
8. La _____ es ilegal. El individuo tiene que actuar voluntariamente.
9. El _____ puede durar (tardar) mucho tiempo.
10. El juez puede emitir un _____ si está totalmente convencido de que la evidencia no es suficiente para una condena.

COMPRENSION

Ejercicio 1 Answer.
1. ¿Qué puede hacer el acusado durante el auto de procesamiento?
2. ¿Cuál es la diferencia entre una declaración de culpabilidad y el alegato de *nolo contendere?*
3. ¿Qué pasa si el acusado se declara inocente?
4. Si el acusado se declara o se confiesa culpable, ¿qué tiene que hacer el juez? ¿Por qué? ¿Qué tiene que saber el acusado?
5. ¿Cuándo tiene el acusado el derecho absoluto a un juicio ante jurado?

6. ¿Tienen los jurados que dar explicaciones para sus fallos?
7. ¿Cómo y cuándo puede ser anulado el fallo de culpable por el jurado?
8. ¿Qué no puede hacer el jurado?
9. ¿Y qué puede hacer?
10. ¿Puede el juez denegar un fallo de absolución?

Ejercicio 2   Identify each of the following terms.
1. *nolo contendere*
2. el juicio ante juez
3. el juicio ante jurado
4. un fallo directivo de absolución o exculpación
5. un fallo de absolución

Capítulo 28
LA CORRECCION

Los dos tipos originales de prisiones en los EE.UU. eran el sistema segregado y el congregado. En el primero, el cual originó en Pensilvania bajo la influencia de los cuáqueros, los prisioneros se mantenían en reclusión solitaria, aislados, y se les obligaba a leer la Biblia, reflexionar sobre sus delitos y hacer penitencia. De ahí el nombre «penitenciaría». En Auburn, Nueva York (1823) el sistema congregado se basaba en la idea de que el camino a la reforma y el arrepentimiento era el trabajo, el trabajo duro. En ambos casos, a los prisioneros se les imponía el silencio y unas condiciones de vida muy severas.

Características de las prisiones

Las prisiones se establecieron para apartar a los delincuentes de la sociedad, incapacitarlos para el crimen y reformarlos, disuadir a otros delincuentes potenciales y castigar y rehabilitar. Las prisiones se clasifican generalmente según su nivel de seguridad.

De seguridad máxima / De custodia máxima Estas prisiones están rodeadas de valla o muro doble (18 a 25 pies de alto) con guardias armados en torres de observación. Estas facilidades comúnmente tienen grandes bloques de celdas interiores para alojar a los presos. Un 25% de las prisiones son de esta clase. Aproximadamente el 44% de los presos están en este tipo de facilidad.

De custodia mediana Estas prisiones llevan vallas dobles con alambre de púa. La arquitectura es variada, con bloques de celdas exteriores en unidades de 150 celdas o menos, dormitorios y cubículos. Más o menos el 40% de las prisiones son de custodia mediana, con un 44% de los presos.

De custodia mínima Estas facilidades no tienen puestos armados y pueden valerse de vallas o de aparatos electrónicos de vigilancia para asegurar el perímetro de la facilidad. Más de la tercera parte de las prisiones se consideran de seguridad mínima, pero sólo contienen una octava parte de la población de presos. Tienden a ser bastante pequeñas.

El encarcelamiento

Después del juicio y la condena, el juez le impone sentencia al delincuente y le pone en custodia del departamento de servicios de corrección. El preso es entonces llevado a un centro de recepción o de recibimiento donde se le clasifica y se le asigna a una prisión disponible. En estos centros se le observa al preso durante algunas semanas, se le dan pruebas físicas y psicológicas para poder asignarlo a una institución con programas apropiados. La determinación del tipo de prisión para un preso se basa en la necesidad de seguridad. La seguridad tiene tres dimensiones: (1) la probabilidad de que el preso se escape o trate de escaparse; (2) la probabilidad de que el preso les haga daño a los guardias u otros presos; (3) la probabilidad de que el preso trate de pasar contrabando en la prisión. A los presos se les clasifica de manera similar a la clasificación de las prisiones. Hay presos de seguridad máxima, mediana y mínima, aunque no se les asigna necesariamente a una institución de clasificación análoga. Consideraciones de seguridad afectan el trabajo que se les da a los prisioneros, donde se alojan y la libertad que se les permite para circular dentro de la institución sin ser escoltados por guardias.

La liberación

La mayoría de los prisioneros llegan a salir de la prisión. La liberación puede resultar: (1) de la libertad bajo palabra, después de haber cumplido la sentencia mínima; (2) de haber cumplido el término máximo menos tiempo por buen comportamiento, un proceso que se llama «libertad obligatoria»; (3) de haber cumplido la sentencia máxima en su totalidad o (4) de un indulto por parte de un gobernador o del presidente de los EE.UU.

ESTUDIO DE PALABRAS

Ejercicio 1   Study the following cognates that appear in this chapter.

el tipo	el perímetro	solitario
la prisión	el departamento	potencial
el sistema	el servicio	máximo
la reclusión	la corrección	mediano
la penitencia	el centro	mínimo
la penitenciaría	la recepción	armado
la reforma	el recibimiento	exterior
el silencio	la prueba	interior
el delincuente	el escape	de vigilancia
la rehabilitación	el contrabando	clasificado
la seguridad	la libertad	físico
la custodia	la liberación	psicológico
la torre	la sentencia	obligatorio
la observación	el buen comportamiento	
las facilidades	la celda	incapacitar
el bloque		disuadir
el dormitorio	original	asignar
el cubículo	segregado	circular
el aparato electrónico	congregado	rehabilitar

Ejercicio 2   Complete each expression with the appropriate word(s).
1. segregate prison   la prisión _____
2. congregate system   el sistema _____
3. solitary confinement   la reclusión _____
4. criminal rehabilitation   la _____ del delincuente
5. level (degree) of security   el nivel de _____
6. maximum security prison   la prisión de seguridad _____
7. close custody prison   la prisión de _____ máxima
8. medium custody prison   la prisión de _____ mediana
9. minimum custody prison   la prisión de custodia _____
10. maximum security facilities   las facilidades de _____ máxima
11. cell blocks   los _____ de celdas
12. outside cells   las _____ exteriores
13. inside cells   las celdas _____
14. armed guards   los guardias _____
15. armed posts   los puestos _____
16. observation tower   la torre de _____
17. electronic surveillance devices   los aparatos _____ de
                                          vigilancia
18. department of corrections   el _____ de servicios de
                                          _____
19. reception center   un centro de _____
20. receiving prison (center)   una prisión (un _____) de
                                          recibimiento
21. classified and assigned   _____ y asignado
22. minimum sentence   la _____ mínima
23. time "off" for good behavior   el tiempo por _____
                                          comportamiento
24. physical and psychological   las pruebas _____ y
    tests   psicológicas
25. mandatory (obligatory) release   la libertad (liberación) _____

Ejercicio 3   Complete each statement with the appropriate word(s).
1. La _____ es una prisión grande. En su mayoría las penitenciarías se
   consideran facilidades de seguridad _____.
2. Las facilidades de seguridad máxima tienen bloques de celdas
   _____. Las _____ de seguridad _____ tienen
   _____ exteriores.
3. En las torres de _____ de las grandes penitenciarías de _____
   máxima hay _____ armados.
4. En algunas prisiones cada preso tiene un _____ en el dormitorio.
5. Dos propósitos u objetivos de las prisiones son el de _____ a los
   delincuentes por el crimen y el de _____ o rehabilitar a los
   delincuentes.

Ejercicio 4   Give the word or expression being defined.
1. el guardia que lleva armas
2. el grado
3. el criminal
4. persuadirle a alguien a no hacer algo
5. las máquinas electrónicas
6. el acto de no hablar
7. poner en categorías
8. de forma redonda
9. mercancías (productos) prohibidas introducidas clandestinamente
10. la acción de escapar

Ejercicio 5   Match the English word or expression in Column A with its Spanish equivalent in Column B.

A	B
1. repentance	a. la libertad bajo palabra
2. to separate, remove	b. la libertad condicional (probatoria)
3. to lodge, quarter	c. escoltado
4. punishment	d. el indulto
5. cell	e. la liberación, la libertad
6. prisoner	f. el alambre de púa
7. barbed wire	g. el preso
8. release	h. la celda
9. pardon, exoneration, commutation	i. el castigo
	j. alojar
10. escorted	k. apartar
11. probation	l. el arrepentimiento
12. parole	

Ejercicio 6   Complete each statement with the appropriate word(s).
1. La libertad condicional se llama también la _____.
2. El cuarto o el cubículo que tiene el _____ en una prisión o penitenciaría es la _____.
3. Un propósito de la prisión es el de _____ al criminal de la sociedad.
4. El _____ puede ser severo o moderado. Depende del delito cometido.
5. El gobernador o el Presidente puede otorgarle un _____ al criminal.
6. Los presos en las facilidades de seguridad máxima son _____ por guardias armados cuando van de un lugar a otro.
7. Las vallas en el perímetro de la prisión tienen _____ encima.

8. El departamento de servicios de corrección tiene la responsabilidad de
   _____ a los detenidos.
9. El _____ es el pesar o la pena de haber hecho algo, por lo general,
   algo malo.

Ejercicio 7   Give the word or expression being defined.
1. el prisionero, el detenido
2. la remisión total de una pena o un castigo
3. separar, alejar
4. dar donde residir, hospedar, aposentar
5. acompañado de guardia armado
6. el aposento, cuarto pequeño, cubículo en una prisión o carcel
7. la pena, la condena, la sanción o la multa impuesta por un delito
8. la libertad, la independencia

COMPRENSION

Ejercicio 1   Tell what is being described.
1. las prisiones que mantienen a los prisioneros en reclusión solitaria,
   aislados
2. los prisioneros que tienen que trabajar duro
3. las facilidades correccionales que no tienen puestos armados, por lo
   general, se valen de vallas y aparatos electrónicos de vigilancia.

Ejercicio 2   Describe each of the following.
1. el sistema segregado de prisiones
2. una prisión de seguridad máxima o de custodia máxima
3. las tres dimensiones de la seguridad

Ejercicio 3   Answer.
1. ¿De dónde viene la palabra «penitenciaría»?
2. ¿Cuáles son tres propósitos de las prisiones?
3. ¿Quién tiene la custodia del delincuente que ya ha recibido su sentencia?
4. ¿Adónde llevan al sentenciado?
5. ¿Qué hacen en el centro de recepción o recibimiento?
6. ¿Qué determina el tipo de prisión que se le asigna al preso?
7. ¿Cómo o bajo qué circunstancias reciben la mayoría de los prisioneros su
   liberación?

ANSWERS TO VOCABULARY EXERCISES

DERECHO

Capítulo 1: Unos apuntes históricos

Ejercicio 2
1. n 2. e 3. a 4. f 5. h 6. k 7. j 8. b 9. g 10. m 11. o 12. c
13. i 14. l 15. d

Ejercicio 3
1. b 2. e 3. j 4. h 5. k 6. g 7. l 8. a 9. d 10. i 11. f 12. c

Ejercicio 4
1. a 2. c 3. b 4. c 5. a 6. b 7. b 8. c 9. a 10. b 11. a 12. c

Ejercicio 5
1. legislativa 2. ejecutivos 3. fundamentales 4. Suprema 5. constitución
6. judicial 7. civiles

Ejercicio 6
1. e 2. g 3. a 4. b 5. j 6. k 7. d 8. f 9. l 10. c 11. i 12. h
13. m

Ejercicio 7
1. derechos 2. código 3. leyes, ley 4. código 5. reglas 6. código
7. acuerdo 8. ciudadano 9. jurado, jurado, jurado 10. ramas, rama, rama, rama

Ejercicio 8
1. d 2. a 3. e 4. f 5. b 6. c

Ejercicio 9
1. nombrar 2. rigen 3. otorga 4. registrar 5. arrendar 6. enmendar

Ejercicio 10
1. c 2. g 3. e 4. a 5. b 6. f 7. d

Capítulo 2: El matrimonio

Ejercicio 2
1. legal 2. antenupcial 3. común 4. legal 5. privada 6. ilegítimo
7. consentimiento 8. mental 9. inválido 10. licencia

Ejercicio 3

1. la bigamia   2. la poligamia   3. el cónyuge   4. el descendiente   5. mínimo
6. el impedimento   7. la licencia   8. la consanguinidad   9. el crimen
10. la restricción   11. nulo   12. anular   13. la ceremonia   14. la necesidad
15. la presencia

Ejercicio 4

1. d   2. f   3. a   4. c   5. g   6. h   7. j   8. e   9. i   10. b

Ejercicio 5

1. d   2. f   3. g   4. a   5. h   6. c   7. j   8. b   9. e   10. i

Ejercicio 6

1. sostén   2. derechos   3. contraer matrimonio (casarse)   4. período de espera
5. prueba de sangre   6. embarazada   7. pareja   8. violación sexual

Ejercicio 7

1. e   2. f   3. a   4. h   5. b   6. i   7. j   8. c   9. k   10. d   11. g

Ejercicio 8

1. deuda   2. renta   3. menores de edad   4. firmar   5. coacción   6. juez
7. acuerdo   8. otorga   9. parentesco   10. ley común

CAPITULO 3: El parentesco y la filiación

Ejercicio 2

1. legítimo   2. ilegítimo   3. básicas   4. abusivos   5. legal   6. legal   7. severa
8. subsiguientes

Ejercicio 4

1. c   2. e   3. f   4. h   5. a   6. b   7. d   8. g

Ejercicio 5

1. adoptivos, adoptan; adoptan, adoptado; adopción, adoptado
2. abusar; abuso; abusados, abusivos

Ejercicio 6

1. c   2. e   3. i   4. g   5. a   6. k   7. b   8. f   9. d   10. j   11. m   12. l
13. h

Ejercicio 7

1. desconocer   2. el reconocimiento   3. el castigo   4. impedido   5. el nacimiento
6. el descuido   7. el maltrato   8. el testamento   9. el vínculo   10. el parentesco

CAPITULO 4: La disolución del matrimonio

Ejercicio 2

1. legal   2. contrato   3. física   4. crueldad   5. diferencias   6. venérea
7. sexuales   8. fraude   9. identidad   10. mutuo

Ejercicio 3

1. incurable   2. impotente   3. la bigamia   4. irreconciliable   5. irremediable
6. adquirido   7. equitativo   8. mutuo   9. separarse   10. el individuo

Ejercicio 4
1. c   2. a   3. c   4. c   5. b   6. c   7. a

Ejercicio 5
1. h   2. k   3. l   4. j   5. g   6. i   7. f   8. c   9. b   10. a   11. d   12. e

Ejercicio 6
1. el divorcio sin culpa   2. el dolo   3. el título de propiedad   4. la muerte
5. la propiedad comunitaria   6. la pensión alimenticia *pendente lite*   7. otorgar
8. la custodia conjunta   9. el juez   10. la manutención

CAPÍTULO 5: Los testamentos

Ejercicio 2
1. c   2. g   3. j   4. l   5. a   6. e   7. b   8. d   9. m   10. f   11. n   12. h
13. o   14. i   15. k

Ejercicio 3
1. sana   2. mental   3. probatoria   4. presencia   5. versión   6. anterior
7. términos   8. título   9. Estado   10. nulo   11. influencia

Ejercicio 4
1. alterar   2. variar   3. verificar   4. residir   5. registrar   6. conformar
7. disponer   8. determinar

Ejercicio 5
1. c   2. e   3. d   4. a   5. b

Ejercicio 6
1. c   2. e   3. g   4. i   5. f   6. j   7. d   8. b   9. a   10. h

Ejercicio 7
1. testamento   2. intestado (sin testamento)   3. testador   4. beneficiario
5. testamentario   6. verificación de testamento   7. administrador   8. patrimonio
9. heredan; beneficiarios

Ejercicio 8
1. d   2. e   3. a   4. h   5. o   6. j   7. l   8. k   9. b   10. g   11. i   12. c
13. n   14. m   15. f

Ejercicio 9
1. muere, deja   2. difunto   3. difunto   4. firmar   5. abogado   6. bienes
7. bienes raíces   8. propiedad conjunta   9. influencia indebida
10. coacción, albedrío

CAPÍTULO 6: Las obligaciones

Ejercicio 2
1. e   2. i   3. b   4. h   5. a   6. g   7. d   8. l   9. j   10. f   11. c   12. k
13. n   14. o   15. m

Ejercicio 3
1. c   2. e   3. a   4. b   5. d

Ejercicio 4
1. d   2. f   3. h   4. j   5. k   6. a   7. e   8. m   9. i   10. l   11. b   12. c   13. g

Ejercicio 5
1. comprador   2. vendedor   3. contrato de compraventa   4. vendedor, pago
5. compañías, empresas   6. empresas, servicios prestados   7. física   8. jurídica
9. derechos   10. impone

Ejercicio 6
1. d   2. a   3. b   4. g   5. j   6. f   7. k   8. l   9. e   10. h   11. n   12. m
13. c   14. i   15. o

Ejercicio 7
1. acreedor, del derecho   2. deudor   3. la prestación   4. garante (fiador)
5. contingente   6. Perjudicar   7. título   8. dolo   9. delito   10. de propiedad

Ejercicio 8
1. el acreedor   2. el deudor   3. el deudor (el sujeto pasivo)   4. el acontecimiento
5. la condición   6. perjudicar   7. el dolo   8. el fiador   9. el titular (del derecho)
10. un delito

Ejercicio 9
1. a   2. c   3. f   4. e   5. j   6. i   7. g   8. h   9. b   10. d

Ejercicio 10
1. patrimonio   2. bienes   3. inmueble (inmobiliario), mueble (mobiliario)
4. acción   5. activos, pasivos   6. pagaré, activo   7. bonos, acciones; bonos, acciones

Capitulo 7: Los contratos

Ejercicio 2
1. contratar   2. el consentimiento   3. el acuerdo   4. la aceptación   5. oral
6. el remedio   7. obligar   8. la acción   9. bilateral   10. implícito

Ejercicio 3
1. fraudes   2. bilateral   3. unilateral   4. oral   5. razonable   6. legal

Ejercicio 5
1. a   2. b   3. b   4. b   5. c   6. b   7. c   8. b   9. c   10. c

Ejercicio 6
1. c   2. e   3. g   4. i   5. a   6. d   7. l   8. j   9. k   10. f   11. h   12. b

Ejercicio 7
1. sin fuerza de ley   2. el código   3. las partes   4. los términos   5. enviar
6. el requisito   7. la prueba   8. el asentimiento   9. recibir   10. regular

Capitulo 8: Consideración y extinción de los contratos

Ejercicio 2
1. gratuitos   2. detrimentos   3. consideración   4. preexistente   5. ilusoria
6. consideración   7. contrato   8. contrato   9. imposibilidad   10. terminación
11. mutuo   12. mutuo   13. natural   14. consentimiento   15. parte   16. abandono
17. minimizar   18. indemnización

Ejercicio 3
1. e   2. h   3. f   4. k   5. b   6. c   7. a   8. l   9. j   10. g   11. i   12. d

Ejercicio 4
1. e   2. c   3. d   4. b   5. a   6. m   7. h   8. i   9. k   10. l   11. j   12. f
13. g

Ejercicio 5
1. apoya   2. obedecer   3. demandar   4. un fallo   5. conlleva   6. demandado
7. demandante   8. La oferta de cumplimiento   9. oferta de pago
10. una fuerza mayor   11. extinción

Ejercicio 6
1. d   2. e   3. g   4. i   5. h   6. j   7. b   8. f   9. c   10. a

Ejercicio 7
1. los daños efectivos   2. los daños accesorios   3. los daños eventuales
4. la extinción del contrato por quiebra   5. la contravención del contrato
6. la alteración sustancial   7. la incapacidad

CAPITULO 9: La ley y las entidades comerciales

Ejercicio 2
1. mínimo   2. legal   3. humano   4. jurídica   5. personal   6. personales
7. identificación   8. federal   9. gobierno   10. general   11. limitada
12. interferencia   13. interesada   14. inicial   15. voto   16. independiente
17. financiero   18. directores   19. consumidor   20. secretario   21. compensación
22. Internas

Ejercicio 3
1. c   2. f   3. a   4. h   5. d   6. b   7. j   8. i   9. e   10. g

Ejercicio 4
1. b   2. a   3. c   4. b   5. c

Ejercicio 5
1. b   2. c   3. a   4. c   5. b

Ejercicio 6
1. estatal   2. legal   3. financiero   4. futuro   5. federal   6. corporativo

Ejercicio 7
1. b   2. d   3. c   4. e   5. g   6. f   7. j   8. o   9. h   10. a   11. i   12. m
13. l   14. k   15. n

Ejercicio 8
1. La empresa de propiedad individual   2. asociación   3. los socios
4. corporación (sociedad anónima)   5. acción   6. bonos   7. directores   8. negocio
9. bienes, servicios   10. partes

Ejercicio 9
1. a   2. c   3. b   4. d   5. e   6. o   7. f   8. n   9. g   10. h   11. k   12. i
13. j   14. l   15. m   16. p

Ejercicio 10
1. arrendamiento   2. pasivos, activos   3. ganancias, pérdidas   4. ganancias, pasivos
5. contrato   6. efectivo   7. rendir cuentas   8. Mercado de Valores
9. Un Mercado de Valores   10. contable   11. retiro   12. demandar   13. tasas

Capitulo 10: Estatutos y agencias gubernamentales

Ejercicio 2
1. nación   2. federal   3. constitución   4. homicidio   5. límite   6. municipal
7. regulatorio   8. administrativa   9. agencia   10. ejecutiva   11. legislativa
12. judicial   13. fiscal   14. proceso   15. vehículos

Ejercicio 3
1. b   2. b   3. b   4. a   5. b   6. a   7. b   8. a   9. a   10. b

Ejercicio 5
1. d   2. a   3. f   4. e   5. b   6. c

Ejercicio 6
1. d   2. f   3. g   4. a   5. b   6. h   7. e   8. l   9. k   10. i   11. j   12. c

Ejercicio 7
1. rigen (regulan)   2. conducir   3. aconsejar   4. agotar, proceso
5. jurado, culpable   6. juez   7. audiencia; audiencia, abogado, audiencia   8. jurado
9. encarcelamiento   10. multa, castigo, el encarcelamiento   11. multa, daños   12. juez

Capitulo 11: Controles económicos y comerciales

Ejercicio 2
1. d   2. a   3. g   4. j   5. n   6. k   7. b   8. i   9. m   10. c   11. h   12. e
13. l   14. f   15. o

Ejercicio 3
1. Sherman   2. preferencial   3. caso   4. errónea   5. ilícito   6. corporativas
7. interestatal   8. injusta   9. condensada   10. positiva   11. Comisión

Ejercicio 4
1. l   2. f   3. a   4. g   5. c   6. i   7. d   8. k   9. e   10. h   11. n   12. m
13. b   14. j

Ejercicio 5
1. b   2. e   3. a   4. f   5. c   6. i   7. j   8. h   9. d   10. g

Ejercicio 6
1. presupuesto   2. valor, acción; accionista
3. emisión, declaración de inscripción, prospecto   4. inversión   5. pérdidas, ganancias

Ejercicio 7
1. c   2. b   3. f   4. e   5. a   6. d

Ejercicio 8
1. b   2. d   3. f   4. a   5. g   6. c   7. e

Ejercicio 9
1. el entredicho   2. la competencia   3. dañino   4. disminuir (restringir)
5. la multa   6. el pleito   7. el traslapo   8. contravenir   9. sospechar   10. detener

CAPITULO 12: El consumerismo

Ejercicio 2
1. consumidor   2. injusta   3. práctica   4. publicidad   5. producto   6. falsa
7. reducido   8. regulatoria   9. satisfacción   10. físico   11. propiedad
12. comercio

Ejercicio 3
1. c   2. f   3. h   4. i   5. e   6. j   7. a   8. g   9. d   10. b

Ejercicio 4
1. reducido   2. práctica   3. remedio   4. violador   5. controla (regula)
6. regulatorias   7. recurrir   8. daño, daño   9. interestatal   10. fraude

Ejercicio 5
1. d   2. f   3. a   4. c   5. j   6. i   7. h   8. b   9. e   10. g

Ejercicio 6
1. daños   2. daños de propiedad   3. quejas   4. dañino   5. engañoso
6. fabricante   7. pleito   8. otorga   9. anuncios

CAPITULO 13: El crimen

Ejercicio 2
1. federal   2. nacional   3. estatuto   4. cometer   5. local   6. cárcel
7. penitenciaría   8. premeditado   9. homicidio   10. asalto   11. asalto
12. homicidio   13. homicidio   14. involuntario   15. grado   16. asesinato
17. defensa   18. excesiva

Ejercicio 3
1. g   2. f   3. j   4. a   5. h   6. b   7. i   8. l   9. c   10. d   11. k   12. e

Ejercicio 4
1. c   2. f   3. a   4. h   5. d   6. j   7. b   8. i   9. e   10. g   11. k

Ejercicio 5
1. a   2. b   3. f   4. g   5. d   6. e   7. j   8. c   9. i   10. h   11. k

Ejercicio 6
1. asesinato, asesinato   2. homicidio (asesinato)   3. latrocinio   4. violación
5. agresión   6. desfalco   7. secuestro   8. con agravio

Ejercicio 7
1. d   2. g   3. h   4. i   5. b   6. j   7. f   8. e   9. a   10. c   11. k   12. l

Ejecicio 8
1. demandante   2. demandante   3. demandado   4. delito   5. hurto   6. incendio
7. hurto menor   8. hurto mayor   9. escalamiento   10. delitos

Ejercicio 9
1. n   2. m   3. l   4. k   5. j   6. i   7. h   8. g   9. f   10. e   11. d   12. c
13. b   14. a

Ejercicio 10
1. presunto   2. culpable   3. sentencia (condena)
4. la condena perpetua, condena a prisión   5. condena perpetua   6. encarcelamiento
7. arma de fuego, arma blanca   8. multa   9. gatillo   10. recaudamiento

Capitulo 14: La defensa

Ejercicio 2
1. resistir   2. el fiscal   3. la defensa   4. el asaltador   5. la conducta
6. el requisito   7. arrestar   8. la libertad

Ejercicio 3
1. defensa   2. violencia   3. resistir   4. excesiva   5. policía   6. acusada
7. arresto   8. constitucionales   9. legales   10. justo   11. sistema   12. mental

Ejercicio 4
1. c   2. a   3. f   4. e   5. b   6. d

Ejercicio 5
1. c   2. e   3. i   4. g   5. a   6. b   7. j   8. f   9. d   10. h

Ejercicio 6
1. c   2. a   3. b   4. a   5. b   6. c   7. b   8. a

Ejercicio 7
1. d   2. f   3. a   4. b   5. g   6. c   7. e

Ejercicio 8
1. cargó   2. disparó   3. reclamó   4. probar, privar   5. registrar

Capitulo 15: Las cortes

Ejercicio 2
1. local   2. municipal   3. corte   4. federal   5. corte   6. corte   7. corte
8. Suprema   9. corte   10. jurisdicción   11. federales   12. cortes   13. cortes
14. corte   15. corte   16. corte   17. corte   18. corte   19. apelación

Ejercicio 3
1. determinar   2. aplicar   3. caso   4. abandonado   5. juvenil   6. jurisdicción
7. errores   8. civil   9. caso   10. conflicto   11. cortes   12. sistema

Ejercicio 4
1. a   2. f   3. h   4. j   5. p   6. g   7. o   8. c   9. b   10. e   11. d   12. k
13. l   14. q   15. n   16. m   17. i   18. r

Ejercicio 5
1. tribunales   2. cortes (tribunales)   3. El juez de paz   4. El juez
5. jurado   6. demandador (demandante)   7. demandado   8. Enjuiciar   9. fallo
10. demanda   11. apelar   12. delito, menor   13. patrimonio
14. testamento, patrimonio   15. castigar

Capitulo 16: Los procesos

Ejercicio 2
1. d   2. f   3. h   4. b   5. a   6. e   7. c   8. g   9. j   10. i

Ejercicio 3
1. investigación   2. oficial   3. inocente   4. falso   5. secreto   6. preside
7. evidencia

Ejercicio 4
1. g   2. c   3. b   4. h   5. i   6. k   7. d   8. e   9. f   10. l   11. a   12. j

Ejercicio 5
1. abogado   2. demandante, acusado (demandado), comparecer   3. fiscal, demandado
4. gran jurado (de acusación)   5. jurado de juicio   6. testigos   7. bufete, abogado
8. prueba

Ejercicio 6
1. el testigo   2. enjuiciar   3. una prueba   4. el juicio   5. el delito
6. el gran jurado de acusación   7. el abogado   8. el demandado

Ejercicio 7
1. g   2. d   3. h   4. b   5. e   6. j   7. k   8. m   9. f   10. i   11. l   12. c
13. a   14. n   15. o   16. p

Ejercicio 9
1. alguacil   2. expediente   3. expedidor, expediente   4. escribano de la corte
5. estenógrafo   6. un fallo, la sentencia   7. culpabilidad   8. bufete   9. cargado
10. daños

Capitulo 17: El jurado y el enjuiciamiento

Ejercicio 2
1. lista, pendientes   2. calendario   3. miembros   4. lista   5. justo   6. favor
7. válida   8. causa   9. perentorias   10. sumario   11. resultado (veredicto)
12. evidencia   13. instrucciones   14. cargo   15. sumarísimo

Ejercicio 3
1. interroga, interrogador   2. interrogación   3. interrogatorio

Ejercicio 4
1. resolver   2. selección, seleccionar   3. parcialidad, interés   4. sentencia

Ejercicio 5
1. seleccionan   2. interrogan   3. reemplazar   4. posponer   5. resumen
6. pertinente

Ejercicio 6
1. d   2. m   3. i   4. a   5. b   6. j   7. k   8. e   9. f   10. c   11. l   12. h
13. g

Ejercicio 7
1. argumentos de apertura   2. prejuicio, recusan   3. Los argumentos de cierre
4. fallo (veredicto)   5. pleito viciado   6. parentesco

Ejercicio 8

1. un juicio a pesar del veredicto   2. en contra de   3. la debilidad   4. un prejuicio
5. el fallo   6. el cargo de prueba   7. recusar   8. fallar   9. los argumentos de cierre

CRIMINOLOGIA

Capitulo 18: El crimen o delito

Ejercicio 2

1. c   2. e   3. g   4. b   5. h   6. j   7. a   8. f   9. d   10. i

Ejercicio 3

1. d   2. g   3. a   4. h   5. e   6. b   7. c   8. j   9. f   10. i   11. l   12. k

Ejercicio 4

1. uso   2. código   3. asalto   4. crimen   5. intención   6. común   7. cometer
8. vehículo   9. consentimiento   10. arma   11. impremeditado   12. consecuencias
13. negligencia   14. premeditación   15. mental   16. justificación   17. sexual

Ejercicio 5

1. e   2. a   3. b   4. g   5. h   6. c   7. j   8. i   9. f   10. d

Ejercicio 6

1. delito   2. delito mayor, delito menor; delito mayor, delito menor
3. el homicidio (el asesinato)   4. hurto (latrocinio)   5. escalamiento (allanamiento)
6. secuestro   7. violación sexual

Ejercicio 7

1. c   2. f   3. g   4. e   5. h   6. i   7. d   8. a   9. b

Ejercicio 8

1. ley   2. castigo   3. castigo, multa   4. peligrosas   5. muerte

Capitulo 19: El castigo y los criminales

Ejercicio 2

1. penitenciaría   2. condado   3. consecuencias   4. atroces   5. víctima
6. criminales   7. organizado   8. profesional   9. drogas   10. penal   11. Modelo
12. Sentencia   13. preventiva   14. delincuente   15. rutinario   16. mentalmente
17. grado   18. policía   19. personal   20. ocasionales   21. convencionales
22. sexuales   23. políticos   24. público   25. violento   26. robo   27. delincuentes

Ejercicio 3

1. d   2. j   3. g   4. a   5. c   6. h   7. i   8. f   9. b   10. e

Ejercicio 4

1. el criminal   2. el vagabundo   3. la perversión   4. el vándalo   5. el experto
6. el criminalista   7. prolongado   8. la alternativa

Ejercicio 5

1. d   2. f   3. h   4. a   5. e   6. j   7. c   8. b   9. g   10. i

Ejercicio 6
1. sentencia (condena), castigo   2. cárcel, cárcel, cárcel   3. multa
4. la libertad bajo fianza, procesado   5. detención y cacheo   6. derecho   7. fianza
8. reclusión

Ejercicio 7
1. a   2. c   3. e   4. h   5. g   6. i   7. b   8. j   9. f   10. d   11. k   12. n
13. l   14. m

Ejercicio 8
1. carteristas   2. carterista   3. mechera   4. atracador   5. ladrón
6. carro blindado   7. maleante   8. la violación por la fuerza
9. perturbador del orden   10. sospechoso   11. timador
12. el comportamiento delictivo

CAPITULO 20: Las estadísticas criminales

Ejercicio 2
1. proceso   2. sumarios   3. arresto   4. uniformes   5. «index»   6. forzosa
7. asalto   8. vehículos motorizados   9. datos   10. víctima

Ejercicio 3
1. violación forzosa   2. asesinato premeditado   3. criminal   4. arrestar
5. aprehensión   6. víctima

Ejercicio 4
1. e   2. d   3. f   4. a   5. h   6. g   7. c   8. b

Ejercicio 6
1. d   2. g   3. i   4. a   5. e   6. k   7. b   8. l   9. m   10. c   11. f   12. j
13. h

Ejercicio 7
1. encuesta, muestra   2. sospechoso   3. huellas dactilares   4. condena perpetua
5. denuncian, denunciar   6. proceso   7. fiscal   8. incendio

CAPITULO 21: El control y la prevención del crimen

Ejercicio 2
1. f   2. h   3. b   4. e   5. d   6. g   7. c   8. a

Ejercicio 3
1. g   2. f   3. c   4. h   5. e   6. d   7. a   8. b

Ejercicio 4
1. control   2. prevención   3. criminal   4. crimen   5. potencial   6. uso
7. sistema, justicia   8. correccional

Ejercicio 5
1. d   2. a   3. e   4. g   5. i   6. f   7. k   8. c   9. l   10. b   11. h   12. j
13. n   14. m

Ejercicio 6
1. resolución   2. reo   3. la pena máxima   4. malhechor   5. evitar
6. coche de patrulla   7. libertad condicional   8. reincidente   9. procesamiento
10. meta

Ejercicio 7
1. el reo   2. el cargo   3. desviar   4. la pena   5. el coche de patrulla
6. el malhechor   7. la meta   8. la reincidencia

CAPITULO 22: Las agencias y los personajes

Ejercicio 2
1. la sentencia   2. la comunidad   3. el convicto   4. reintegrarse   5. el prisionero
6. la custodia   7. el reformatorio   8. la responsabilidad

Ejercicio 3
1. academia   2. personal   3. profesional   4. voluntario   5. sistema
6. delincuentes juveniles   7. oficial   8. político   9. interrogación   10. representar
11. ciencias

Ejercicio 4
1. e   2. g   3. h   4. a   5. d   6. c   7. b   8. n   9. k   10. m   11. l   12. f
13. j   14. i

Ejercicio 5
1. abogado de defensa   2. entrenamiento, entrenamiento
3. El custodio (el oficial de custodia), custodia   4. cárcel, cárcel
5. junta de libertad bajo palabra   6. juicio ante jurado   7. fiscal general   8. juez
9. abogado   10. reclutan

CAPITULO 23: Propósitos y funciones del sistema penal

Ejercicio 2
1. r   2. q   3. p   4. o   5. n   6. m   7. l   8. k   9. j   10. i   11. h   12. g
13. f   14. e   15. d   16. c   17. b   18. a

Ejercicio 3
1. sociales   2. humana   3. punitiva   4. criminal   5. anormal   6. potenciales
7. mantener   8. cometer   9. penal   10. la fuerza   11. la fuerza   12. policías
13. disuasión   14. función   15. secretas   16. efecto   17. máxima
18. prisiones   19. deshumanizador   20. imponer   21. vocacionales   22. judicial
23. normal   24. rehabilitar

Ejercicio 4
1. f   2. a   3. d   4. c   5. g   6. j   7. i   8. b   9. h   10. e

Ejercicio 5
1. la pena de muerte, la cadena perpetua   2. libertad bajo fianza   3. El tribunal
4. procesado   5. gravedad del crimen   6. comportamiento   7. detenido (reo)
8. gran jurado de acusación

Capitulo 24: La policía (I)

Ejercicio 2
1. policía   2. policía   3. policía   4. policías   5. policías   6. militares
7. uniformados   8. detective   9. guardia   10. policía

Ejercicio 3
1. aprehender   2. ingresar   3. arrestar   4. informar   5. resolver   6. patrullar
7. respetar

Ejercicio 4
1. c   2. e   3. f   4. j   5. h   6. b   7. d   8. a   9. g   10. i

Ejercicio 5
1. control   2. discreción   3. pública   4. científicas   5. evidencia   6. información
7. policiales   8. custodia   9. criminal   10. incomunicado

Ejercicio 6
1. d   2. e   3. g   4. i   5. a   6. c   7. h   8. f   9. j   10. b

Ejercicio 7
1. un juego de azar, juegos de azar   2. paradero   3. entrevistar, testigos
4. informes   5. respaldar   6. llega al escenario   7. huellas dactilares

Capitulo 25: La policía (II)

Ejercicio 2
1. p   2. e   3. q   4. b   5. o   6. h   7. r   8. c   9. d   10. g   11. n   12. f
13. j   14. l   15. i   16. m   17. k   18. a

Ejercicio 3
1. el escenario   2. la infracción   3. iniciar   4. sospechar   5. el arresto   6. legal
7. anormal   8. el magistrado   9. el intervalo   10. el silencio   11. el consentimiento
12. ocurrir   13. el arma   14. rutinario

Ejercicio 4
1. criminal   2. investigación   3. rutinaria   4. anormal   5. interrogación   6. causa
7. suficiente   8. crimen   9. víctima   10. infiltración   11. electrónicos   12. legal
13. custodia   14. menor   15. período   16. silencio

Ejercicio 5
1. k   2. l   3. e   4. o   5. m   6. i   7. b   8. a   9. d   10. c   11. j   12. g
13. p   14. n   15. f   16. h

Ejercicio 6
1. un crimen en flagrante   2. el denunciante   3. la denuncia   4. ejercer los derechos
5. la observación   6. el registro de domicilio   7. cachear   8. la formación
9. la comisaría   10. la fianza   11. el registro corporal (cacheo)
12. el mandamiento judicial   13. en peligro mortal   14. detener

CAPITULO 26: Antes del juicio

Ejercicio 2
1. iniciar   2. razonable   3. probable   4. arresto   5. custodia   6. excesiva
7. crueles   8. defensa   9. detención   10. violento   11. previa   12. formales
13. jurado   14. mociones   15. revocar   16. deliberaciones   17. acusado
18. cargo   19. preliminar   20. causa probable   21. Constitución

Ejercicio 3
1. la detención preventiva   2. arrestado   3. una sospecha razonable
4. la evidencia   5. especificar   6. incrementar   7. el análisis   8. la evidencia
9. revocar

Ejercicio 4
1. a   2. g   3. k   4. l   5. h   6. n   7. i   8. b   9. c   10. m   11. d   12. f
13. j   14. e

Ejercicio 5
1. en libertad bajo su propio reconocimiento   2. la libertad bajo fianza   3. la
culpabilidad   4. presentar una amenaza   5. la presentación de los alegatos
6. el auto de procesamiento   7. la culpabilidad   8. la presunción de inocencia
9. la multa   10. la libertad bajo palabra   11. el juicio

CAPITULO 27: El juicio

Ejercicio 2
1. el acusado   2. la sentencia   3. anular   4. legal   5. optar   6. imponer
7. la naturaleza   8. voluntariamente   9. *nolo contendere*   10. presentar

Ejercicio 3
1. presentar   2. condenar   3. anular   4. imponer   5. declararse

Ejercicio 4
1. máxima   2. legal   3. sentencia   4. naturaleza   5. confesarse   6. declararse

Ejercicio 5
1. k   2. g   3. b   4. c   5. a   6. f   7. h   8. d   9. j   10. i   11. e

Ejercicio 6
1. el fallo   2. más allá de una duda razonable   3. civiles   4. ante juez
5. pleito ante jurado   6. jurados   7. comparecer ante la corte   8. coacción
9. auto de procesamiento   10. fallo directivo de absolución

CAPITULO 28: La corrección

Ejercicio 2
1. segregada   2. congregado   3. solitaria   4. rehabilitación   5. seguridad
6. máxima   7. custodia   8. custodia   9. mínima   10. seguridad   11. bloques
12. celdas   13. interiores   14. armados   15. armados   16. observación
17. electrónicos   18. departamento, corrección   19. recepción   20. centro
21. clasificado   22. sentencia   23. buen   24. físicas   25. obligatoria

Ejercicio 3
1. penitenciaría; máxima   2. interiores; facilidades, mediana, celdas
3. observación, seguridad, guardias   4. cubículo   5. castigar, reformar

Ejercicio 4
1. el guardia armado   2. el tipo   3. el delincuente   4. disuadir
5. los aparatos electrónicos   6. el silencio   7. clasificar   8. circular
9. el contrabando   10. el escape

Ejercicio 5
1. l   2. k   3. j   4. i   5. h   6. g   7. f   8. e   9. d   10. c   11. b   12. a

Ejercicio 6
1. libertad probatoria   2. preso, celda   3. apartar   4. castigo   5. indulto
6. escoltados   7. alambre de púa   8. alojar   9. arrepentimiento

Ejercicio 7
1. el preso   2. el indulto   3. apartar   4. alojar   5. escoltado   6. la celda
7. el castigo   8. la liberación

SPANISH-ENGLISH VOCABULARY

A

a favor de   in favor of
a pesar de   in spite of
abandonado   abandoned
abandonar   to leave
abandonar el lugar del accidente
   leave the scene of an accident
abandono *m*   abandonment
abandono de cumplimiento *m*
   abandonment of performance
abogado *m*   lawyer
abogado de defensa *m*   defense lawyer
abolir   to abolish
aborto *m*   abortion
abrir y entrar *m*   breaking and entering
absolución *f*   acquittal
absoluto   absolute
absolver   to absolve, acquit
abuelo *m*   grandfather
abusar   to abuse
abusivo   abusive
abuso *m*   abuse, misuse
academia *f*   academy
academia de policías *f*   police academy
accesorio *m*   accessory, abettor
accidente *m*   accident
acción *f*   action; stock
accionista *m* or *f*   shareholder, stockholder
aceptación *f*   acceptance
aceptar   to accept
aconsejable   advisable
aconsejar   to advise
acontecimiento *m*   event; deed
acreedor *m*   creditor
acta *f*   act
actitud criminal *f*   criminal attitude
actividad *f*   activity
actividades corporativas *f pl*   corporate
   activities

actividades criminales *f pl*   criminal
   activities
activo *m*   asset
acto *m*   act, action, proceedings
actuar   to act
acuerdo *m*   agreement
acuerdo antenupcial *m*   prenuptial
   agreement
acuerdo bilateral *m*   bilateral agreement
acuerdo gratuito *m*   gratuitous
   agreement
acuerdo implícito *m*   implied agreement
acuerdo mutuo *m*   mutual agreement
acuerdo oral *m*   oral agreement
acuerdo (por) escrito *m*   written
   agreement
acuerdo sin consideración *m*   agreement
   without consideration
acumular   to accumulate
acusación *f*   accusation
acusado *m*   accused, defendant
adaptación *f*   adaptation
adaptar   to adapt
adhesión *f*   adhesion
adicción *f*   addiction
adicción a las drogas *f*   drug addiction
aditivo *m*   additive
administración *f*   administration
administrador *m*   administrator
administrar   to administer, manage
administrativo   administrative
adopción *f*   adoption
adoptado   adopted
adoptivo   adoptive
adquirido   acquired
adulterado   adulterated
adulterio *m*   adultery
afectar   to affect
afinidad *f*   affinity

afirmación *f* affirmation
afirmar to affirm
aflicción *f* affliction
agencia *f* agency
agencia administrativa *f* administrative agency
agencia regulatoria *f* regulatory agency
agente de policía *m* or *f* police officer
agotar to exhaust
agraviado injured, wronged, offended
agraviar to offend
agresión *f* battery, aggression
ajeno belonging to another
al azar fortuitously, at random
alambre de púa *m* barbed wire
alcoholismo *m* alcoholism
alegato *m* allegation, plea
alguacil *m* sheriff's deputy
alianza *f* alliance
alimonia *f* alimony
alimonia *pendente lite* *f* temporary alimony
alojar to lodge, quarter
alteración *f* alteration, change
alteración sustancial *f* material alteration
alterar to alter, modify
alternativa *f* alternative
allanamiento *m* breaking and entering
ambiente *m* environment
ambiente deshumanizador *m* dehumanizing environment
amenaza *f* threat
amenazante threatening
amonestaciones *f pl* banns
análisis *m* test
anormal abnormal, unbalanced
ante in front of
antecedente *m* record
antenupcial prenuptial
anterior previous
antiguo ancient, old
antimonopolio *m* antitrust
anulable voidable
anulación *f* annulment
anular to annul
anunciar to announce
anuncios *m pl* advertisements
aparato electrónico *m* electronic device

aparatos electrónicos a escondidas *m pl* hidden electronic devices
aparatos electrónicos de vigilancia *m pl* electronic surveillance devices
aparecer to appear
apariencia *f* appearance
apartar to separate
apelación *f* appeal
aplicación *f* application
aplicar to apply
aplicar la ley to apply the law
apoyar to uphold, stand, support, back up
apreciar to appreciate
aprehender to apprehend
aprehensión *f* apprehension
aprobación *f* approval
aprobar to approve
apropiación *f* appropriation
argumento *m* statement
argumentos de apertura *m pl* opening statements
argumentos de cierre *m pl* closing statements
arma blanca *f* weapon with a blade
arma de fuego *f* firearm
arma oculta *f* concealed weapon
armado armed
arrendamiento *m* rental
arrendar to rent, let, lease
arrepentimiento *m* repentance
arrestar to arrest
arresto *m* arrest
arresto legal *m* legal arrest
artefacto *m* artifact
artículo *m* article, clause
asaltador *m* assailant
asaltar to assault, attack
asalto *m* assault
asalto agraviado (con agravio) *m* aggravated assault
asalto con intención de matar *m* assault with intent to kill
asalto sexual agraviado (con agravio) *m* aggravated sexual assault
asalto y agresión *m* assault and battery
asegurar to insure
asentimiento *m* consent, agreement
asesinar to assassinate
asesinato *m* murder

asesinato en primer grado *m* first-degree murder

asesinato en segundo grado *m* second-degree murder

asesinato premeditado *m* premeditated murder

asignado assigned

asignar to assign

asociación *f* partnership

asociación limitada *f* limited partnership

asqueroso nauseating, disgusting

asunto *m* matter

ataque *m* assault, attack

atracador *m* holdup man

atrapamiento *m* entrapment

atroz atrocious

audiencia *f* hearing

audiencia preliminar *f* preliminary hearing

audiencia sobre fianza *f* bail hearing

auditoría *f* audit

aumentar to increase

ausencia *f* absence

auténtico authentic

auto de acusación *m* indictment

auto de procesamiento *m* arraignment

auto de registro *m* search warrant

autoincriminación *f* self-incrimination

autonomía *f* autonomy

autónomo autonomous

autoridad *f* authority

autorización *f* authorization

autorizar to authorize

aviso Miranda *m* Miranda Warning

ayuntamiento *m* borough council, town hall

B

bajo arresto under arrest

bajo custodia under custody

bajo juramento under oath

bala *f* bullet

banco *m* bank

basarse to be based on

base *f* basis, base

básico basic

beneficiar to benefit, profit

beneficiario *m* beneficiary

beneficio *m* benefit, profit

beneficios y detrimentos *m pl* benefits and detriments

bien inmueble *m* immovable good, real estate

bien mueble *m* movable good

bienes *m pl* property, goods

bienes raíces *m pl* real estate

bienes y servicios *m pl* goods and services

bigamia *f* bigamy

bilateral bilateral

bloque *m* block

bloques de celdas *m pl* cell blocks

bono *m* bond

borracho *m* drunkard

breve brief

británico British

broma *f* joke

buen comportamiento *m* good behavior

bufete *m* lawyer's office

C

cachear to frisk

cacheo *m* frisk

cadena perpetua *f* life imprisonment, life sentence

calcular to calculate

calendario *m* calendar

calendario de juicio *m* court calendar

calendario para el enjuiciamiento *m* court (trial) calendar

callarse to keep quiet, remain silent

cambiar to change

cambio *m* change

cancelación *f* cancellation

cancelar to revoke

candidato *m* candidate

cantidad *f* quantity

capacidad *f* competence

capacidad mental *f* mental competence

característica *f* characteristic

cárcel *f* jail, prison

cárcel del condado *f* county jail

cárcel local *f* local jail

carecer to lack

cargar to charge

cargársele to be charged

cargo *m* charge, indictment

cargo al jurado *m* charge to the jury

cargo de prueba *m*   burden of proof, challenge of proof
cargo inapropiado *m*   wrongful charge
cargos contra el acusado *m pl*   charges against the accused
cargos formales *m pl*   formal charges
carro blindado *m*   armored car
carterista *m* or *f*   pickpocket
casado   married
casarse   to get married
caso fortuito *m*   act of God
caso *m*   case
caso civil *m*   civil case
caso criminal *m*   criminal case
caso penal *m*   criminal case
caso por caso *m*   case by case
caso rutinario *m*   routine case
castigar   to punish
castigo *m*   punishment
categoría *f*   category
causa *f*   cause; case
causa probable *f*   probable cause
causa razonable *f*   reasonable (just) cause
celda *f*   cell
celda exterior *f*   outside cell
celda interior *f*   inside cell
censura *f*   censorship
centro *m*   center
centro de recepción *m*   reception center
centro de recibimiento *m*   receiving center
ceremonia *f*   ceremony
certeza *f*   certainty
ciclamato *m*   cyclamate
ciencias *f pl*   sciences
ciencias sociales *f pl*   social sciences
científico   scientific
cierto y definitivo   clear and final
circuito *m*   circuit
circular   circular
circular   to circulate
circunstancia *f*   circumstance
circunvenir   to circumvent, get around
citar   to cite, quote
ciudadano *m*   citizen
civil   civil
clandestino   clandestine
clasificación *f*   classification

clasificado   classified
clasificado y asignado   classified and assigned
clasificar   to classify
cliente *m* or *f*   client; customer
clínica *f*   clinic
coacción *f*   coercion, duress
coche de patrulla *m*   patrol car
codicilo *m*   codicil
código *m*   code
Código Comercial Uniforme *m*   Uniform Commercial Code
código penal *m*   criminal (penal) code
código penal estatal *m*   state penal code
Código Penal Modelo *m*   Model Penal Code
Código romano *m*   Roman law
cohabitar   to cohabitate
colaboración *f*   collaboration
colaborar   to collaborate
colateral   collateral
colono *m*   tenant farmer
combinar   to combine
comercial   commercial, business
comercio *m*   commerce, trade, business
comercio ilícito *m*   illicit trade, business
comercio interestatal *m*   interstate commerce
comestibles *m pl*   food
cometedor *m*   perpetrator
cometer   to commit, perpetrate
cometer un crimen   to commit a crime
cometer un delito   to commit a crime
comisaría *f*   police station
comisión *f*   commission; perpetration
Comisión de Valores y Bolsa *f*   Securities and Exchange Commission
Comisión de Vehículos Motorizados *f*   Motor Vehicle Commission
Comisión Federal de Comercio *f*   Federal Trade Commission
compañía *f*   company
comparecer ante la corte   to appear in (before the) court
compasivo   compassionate
compeler   to compel
compensación *f*   compensation
competencia *f*   competence; competition
competente   able, competent

competición f   competition
competidor m   competitor
competir   to compete
compilación f   compilation, collection
compilar   to compile, collect
complejo   complex
complicado   complicated
componer   to constitute
comportamiento m   behavior, conduct
comportamiento anormal m   abnormal
    behavior
comportamiento criminal m   criminal
    behavior
comportamiento delictivo m   criminal
    behavior
comprador m   buyer
compraventa f   buying and
    selling, purchase
compulsión f   compulsion
común   common
comunicado   communicated
comunidad f   community
comunitario   (of the) community
con agravio   aggravated
con dolo   fraudulent, deceitful
con fuerza de ley   enforceable
concebir   to conceive
conceder   to concede, grant
concepto m   concept
concesión f   concession
condado m   county
condena f   sentence
condena previa f   previous conviction
condenar   to sentence
condensación f   condensation
condensado   condensed
condensar   to condense
condición f   condition
condicional   conditional
conducir   to conduct
conducta f   behavior, conduct
conexión f   connection
confesarse   to confess
confesión f   confession
confirmar   to confirm
conflicto m   conflict
conformar   to conform
conforme a   in accordance with
conformidad f   conformity

confrontar   to confront
congregado   congregate
congreso m   congress, national legislative
    body, convention
conjunto m   whole, entirety
conllevar   to carry with, provide, bear
consanguinidad f   consanguinity, kinship
consecuencia f   consequence
consecuencias colaterales f pl   collateral
    consequences
consecuencias criminales f pl   criminal
    consequences
consentimiento m   assent, consent
consentimiento de las dos partes m
    consent of both parties
consentimiento mutuo m   mutual
    consent
consideración f   consideration
consideración anterior f   past
    consideration
considerar   to consider
consorcio m   association, partnership
constitución f   constitution
constitucional   constitutional
consultar   to consult
consumidor m   consumer
contable m or f   accountant
contable independiente m or f
    independent accountant
contador m   accountant
contemporáneo   contemporary
contestar   to answer
contingencia f   contingency
contra   against
contrabando m   smuggling
contraer matrimonio   to enter into
    marriage
contratante m or f   party to a contract
contratar   to contract
contrato m   contract
contrato de compraventa m   purchase
    contract
contrato formal m   formal contract
contrato por escritura sellado m
    contract under seal
contrato unilateral m   unilateral contract
contravención del contrato f   breach of
    contract
contravenir   to contravene, infringe

contribución *f* contribution, tax
 payment
control *m* control
control de tránsito *m* traffic control
control del crimen *m* crime control
controlar to control
controversia *f* controversy, dispute
convencido convinced
convenir to agree
convicto *m* convict
conyugal conjugal
cónyuge *m* or *f* spouse
copia *f* copy
corporación *f* corporation
corporativo corporative, corporate
corrección *f* correction
correccional correctional
correctivo corrective
corregir to correct
corte *f* court
corte criminal *f* criminal court
corte de apelación *f* appellate court, court
 of appeals
corte de apelación de distrito *f* district
 appeals (appellate) court
corte de circuito *f* circuit court
corte de demandas *f* claims court
corte de demandas menores *f* small
 claims court
corte de errores *f* court of errors
corte estatal *f* state court
corte familiar *f* family court
corte federal *f* federal court
corte inferior *f* lower court
corte intermedia *f* intermediate court
corte local *f* local court
corte municipal *f* municipal court
corte para menores *f* juvenile court
corte probatoria *f* probate court
corte superior *f* superior court
Corte Suprema *f* Supreme Court
corte testamentaria *f* probate court
cortes de jurisdicción general *f pl* courts
 of general jurisdiction
cortes federales de distrito *f pl* federal
 district courts
cosmético *m* cosmetic
creación *f* creation
creado created

crear to create
crecer to grow, increase
credibilidad *f* credibility
creencia *f* belief, creed
crimen *m* crime
crimen en flagrante *m* crime in progress
crimen grave *m* serious crime
crímenes del «índice» *m pl* "index" crimes
criminal criminal
criminal organizado *m* organized
 criminal, mafioso
criminal profesional *m* professional
 criminal
criminales peligrosos *m pl* dangerous
 criminals
criminales políticos *m pl* political
 criminals
criminalidad *f* criminality, crime rate
criminalista *m* criminologist
criterios *m pl* criteria
cruel cruel
crueldad *f* cruelty
crueldad excesiva *f* excessive cruelty
cuasicontrato *m* quasi contract
cubículo *m* cubicle
cuchillo *m* knife
cuerpo de policía *m* police force
cuestión *f* question
cuidado *m* care
cuidadosamente carefully
culpabilidad *f* culpability, blame, guilt
culpable guilty
cumplimiento *m* performance
cumplir to comply with
custodia *f* custody
custodia conjunta *f* joint custody
custodia legal *f* legal custody
custodio *m* prison warden

D

dañino harmful, damaging
daño *m* damage, harm
daño de propiedad *m* property damage
daño físico *m* physical harm
daños accesorios *m pl* incidental
 damages
daños efectivos *m pl* actual damages
daños eventuales *m pl* speculative
 damages

daños nominales *m pl*   nominal damages
dar a luz   to give birth
dar por nulo   to declare void
darse cuenta   to realize
datos *m pl*   data, information
datos disponibles *m pl*   available data
de mala gana   unwillingly
de mente sana   of sound (sane) mind
debate *m*   debate
debilidad *f*   weakness
decidir   to decide
decir   to say
decisión *f*   decision
declaración *f*   declaration
declaración de inscripción *f*   certificate of registration
declarar   to declare
declararse culpable   to plead guilty
declararse inocente   to declare one's innocence, plead not guilty
dedicarse   to dedicate oneself
deducción *f*   deduction
deducir   to deduce
defecto *m*   defect
defectuoso   defective
defender   to defend
defensa *f*   defense
defensa contra los cargos *f*   defense against the charges
defensa nacional *f*   national defense
defensa propia *f*   self-defense
definición *f*   definition
definir   to define
definitivo   definitive, final
defraudar   to defraud, embezzle
dejar   to leave
dejar en libertad   to let go, set free
deliberaciones *f pl*   deliberations
deliberaciones del gran jurado   grand jury deliberations
deliberaciones secretas *f pl*   secret deliberations
deliberar   to deliberate
delictivo   criminal
delincuente *m or* f   delinquent
delincuente convencional *m or f*   conventional criminal
delincuente juvenil *m or f*   juvenile delinquent

delincuente ocasional de delito contra la propiedad *m or f*   occasional property crime violator
delincuente potencial *m or f*   potential criminal
delincuente reincidente *m or f*   repeat offender
delito *m*   offense, crime
delito atroz *m*   atrocious crime
delito mayor *m*   felony
delito menor *m*   misdemeanor
delito peligroso *m*   dangerous crime
delito violento *m*   violent crime
delitos sin víctima *m pl*   victimless crimes
demandado *m*   defendant
demandante *m or f*   plaintiff
demandar   to sue, file suit
demencia *f*   insanity
denuncia *f*   indictment, reporting
denunciante *m or f*   informer; plaintiff; claimant
denunciar   to report (a crime)
departamento *m*   department
departamento de servicios de corrección *m*   department of corrections
depender   to depend
deposición *f*   deposition
derecho *m*   right, law
derecho a fianza *m*   right to bail
derecho a un juicio con jurado *m*   right to trial by jury
derecho al voto *m*   right to vote
derecho legal *m*   legal right
derechos *m pl*   rights
derechos civiles *m pl*   civil rights
derechos constitucionales *m pl*   constitutional rights
derechos de propiedad *m pl*   property rights
derechos del consumidor *m pl*   consumers' rights
derechos fundamentales *m pl*   fundamental rights
derechos reales *m pl*   property rights
derivar   to derive
derrogar   to revoke
descendencia *f*   ancestry
descender   to descend
descendiente *m or f*   descendant

desconocer   to disclaim, pretend not to know
desconocido   unknown
descontar   to discount
describir   to describe
descripción f   description
descubrimiento m   discovery
descubrimiento anterior al juicio m   pretrial discovery
descuento m   discount
descuido m   neglect
desfalco m   embezzlement
deshumanizador   dehumanizing
después   after
destreza f   skill
destrezas vocacionales f pl   vocational skills
desviar   to divert
detallado   detailed
detección f   detection
detectar   to detect
detective m or f   detective
detective privado m   private detective
detención f   detention, arrest
detención preventiva f   preventive detention
detención y cacheo f   stop and frisk
detener   to stop, halt; arrest
deterioro m   deterioration, decline
determinación f   determination
determinar   to determine
determinar los hechos   to determine the facts
detrimento m   detriment, damage
deuda f   debt
deudas f pl   liabilities
deudor m   debtor, obligor
dictamen m   judgment, advice
dictar   to dictate
dictar la sentencia   to hand down a sentence
dictar un fallo   to pronounce judgment, render a verdict
dicho   said
diferencia f   difference
difunto m   deceased
director m   director
discreción f   discretion
discreción del policía f   police discretion

discriminación f   discrimination
disculpar   to excuse
disolución f   dissolution
disolver   to dissolve
disparar   to shoot
disponer   to dispose
disponible   available
disposición f   disposition
disputa f   dispute, argument
disputar   to dispute, argue
distinción f   distinction
distinguir   to distinguish
distribución f   distribution
distribuir   to distribute
distrito m   district
disuadir   to dissuade
disuasión f   dissuasion
diversificar   to diversify
dividendo m   dividend
dividir   to divide
divisible   divisible
división f   division
divorciado   divorced
divorciar   to divorce
divorcio m   divorce
divorcio sin culpa m   no-fault divorce
documento m   document
documento legal m   legal document
dolo m   deceit, fraud
domicilio m   domicile, residence
dormitorio m   dormitory, bedroom
droga f   drug
dueño m   owner
duración f   duration

E

echar la culpa   to blame
economía f   economy
económico   economical
edad f   age
edad de consentimiento f   age of consent
edad mínima f   minimum age
educación f   education
efectivo   effective
efectivo m   cash
efecto m   effect
efectos personales m pl   personal effects
efectuar   to take place
ejecutar   to execute

ejecutivo   executive
ejercer   to exercise, practice
ejercer los derechos   to exercise one's
  rights
elección *f*   election
electo   elected
elegir   to choose
elemento *m*   element
eliminar   to eliminate
embarazada   pregnant
embarazo *m*   pregnancy
embriaguez *f*   drunkenness
emergencia *f*   emergency
emisión *f*   issuance
emitir   to issue
emitir bonos   to issue bonds
empresa *f*   enterprise
empresa de propiedad individual *f*   sole
  proprietorship
empujón *m*   push, shove
en el lugar   on the spot
en la presencia de testigos   in the
  presence of witnesses
en peligro mortal   in mortal danger
en vez de   instead of
encarcelamiento *m*   imprisonment, jailing
encargarse de   to be in charge of
encuesta *f*   survey
enfermedad *f*   illness
enfermedad mental *f*   mental illness
enfermedad venérea *f*   veneral disease
enfocar   to focus
enfoque *m*   focus
engañar   to deceive
engaño *m*   deceit
engañoso   deceitful
enjuiciado *m*   indicted
enjuiciamiento *m*   procedure, trial
enjuiciar   to sue, try a case
enmendar   to amend
enmienda *f*   amendment
enmienda a la constitución *f*
  constitutional amendment
enorme   enormous, huge
entender   to understand
entidad *f*   entity
entrada *f*   entry; ticket
entredicho *m*   injunction
entrega *f*   delivery

entrega preferencial *f*   preferential
  delivery
entrenamiento *m*   training
entrevistar   to interview
enviar   to send
envolver   to involve
equitativo   equitable
erróneo   erroneous, false
error *m*   mistake
escala *f*   scale
escalamiento *m*   breaking and entering
escape *m*   escape
escenario *m*   scene
escenario del crimen *m*   scene of the
  crime
escoltado   guarded, escorted
escondido   hidden
escribano de la corte *m*   court clerk
escrito   written
escritura *f*   deed, title, legal document
esencia *f*   essence
esmalte para las uñas *m*   nail polish
especificar   to specify
espionaje *m*   espionage, spying
esposa *f*   wife
esposo *m*   husband
estabilidad *f*   stability
establecer   to establish
establecimiento *m*   establishment
estadística *f*   statistic
estado *m*   state; statement
estado financiero *m*   financial statement
estado mental *m*   mental state
estar de acuerdo   to agree
estatal   of or pertaining to the state
estatuto *m*   statute, decree
estatuto de fraudes *m*   statute of frauds
estatuto federal *m*   federal statute
estenógrafo de la corte *m*   court
  stenographer
estipular   to stipulate
estructura *f*   structure
estupefacientes *m pl*   drugs, narcotics
evaluar   to evaluate
evidencia *f*   evidence
evidencia favorable *f*   favorable evidence
evidencia física *f*   physical evidence
evidencia suficiente *f*   sufficient evidence
evitar   to avoid

examen preliminar *m*   preliminary
    investigation
excepción *f*   exception
excesivo   excessive
exclusión *f*   exclusion
excusa *f*   excuse
exhibición *f*   exhibition
exhibición de la fuerza *f*   show of force
exhibir   to show
exigir   to demand
existencia *f*   existence; stock
existir   to exist
expandir   to expand
expedidor *m*   process server
expediente *m*   warrant
experto   expert
explosivo *m*   explosive
expreso   expressed, implied
exterior   outside
extinción *f*   discharge, extinction
extinción de contrato por quiebra *f*
    discharge of contract through
    bankruptcy
extinción de contratos *f*   discharge of
    contracts
extinguir   to extinguish

F

fabricante *m* or *f*   manufacturer
facilidad *f*   facility
facilidad correccional comunitaria *f*
    community correctional facility
facilidades de seguridad máxima *f pl*
    maximum security facilities
facsímil(e) *m*   facsimile, telecopy
falaz   false
fallar   to pass judgment on, find
fallecimiento *m*   death
fallo *m*   final decision, verdict
fallo directivo de absolución *m*   directed
    verdict of acquittal
falsificador *m*   falsifier, counterfeiter
falso   false
falta *f*   error, mistake; inability; lack
familia *f*   family
fase *f*   phase, stage
favorable   favorable
federal   federal
fenómeno *m*   phenomenon

fenómeno natural *m*   natural
    phenomenon
feudal   feudal
fiador *m*   guarantor
fianza *f*   bail
fianza excesiva *f*   excessive bail
fijar   to fix, decide
filiación *f*   filiation, relationship
filosofía *f*   philosophy
finalizar   to finalize, end
financiero   financial
firma *f*   signature
firmar   to sign
fiscal   fiscal
fiscal *m* or *f*   district attorney
fiscal general *m*   attorney general
físico   physical
fondos *m pl*   funds
forma *f*   form, shape
formación *f*   lineup, formation
formal   formal
formalidad *f*   formality
formar   to form
forzado   forcible, forced
fraude *m*   fraud
frecuentemente   frequently
fuente *f*   source
fuera de   outside of
fuerza *f*   force
fuerza excesiva *f*   excessive force
fuerza mayor *f*   act of God
función *f*   function
función correctiva *f*   corrective function
función de disuasión *f*   disuasive
    function
función punitiva *f*   punitive function
funcionar   to function
funcionario *m*   official, civil servant
fundación *f*   foundation
fundamento *m*   foundation
fundar   to found
funeral *m*   funeral
futuro   future

G

gama *f*   range
ganancias *f pl*   gains, profit
gángster *m*   gangster
garante *m* or *f*   guarantor

garantía f guarantee, assurance
gatillo m trigger
generación f generation
generaciones subsiguientes f pl
  subsequent generations
gobernar to govern
gobierno m government
gobierno estatal m state government
gobierno federal m federal government
gol m goal
golpe m blow
golpear to hit, strike
golpeo m battery
gozar de to enjoy
grado m degree
gran jurado de acusación m grand jury
gratuito gratuitous, free
grave serious
gravedad f seriousness
gravedad del crimen f seriousness of the
  crime
grupo m group
guardabarrera m gatekeeper
guardar to keep, take care of
guardar incomunicado to keep
  incommunicado
guardar silencio to keep quiet
guardia m or f guard
guardia armado m armed guard
guardia de seguridad m security guard
gubernamental governmental

H

hacer daño to mistreat, harm
hacerse cargo to take charge
hallazgo m finding, discovery
hallo de causa probable m finding of
  probable cause
hecho m event, deed; fact
hembra f female
heredar to inherit
heredero m heir
herencia f inheritance
herramienta f tool
hijo m child
hijo ilegítimo m illegitimate child
hijo legítimo m legitimate child
hogar para los niños delincuentes m
  juvenile delinquent home

homicidio m homicide
homicidio impremeditado m
  unpremeditated homicide
homicidio involuntario m involuntary
  homicide
homicidio justificable m justifiable
  homicide
homicidio perdonable m voluntary
  homicide
homicidio por negligencia m negligent
  homicide
hospital m hospital
hospital psiquiátrico m psychiatric
  hospital
huellas dactilares f pl fingerprints
humano human
hurto m larceny
hurto mayor m grand larceny
hurto menor m petty larceny

I

identidad f identity
identificación f identification
ilegal illegal
ilegítimo illegitimate
ilícito illicit
ilimitado unlimited
ilusorio illusory, null, void
impedido incompetent, disabled
impedimento m impediment,
  obstruction
impedir to impede, prevent
imperio m empire
implícito implicit, implied
imponer to impose
imponer la conformidad to impose
  conformity
imponer una sentencia to impose a
  sentence
imposibilidad f impossibility
imposibilidad de cumplimiento f
  impossibility of performance
imposibilitar to make impossible,
  preclude
imposible de efectuar unenforceable
imposición f imposition
impotencia f impotence
impotente impotent
impremeditado unpremeditated

imprudente imprudent
impuesto imposed
impuesto *m* tax
impunidad *f* impunity
impunidad legal *f* legal impunity
inapropiado inappropriate
incapacidad *f* disability
incapacitar to incapacitate
incendio premeditado *m* arson
incesto *m* incest
incomunicado incommunicado
incrementar to increment, increase
incurable incurable
incurrir to incur
indebido undue
indemnización *f* indemnification, compensation
indemnización de perjuicios *f* compensation for damages
indemnización nominal *f* nominal compensation
independiente independent
indicar to indicate
índice *m* index
indicio *m* indication, sign
individuo *m* individual
indivisible indivisible
inducir to induce
indulto *m* pardon, commutation
industria *f* industry
inferior inferior; lower
inferir to infer
infiltración *f* infiltration
infiltración clandestina *f* clandestine infiltration
infligir to inflict
infligir castigos crueles to inflict cruel punishment
influencia *f* influence
influencia indebida *f* undue influence
información *f* information
información errónea *f* erroneous information
informar to inform
informarle al detenido de sus derechos to inform the accused of his or her rights
informe *m* report
Informes uniformes sobre el crimen *m pl* Uniform Crime Reports

infracción *f* infraction
infracción menor *f* minor infraction
ingresar to enter
ingreso *m* entry
ingresos *m pl* income
inhabilidad *f* incompetency
iniciación *f* initiation, beginning
inicial initial
iniciar to begin, start; initiate
iniciar el pleito to initiate a suit
iniciar la investigación to initiate the investigation
iniciar un proceso to initiate an indictment
injusto unfair, unjust
inmunidad *f* immunity
inocencia *f* innocence
inocente innocent
inscribir to register, enroll
inscripción *f* inscription, registration
institución *f* institution
institucional institutional
instrucciones *f pl* instructions
instrucciones al jurado *f pl* instructions to the jury
instruir to instruct
instrumento *m* instrument
intención *f* intent, intention
intención de robar *f* intent to rob
intención falsa *f* false intent
intención seria *f* serious intent
intensidad *f* intensity
intentar to try
intento *m* intent
interés *m* interest
interesado interested
interestatal interstate
interferencia *f* interference
interferencia gubernamental *f* government interference
interior inside, interior
intermedio intermediate
interpretación *f* interpretation
interrogación *f* interrogation
interrogación en el lugar *f* on-the-spot interrogation
interrogación por la policía *f* police interrogation
interrogar to question, interrogate

interrogatorio *m*   interrogation
interrogatorio cruzado *m*   cross-examination
intervalo *m*   interval
intervención *f*   intervention
intervenir   to intervene
intestado   intestate
inválido   invalid, void
inversión *f*   investment
inversión inicial *f*   initial investment
invertir   to invest
investigación *f*   investigation
investigar   to investigate
involuntario   involuntary
irreconciliable   irreconcilable
irremediable   irremediable

J

jerarquía *f*   hierarchy
judicial   judicial
juegos de azar *m pl*   games of chance
juez *m*   judge
juez de paz *m*   justice of the peace
jugador *m*   gambler
juicio *m*   trial
juicio a pesar del veredicto *m*   judgment notwithstanding verdict
juicio ante juez *m*   bench trial
juicio ante jurado *m*   trial by jury
juicio justo *m*   fair trial, just trial
juicio sumarísimo *m*   summary judgment
junta *f*   board
junta de libertad bajo palabra *f*   parole board
junta directiva (de directores) *f*   board of directors
juntos   together
jurado *m*   jury
jurado de acusación *m*   jury of inquiry
jurado de juicio *m*   petit jury
jurídico   juridical
jurisdicción *f*   jurisdiction
jurisdicción exclusiva *f*   exclusive jurisdiction
justicia *f*   justice
justificable   justifiable
justificación *f*   justification
justificar   to justify
justo   fair

juvenil   juvenile
juzgar   to judge

L

laboratorio *m*   laboratory
lado *m*   side
ladrón *m*   thief
lápiz de labios *m*   lipstick
latrocinio *m*   armed robbery
lazo *m*   bond, link
legal   legal
legalidad *f*   legality
legislación *f*   legislation
legislativo   legislative, lawmaking
legislatura *f*   legislature
legitimación *f*   legitimization
legítimo   legitimate
ley *f*   law
ley común *f*   common law
ley común británica *f*   British common law
ley de precedente *f*   common law
Ley de Sentencia Modelo *f*   Model Sentencing Act
liberación *f*   liberation, release
libertad *f*   freedom
libertad a prueba *f*   probation
libertad bajo fianza *f*   out (free) on bail
libertad bajo palabra *f*   parole
libertad bajo su propio reconocimiento *f*   out (free) on personal recognizance
libertad condicional *f*   probation
libertad de asamblea *f*   freedom of assembly
libertad de culto *f*   freedom of religion
libertad de habla *f*   freedom of speech
libertad de prensa *f*   freedom of the press
libertad obligatoria *f*   mandatory release
libertad probatoria *f*   probation
libertad provisional *f*   probation
libre albedrío *m*   free will
libre bajo fianza   free (out) on bail
libre de coacción   free from coercion
licencia *f*   license
licencia matrimonial *f*   marriage license
limitado   limited
límite *m*   limit
linaje *m*   lineage
línea *f*   line

liquidez f liquidity
lista f list
lista de causas pendientes f list of
  pending cases
lista de ciudadanos f list of citizens
litigante m or f litigant
litigio m litigation, dispute
local local
locatario m offerer
locura f insanity
lugar m place

LL

llegar a la escena to arrive on the scene
llegar al escenario to arrive on the scene
llevar to bring

M

mafioso m pertaining to the mafia
magistrado m magistrate, judge
maleante m hoodlum, thug
maleantes de violencia personal m pl
  violent personal offenders
malhechor m wrongdoer
malicioso malicious
maltrato m mistreatment
mandamiento judicial f court order
mandato judicial m court order
manera f way
manipulación f manipulation
manipulación injusta f unjust
  manipulation
manipular to manipulate
mantener to maintain
mantener el orden público to maintain
  public order
mantenido held
mantenido bajo custodia held in custody
mantenimiento m maintenance
manutención f support
maquinalmente automatically
materia f matter
materia legal técnica f technical legal
  material
material material
maternidad f maternity
matrimonial matrimonial
matrimonio m marriage
matrimonio inválido m invalid marriage

máximo m maximum
mayor senior, older, major
mecánico mechanical
mecanismo m mechanism, medium
mechera f shoplifter
mediano medium
medicamento m medicine
menor de edad m or f minor
menores m or f pl minors
mental mental
mentalmente anormal mentally
  unbalanced
mente f mind
Mercado de Valores m Stock Market
meta f goal
método m method
métodos de descubrimiento m pl
  methods of discovery
metropolitano metropolitan
miembro m member
miembros del jurado m pl jury members
militar military
minimizar to minimize
minimizar los daños to minimize
  damages
mínimo minimum
moción f motion
mociones de descubrimiento f pl
  motions of discovery
moderado moderated
modificación f modification
modificar to modify
monarca m monarch, king
monopolio m trust, monopoly
monto m sum
moral moral
morir to die
mortífero lethal
mostrar to show
muerte f death
muestra f sample
multa f fine
municipal municipal
municipio m municipality, town council
mutuo mutual

N

nacimiento m birth
nación f country

nacional   national
natural   natural (from a place)
naturaleza *f*   nature
naturaleza de los cargos *f*   nature of the
  charges
naturaleza humana *f*   human nature
necesario   necessary
necesidad *f*   need, necessity
necesidades básicas *f pl*   basic needs
necesitar   to need
negar   to disclaim, deny
negativo   negative
negligencia *f*   negligence
negocio *m*   transaction, deal
nieto *m*   grandchild
niño *m*   child
niño abandonado *m*   abandoned child
niño ilegítimo *m*   illegitimate child
nivel *m*   level
nivel de reincidencia *m*   level of recurrence
nivel de seguridad *m*   level of security
no contestar   *nolo contendere*
nombrar   to name
noticia *f*   news
nulo   null
nulo e inválido   null and void
número *m*   number
número de identificación *m*
  identification number

O

obedecer   to obey
objeción *f*   objection
objetivo *m*   objective
objeto *m*   object
obligación *f*   obligation, bond, liability
obligación a plazo *f*   conditional
  obligation relative to time
obligación contingente (condicional) *f*
  conditional obligation
obligación legal *f*   legal obligation
obligación preexistente *f*   preexisting
  obligation
obligar   to oblige, force
obligatorio   mandatory
observación *f*   observation
observante   observing
obstáculo *m*   obstacle
obtenido   acquired

octavo   eighth
oculto   hidden
ocurrencia *f*   occurrence, incident
ocurrir   to occur, take place
ofensa *f*   offense
ofensa federal *f*   federal offense
ofensor *m*   offender
oferta *f*   offer
oferta de cumplimiento *f*   tender of
  performance
oferta de pago *f*   tender of payment
oferta razonable *f*   reasonable offer
oficial *m*   official, officer
oficial civil *m*   civil servant
oficial de custodia *m*   prison warden
oficial electo *m*   elected official
ofrecedor *m*   offerer
oír el caso   to hear the case
omisión *f*   omission
omitir   to omit
omnipresencia *f*   omnipresence
operar   to operate
oponer   to oppose
oportunidad *f*   opportunity
oposición *f*   opposition
optar   to opt, choose
oral   oral
orden *f*   order
orden de arresto *f*   arrest warrant
orden de cese y desiste *f*   cease and desist
  order
orden de detención *f*   arrest warrant
orden de registro *f*   search warrant
orden público *m*   public order
ordenanza *f*   ordinance
ordenanza municipal *f*   municipal
  ordinance
organización *f*   organization
organizado   organized
organizar   to organize
origen *m*   origin
original   original
otorgar   to grant, concede

P

padres abusivos *m pl*   abusive parents
paga *f*   payment
pagar   to pay
pagaré *m*   promissory note

pago *m*   payment
país *m*   country
paradero *m*   whereabouts
paramilitar   paramilitary
parcialidad *f*   partiality
pareja *f*   couple
parentesco *m*   relationship, kinship
pariente *m* or *f*   relative
parlamento *m*   parliament
parque *m*   park
parte *f*   party
parte acusada *f*   accused party
parte agraviada *f*   wronged party
parte interesada *f*   interested party
partes con capacidad *f pl*   competent
   parties
partícipe *m* or *f*   participant
partido político *m*   political party
pasivo *m*   liability
patente *f*   patent
paternidad *m*   paternity
paterno   paternal
patrimonio *m*   worth, estate, total assets
patrulla *f*   patrol
patrulla rutinaria *f*   routine patrol
patrullar   to patrol
patrullas de policías *f pl*   police patrols
pedido de admisión *m*   petition of
   admission
peligro *m*   danger
peligroso   dangerous
pena *f*   penalty, punishment
pena de muerte *f*   death penalty
pena máxima *f*   maximum penalty
penal   penal
penalidad *f*   penalty
penalidad severa *f*   severe penalty
pendiente   pending
penitencia *f*   penitence, penance
penitenciaría *f*   penitentiary
penitenciaría del estado *f*   state
   penitentiary
penitenciaría estatal *f*   state penitentiary
pensión alimenticia *f*   alimony
pequeño   small
pérdidas *f pl*   losses
perdonable   pardonable
perdonar   to forgive
perentorio   peremptory

perímetro *m*   perimeter
periódico *m*   newspaper
período de espera *m*   waiting period
período de tiempo *m*   time period
período de tiempo razonable *m*
   reasonable period of time
perjudicar   to do harm, injure
perjuicio *m*   damage, harm
permiso *m*   permission, license
permitir   to allow
perpetrador *m*   perpetrator
persona *f*   person
persona convicta *f*   convict
persona física *f*   natural person, individual
persona jurídica *f*   juridical person,
   conventional person
persona obligada *f*   obligor
personal   personal
personal *m*   personnel
personal de corrección *m*   correction
   personnel
personal profesional *m*   professional
   personnel
personalidad *f*   personality
persuadir   to persuade
pertenecer   to belong
pertinente   pertaining, concerning
perturbador *m*   violator
perturbador del orden *m*   disorderly
   person
perturbadores del orden público *m pl*
   disturbers of the peace
perversión *f*   perversion
petición *f*   petition
pistola *f*   pistol
pleito *m*   lawsuit
pleito civil *m*   civil suit
pleito viciado *m*   mistrial
pobre   poor, needy
poder *m*   power
poder regulatorio *m*   regulatory power
poderes ejecutivos *m pl*   executive
   powers
policía *f*   police force
policía *m* or *f*   police officer
policía del estado *f*   state police
policía municipal *f*   municipal police
policíaco   police
policial   police

policías de parques *m pl*   park police
policías de tránsito *m pl*   traffic police
policías militares *m pl*   military police
policías uniformados *m pl*   uniformed
    police
poligamia *f*   poligamy
política *f*   politics; policy
política fiscal *f*   fiscal policy
político   political
pompa *f*   pomp, ostentation
poner bajo custodia   to take into custody
poner en tela de juicio   to call into
    question, study
ponerse de acuerdo   to reach agreement
por consentimiento mutuo   by mutual
    consent
por efectos ilegales   illegality of
    performance
porcentaje *m*   percentage
portarse   to behave
positivo   positive
posponer   to postpone
potencia *f*   power
potencial   potential
práctica *f*   practice
práctica engañosa *f*   deceitful practice
práctica injusta *f*   unfair practice
precio *m*   price
precio reducido *m*   reduced price
precisar   to specify
preexistente   preexistent, preexisting
preferencial   preferential
prehistórico   prehistoric
prejuicio *m*   prejudice
prematrimonial   prenuptial
premeditación *f*   premeditation
premeditado   premeditated
preparación *f*   preparation
preparar   to prepare
presencia *f*   presence
presenciar   to witness
presentación de los alegatos *f*
    presentation of allegations, of pleas
presentar   to present; pose
presentar una amenaza   to pose a threat
presentarse   to attend
presidencia *f*   presidency
presidente *m*   president
presidir   to preside

preso *m*   prisoner, detainee
prestación *f*   commitment, lending
prestigio *m*   prestige
presumir   to presume, assume
presunción *f*   presumption
presunción de inocencia *f*   presumption
    of innocence
presunto   presumed
presunto *m*   suspect
presupuesto *m*   budget
prevención *f*   prevention
prevención del crimen *f*   crime
    prevention
prevenir   to prevent
preventivo   preventive
previo   previous
previo al arresto   prior to arrest
primer grado *m*   first degree
primitivo   primitive
principal   principal
principios *m pl*   principles
prioridad *f*   priority
prisión *f*   prison
prisión de custodia máxima *f*   close
    custody prison
prisión de custodia mediana *f*   medium
    custody prison
prisión de custodia mínima *f*   minimum
    custody prison
prisión de recibimiento *f*   receiving
    prison
prisión de seguridad máxima *f*
    maximum security prison
prisión segregada *f*   segregate prison
prisionero *m*   prisoner
privado   private
privar   to deprive
privilegio *m*   privilege
probable   probable
probable efecto *m*   probable effect
probar   to prove
probatorio   probate
problemático   problematical
procedimientos de la causa *m pl*
    proceedings of the case
procedimientos policiales rutinarios *m pl*
    routine police procedures
procesamiento *m*   trial, prosecution
proceso *m*   trial, lawsuit, action

proceso de justicia penal *m*   criminal justice proceeding
proceso jurídico legal *m*   juridical legal process
procreación *f*   procreation
producto *m*   product
producto defectuoso *m*   defective product
profesional   professional
progenitor *m*   progenitor
programa *m*   program
programas de las prisiones *m pl*   prison programs
prohibido   forbidden
prohibir   to forbid
prolongado   prolonged
promesa *f*   promise
promesa ilusoria *f*   illusory promise
promulgar   to promulgate, declare
propiedad *f*   property
propiedad comunitaria *f*   communal property
propiedad conjunta *f*   joint property
propiedad del estado *f*   property of the state
propietario *m*   owner
proponente *m*   proponent, advocate
proposición *f*   proposition
propósito *m*   purpose
propósito válido (legal) *m*   valid purpose
prospecto *m*   prospectus
prostitución *f*   prostitution
protección *f*   protection
protección del consumidor *f*   consumer protection
proteger   to protect
proveer   to provide
provisión *f*   provision
proximidad *f*   proximity
prueba *f*   proof, test
prueba de sangre *f*   blood test
prueba más allá de una duda razonable *f*   proof beyond a reasonable doubt
pruebas físicas y psicológicas *f pl*   physical and psychological tests
psicológico   psychological
psiquiátrico   psychiatric
publicidad *f*   publicity, advertisements
publicidad falaz *f*   false advertising

público *m*   public
puesto *m*   post
puesto armado *m*   armed post
punitivo   punishing, punitive
puro   pure

Q

queja *f*   complaint
quemar   to burn
querella *f*   dispute
quiebra *f*   bankruptcy

R

rama *f*   branch
rama de la familia *f*   family branch
rama ejecutiva *f*   executive branch
rama judicial *f*   judicial branch
rama legislativa *f*   legislative branch
rango *m*   rank
raquetero *m*   racketeer
razón *f*   reason
razón válida *f*   valid reason
razonable   reasonable
recaudamiento *m*   gathering, collecting
recepción *f*   reception
recibimiento *m*   receiving
recibir   to receive
reclamar   to claim
reclusión *f*   confinement
reclusión solitaria *f*   solitary confinement
reclutamiento *m*   recruitment
reclutar   to recruit
recoger   to gather
recomendación *f*   recommendation
reconocimiento *m*   recognition, recognizance
recopilación *f*   compilation, collection
recurrir   to appeal, resort to
recurrir a las cortes   to have recourse to the courts, petition the courts
recursos *m pl*   resources
recusación *f*   recusation, challenge
recusación por causa *f*   challenge for cause
recusaciones perentorias *f pl*   peremptory challenges
recusado en apelación   reversed on appeal

recusar   to dismiss
red *f*   network
reducción *f*   reduction
reducido   reduced
reducir   to reduce
reemplazar   to replace
reforma *f*   reform
reformado   reformed
reformar   to reform
reformatorio *m*   reformatory, reform
  school
reforzar   to reinforce
regir   to rule, be in force, govern
registrar   to register, search
registro *m*   search, registry, registration
registro corporal *m*   body search
registro de domicilio *m*   house search
registro personal *m*   frisking
regla *f*   rule
reglamento *m*   regulation
reglamentos de proceso civil *m pl*   rules
  of civil procedure
reglamentos de proceso penal *m pl*   rules
  of criminal procedure
regular   to regulate
regulatorio   regulatory
rehabilitación *f*   rehabilitation
rehabilitación del delincuente *f*   criminal
  rehabilitation
rehabilitar   to rehabilitate
rehabilitar al convicto   to rehabilitate the
  convict
reincidencia *f*   recurrence, recidivism
reincidente   repeat, recurring
reincidente *m*   second-time (repeat)
  offender
reintegrarse   to reintegrate, restore
relación *f*   relation
relacionarse   to relate, associate
remedio *m*   remedy, recourse
rendir cuentas   to be accountable
renta *f*   income
reo *m*   guilty one, offender, criminal
reparar   to repair
representante *m* or *f*   representative,
  agent
representar al acusado   to represent the
  accused

república *f*   republic
requerir   to require
requisito *m*   requirement
rescisión *f*   recision, cancellation
reserva *f*   reserve
residencia *f*   residence
residente *m* or *f*   resident
residir   to reside
resistencia *f*   resistance
resistir   to resist
resistir un ataque   to resist an attack
resolución *f*   resolution
resolver   to solve
resolver el conflicto   to resolve the
  conflict
respaldar   to back up, support
respetar   to respect
responsabilidad *f*   responsibility
responsabilidad personal *f*   personal
  responsibility
restante   remaining
restituir   to return, replace
resto *m*   rest
restricción *f*   restriction
restrictivo   restrictive
restringir   to restrict
resuelto   solved
resultado *m*   result, outcome
resultado del juicio *m*   trial outcome
resumen de alegatos *m*   review of
  allegations
resumir   to resume, recall
retener   to retain
retirar   to withdraw
retiro *m*   withdrawal
retiro de fondos *m*   withdrawal of funds
revisar   to review
revista *f*   magazine
revocar   to repeal
revocar la fianza   to revoke bail
rey *m*   king
rito *m*   rite
robar   to steal
robo *m*   theft
robo armado *m*   armed robbery
robo de vehículos *m*   motor vehicle theft
romano   Roman
romper   to break

ruido *m*   noise
ruleta *f*   roulette
rutinario   routine

S

saber   to know
salario *m*   salary, wage
sanción *f*   sanction
sano   sane, sound
satisfacción *f*   satisfaction
satisfacción del consumidor *f*   customer
   satisfaction
satisfacer   to satisfy
satisfactoriamente   satisfactorily
satisfecho   satisfied
secretario *m*   secretary
secretario del estado *m*   secretary of state
secreto *m*   secret
secuestro *m*   kidnapping
segregado   segregate
según   according to
seguridad *f*   security, safety
seguridad máxima *f*   maximum security
selección *f*   selection
seleccionar   to select
sellado   sealed
semejanza *f*   similarity
senado *m*   senate
sencillo   simple
sentencia *f*   sentence
sentencia mínima *f*   minimum sentence
sentenciar   to sentence
separación *f*   separation
separación legal *f*   legal separation
separado   separated
separar   to separate
separarse   to become separated
ser humano *m*   human being
ser procesado   to be tried
serie *f*   series
seriedad *f*   seriousness
servicio *m*   service
servicios legales *m pl*   legal services
servicios prestados *m pl*   services
   rendered
servir   to serve
severidad *f*   severity
severo   severe
sexo *m*   sex

sexual   sexual
sífilis *f*   syphilis
sigilo *m*   secrecy, concealment
significar   to mean
silencio *m*   silence
similar   similar
sin   without
sin consentimiento   without consent
sin fuerza de ley   unenforceable
sin justificación   unjustifiable
sin testamento   intestate
sistema *m*   system
sistema congregado *m*   congregate
   system
sistema de justicia penal *m*   criminal
   justice system
sistema judicial *m*   judicial system
sistema jurídico *m*   court system, judicial
   system
sistema penitenciario *m*   penitentiary
   system
situación *f*   situation
so penalidades de perjurio   under penalty
   of perjury
social   social
sociedad *f*   society
sociedad anónima *f*   corporation
socio *m*   partner
socio general *m*   general partner
socio limitado *m*   limited partner
solemnizarse   to solemnize
solicitar   to apply for
solicitar un fallo   to seek a judgment
solitario   solitary
soltero   single, unmarried
someter   to submit
sospecha *f*   suspicion
sospecha razonable *f*   reasonable
   suspicion
sospechar   to suspect
sospechoso *m*   suspect
sostén *m*   support
subsiguiente   subsequent
subsistencia *f*   subsistence
suceso *m*   event
sueldo *m*   salary
sueldo mínimo *m*   minimum wage
suficiente   sufficient
sufrir   to suffer

sujeto *m*   subject
sujeto activo *m*   active subject
sujeto pasivo *m*   passive subject
suma *f*   sum
sumario *m*   summary
sumario breve *m*   short summary
sumarios de datos *m pl*   summary data
sumisión *f*   submission
superior   superior
supervisar   to supervise
suplemento *m*   supplement
supremo   supreme
susceptible   susceptible

T

tabular   tabular
talento *m*   talent
tamiz anterior al juicio *m*   pretrial screening
tasa *f*   rate
técnicas científicas *f pl*   scientific techniques
técnico   technical
telegrama *m*   cable
tema *m*   subject, issue
temporero   temporary
teoría *f*   theory
terminación *f*   termination, ending
término *m*   term
términos del contrato *m pl*   terms of the contract
términos del testamento *m pl*   terms of the will
terreno *m*   land
territorio *m*   territory
terrorista *m* or *f*   terrorist
testador *m*   testator
testamentario *m*   executor
testamento *m*   will
testamento anterior *m*   previous will
testigo *m*   witness
testimonio *m*   testimony
tiempo límite *m*   time limit
tiempo por buen comportamiento *m*   time "off" for good behavior
timador *m*   swindler
tipo *m*   kind, class
tirar   to shoot
titular *m* or *f*   holder of a title

titular del derecho *m* or *f*   owner of record
título *m*   title, deed
título de propiedad *m*   title of ownership
tomar en custodia policial   to take into police custody
torre *f*   tower
torre de observación *f*   observation tower
totalidad *f*   entirety
trabajar   to work
tráfico *m*   traffic
traición *f*   treason
traicionar   to betray
transcribir   to transcribe
transferir   to transfer
transformar   to transform
transgresor *m*   transgressor
transgresores sexuales *m pl*   sex offenders
tránsito *m*   traffic
transmisión *f*   transmission
traslapo *m*   overlapping
tratamiento *m*   treatment
tribunal *m*   court
tronco *m*   trunk
tropa *f*   troop

U

unánime   unanimous
undécimo   eleventh
único   sole
unidad *f*   unit, unity
uniformado   uniformed
uniforme *m*   uniform
unilateral   unilateral
unir   to unite, join
urgencia *f*   urgency
usar   to use
uso *m*   use
uso de drogas *m*   drug use
uso de la fuerza *m*   use of force
uso de la violencia *m*   use of violence
utilidad *f*   profit

V

vagabundo *m*   vagrant, tramp
valerse de   to make use of
validez *f*   validity
válido   valid
valioso   valuable

valor *m*   value
valla *f*   fence
vándalo *m*   vandal
variación *f*   variation
variar   to vary, alter
variedad *f*   variety
varón *m*   male
vecindad *f*   neighborhood
vehículo *m*   vehicle
vehículo motorizado *m*   motor vehicle
vendedor *m*   seller
venta *f*   sale
veredicto *m*   verdict
verificación *f*   verification
verificación de testamento *f*   probate
verificador *m*   verifier
verificar   to verify
versión *f*   version
versión condensada *f*   condensed version
versión original *f*   original version
viable   viable, feasible
vicio *m*   vice
víctima *f*   victim
víctima de un crimen *f*   victim of a crime
víctima de un homicidio *f*   victim of a
   homicide

vida *f*   life
vida normal *f*   normal life
vigilancia *f*   vigilance, surveillance
vigilar   to watch over
vínculo *m*   bond, link; entailment
violación *f*   rape; violation, transgression
violación de la paz *f*   disturbing the peace
violación forzosa *f*   forcible rape
violación por la fuerza *f*   forced rape
violación sexual *f*   rape
violador *m*   violator, transgressor; rapist
violar   to violate
violencia *f*   violence
violento   violent
vivir   to live
vocacional   vocational
voluntariamente   willingly
voluntario   voluntary
voluntario *m*   volunteer
voluntario de la comunidad *m*
   community volunteer
voto *m*   vote

Z

zona *f*   zone
zona de mucho crimen *f*   high crime area

ENGLISH-SPANISH VOCABULARY

A

abandon abandonar
abandoned abandonado
abandoned child el niño abandonado
abandonment el abandono
abandonment of performance el abandono de cumplimiento
able competente
abnormal anormal
abnormal behavior el comportamiento anormal
abolish abolir
abortion el aborto
absence la ausencia
absolve absolver
abuse abusar
abusive abusivo
abusive parents los padres abusivos
academy la academia
acceptance la aceptación
accessory accesorio
accident el accidente
according to según
accountant el (la) contable, el contador
accumulate acumular
accusation la acusación
accused el acusado
accused party la parte acusada
acquired obtenido, adquirido
acquit absolver
acquittal la absolución
act el acto, la acción, el procedimiento; el acta
act actuar
act of God la fuerza mayor, el caso fortuito
action el proceso, la acción
active subject el sujeto activo

activity la actividad
actual damages los daños efectivos
adaptation la adaptación
addiction la adicción
additive el aditivo
adhesion la adhesión
administrative administrativo
administrative agency la agencia administrativa
administrator el administrador
adopted adoptado
adoption la adopción
adoptive adoptivo
adulterated adulterado
adultery el adulterio
advertisements los anuncios
advisable aconsejable
advise aconsejar
affect afectar
affinity la afinidad
affirm afirmar
affirmation la afirmación
affliction la aflicción
after después
against contra
age la edad
age of consent la edad de consentimiento
agency la agencia
aggravated con agravio
aggravated assault el asalto agraviado (con agravio)
aggravated sexual assault el asalto sexual agraviado (con agravio)
agree convenir, estar de acuerdo, poner de acuerdo
agreement el acuerdo, la convención, el asentimiento

agreement without consideration   el acuerdo sin consideración
alcoholism   el alcoholismo
alimony   la pensión alimenticia
allegation   el alegato
alliance   la alianza
allow   permitir
alter   alterar, modificar
alteration   la alteración, el cambio
alternative   la alternativa
amend   enmendar
amendment   la enmienda
ancestor   el progenitor
ancestry   la descendencia
ancient   antiguo
announce   anunciar
annul   anular
annulment   la anulación
answer   contestar
antitrust   el antimonopolio
appeal   la apelación
appeal   recurrir
appear   aparecer
appear in court   comparecer ante la corte
appearance   la apariencia
appellate court   la corte de apelación
application   la aplicación
apply   aplicar
apply for   solicitar
apply the law   aplicar la ley
appreciate   apreciar
apprehension   la aprehensión
appropriation   la apropiación
approval   la aprobación
approve   aprobar
apprehend   aprehender
argue   disputar
armed   armado
armed guard   el guardia armado
armed post   el puesto armado
armed robbery   el latrocinio, el robo armado
armored car   el carro blindado
arms   las armas
arraignment   el auto de procesamiento
arrest   el arresto, la detención
arrest   arrestar, detener
arrest warrant   la orden de detención, la orden de arresto

arrive on the scene   llegar a la escena (al escenario)
arson   el incendio premeditado
article   el artículo
artifact   el artefacto
ascendant   el (la) ascendiente
assailant   el asaltador
assassinate   asesinar
assault   el asalto, el ataque
assault and battery   amenazar y agredir el asalto y la agresión
assault with intent to kill   el asalto con intención de matar
assent   el consentimiento
asset   el activo
assign   asignar
assigned   asignado
association   el consorcio
assume   presumir
at random   al azar
atrocious   atroz
atrocious crime   el delito atroz
attack   el ataque
attack   asaltar, atacar
attend   presentarse, asistir
attorney general   el fiscal general
audit   la auditoría
authentic   auténtico
authority   la autoridad
authorization   la autorización
authorize   autorizar
autonomous   autónomo
autonomy   la autonomía
available   disponible
available data   los datos disponibles
avoid   evitar

B

back up   respaldar
bail   la fianza
bail hearing   la audiencia sobre fianza
bank   el banco
bankruptcy   la quiebra
banns   las amonestaciones
barbed wire   el alambre de púa
base   la base
basic   básico
basic needs   las necesidades básicas
basis   la base

battery   la agresión, el golpeo
be accountable   rendir cuentas
be based on   basarse
be charged   acusársele, cargársele
be in charge of   encargarse de
be in force   regir
be tried   ser procesado
bear   conllevar
beat   golpear
bedroom   el dormitorio
begin   iniciar
behave   portarse
behavior   el comportamiento, la conducta
belief   la creencia
belong   pertenecer
belonging to another   ajeno
bench trial   el juicio ante juez
beneficiary   el beneficiario
benefit   el beneficio
benefit   beneficiar
benefits and detriments   los beneficios y detrimentos
betray   traicionar
bigamy   la bigamia
bilateral   bilateral
bilateral agreement   el acuerdo bilateral
birth   el nacimiento
blame   echar la culpa
block   el bloque
blood test   la prueba de sangre
blow   el golpe
board   la junta
Board of Directors   la junta directiva (de directores)
body search   el registro corporal, el cacheo
bond   el bono, la obligación; el lazo, el vínculo
borough council   el ayuntamiento
branch   la rama
breach of contract   la contravención del contrato
break   romper
breaking and entering   el escalamiento, el allanamiento, el abrir y entrar
brief   breve; el alegato
bring   llevar
British   británico
British common law   la ley común británica

budget   el presupuesto
bullet   la bala
burden of proof   el cargo de prueba
burn   quemar
business   el negocio
buyer   el comprador
buying and selling   la compraventa
by mutual consent   por (de) consentimiento mutuo

C

cable   el telegrama
calculate   calcular
calendar   el calendario
call into question   poner en tela de juicio
cancellation   la cancelación, la rescisión
candidate   el candidato
care   el cuidado
carefully   cuidadosamente
carry with   conllevar
case   el caso
case by case   caso por caso
cash   el efectivo
categorization   la clasificación
category   la categoría
cause   la causa
cease and desist order   la orden de cese y desiste
cell   la celda
cell blocks   los bloques de celdas
censorship   la censura
center   el centro
ceremony   la ceremonia
certainty   la certeza
certificate of registration   la declaración de inscripción
challenge   la recusación
challenge for cause   la recusación por causa
challenge of proof   el cargo de prueba
change   el cambio
change   cambiar
characteristic   la característica
charge   el cargo, la acusación
charge   cargar, acusar
charge to the jury   el cargo al jurado
charges against the accused   los cargos contra el acusado
child   el niño

choose   elegir, optar
circuit   el circuito
circuit court   la corte de circuito
circular   circular
circulate   circular
circumstance   la circunstancia
circumvent   circunvenir
cite   citar
citizen   el ciudadano
civil   civil
civil case   el caso civil
civil rights   los derechos civiles
civil servant   el oficial civil, el
   funcionario
civil suit   el pleito civil
claim   reclamar
claims court   la corte de demandas
clandestine   clandestino
clandestine infiltration   la infiltración
   clandestina
class   el tipo, la clase
classification   la clasificación
classified   clasificado
classified and assigned   clasificado y
   asignado
classify   clasificar
clear and definitive   cierto y definitivo
client   el (la) cliente
clinic   la clínica
close custody prison   la prisión de
   custodia máxima
closing statements   los argumentos de
   cierre
code   el código
codicil   el codicilo
coercion   la coacción
cohabit   cohabitar
collaborate   colaborar
collaboration   la colaboración
collateral   colateral
collateral consequences   las
   consecuencias colaterales
collect   recaudar
combine   combinar
commerce   el comercio
commercial   comercial
commission   la comisión
commit   cometer

commit a crime   cometer un crimen,
   cometer un delito
commitment   la obligación, la prestación
common   común
common law   la ley común, el derecho
   consuetudinario
communicated   comunicado
community   comunitario
community   la comunidad
community correctional facility   la
   facilidad correccional comunitaria
community property   la propiedad
   comunitaria
community volunteer   el voluntario de la
   comunidad
commutation   el indulto
company   la compañía
compassionate   compasivo
compel   compeler
compensation   la compensación, la
   indemnización
compensation for damages   la
   indemnización de perjuicios
compete   competir
competence   la competencia
competency   la capacidad
competent   competente
competent parties   las partes (personas)
   con capacidad
competition   la competición, la
   competencia
competitor   el competidor
compilation   la compilación, la
   recopilación
compile   compilar
complaint   la queja
complex   complejo
complicated   complicado
comply   cumplir
compulsion   la compulsión
concede   conceder
conceive   concebir
concept   el concepto
concession   la concesión
condensation   la condensación
condense   condensar
condensed   condensado
condensed version   la versión condensada

condition   la condición
conditional   condicional
conditional obligation   la obligación
contingente (condicional)
conditional obligation relative to time
la obligación a plazo
conduct   conducir
confess   confesar
confession   la confesión
confinement   la reclusión
confirm   confirmar
conflict   el conflicto
conform   conformar
conformity   la conformidad
confront   confrontar
congregate   congregado
congregate system   el sistema congregado
congress   el congreso
conjugal   conyugal
connection   la conexión
consanguinity   la consanguinidad
consent   el consentimiento, el
asentimiento
consent of both parties   el
consentimiento de las dos partes
consequence   la consecuencia
consider   considerar
consideration   la consideración
constitute   componer
constitution   la constitución
constitutional   constitucional
constitutional amendment   la enmienda a
la constitución
constitutional rights   los derechos
constitucionales
consult   consultar
consumer   el consumidor
consumer protection   la protección del
consumidor
consumers' rights   los derechos del
consumidor
contingency   la contingencia
contract   el contrato
contract   contratar
contract purchase   el contrato de
compraventa
contract under seal   el contrato por
escritura sellado

contravene   contravenir
contribution   la contribución
control   el control
control   controlar
controversy   la controversia
convention   la convención, el pacto
conventional criminal   el delincuente
convencional
convict   la persona convicta, el convicto
convinced   convencido
copy   la copia
corporate   corporativo
corporate activities   las actividades
corporativas
corporation   la corporación, la sociedad
anónima
correct   corregir
correction   la corrección
correction personnel   el personal de
corrección
correctional   correccional
corrective   correctivo
corrective function   la función correctiva
cosmetic   el cosmético
counterfeiter   el falsificador
country   el país, la nación
county   el condado
county jail   la cárcel del condado
couple   la pareja
court   la corte de justicia, el tribunal
court calendar   el calendario de juicio, el
calendario para el enjuiciamiento
court clerk   el escribano de la corte
court of appeals   la corte de apelación
court of errors   la corte de errores
court order   el mandato (mandamiento)
judicial, la orden judicial
court stenographer   el estenógrafo de la
corte
court system   el sistema jurídico
courts of general jurisdiction   las cortes
de jurisdicción general
create   crear
created   creado
creation   la creación
credibility   la credibilidad
creditor   el acreedor
creed   la creencia

crime   el crimen
crime control   el control del crimen
crime in progress   el crimen en flagrante
crime prevention   la prevención del
   crimen
criminal   criminal, delictivo
criminal activity   la actividad criminal
criminal attitude   la actitud criminal
criminal behavior   el comportamiento
   delictivo, el comportamiento criminal
criminal case   el caso penal
criminal consequences   las consecuencias
   criminales
criminal court   la corte criminal, penal
criminal justice system   el proceso (el
   sistema) de justicia penal
criminal (penal) code   el código penal
criminal rehabilitation   la rehabilitación
   del delincuente
criminality   la criminalidad
criminologist   el (la) criminalista
criteria   los criterios
cruel   cruel
cruelty   la crueldad
cubicle   el cubículo
culpability   la culpabilidad
custody   la custodia
customer   el (la) cliente
customer satisfaction   la satisfacción del
   consumidor
cyclamate   el ciclamato

D

damage   el daño, el perjuicio, el
   detrimento
damaging   dañino
danger   el peligro
dangerous   peligroso
dangerous crime   el delito peligroso
dangerous criminals   los criminales
   peligrosos
data   los datos
deal   el negocio
death   el fallecimiento, la muerte
death penalty   la pena de muerte
debate   el debate
debate   debatir
debt   la deuda
debtor   el deudor

deceased   el difunto
deceit   el dolo, el engaño
deceitful   engañoso, doloso
deceitful practice   la práctica engañosa
deceive   engañar
decide   decidir
decision   la decisión
declaration   la declaración
declare   declarar
declare one's innocence   declararse
   inocente
declare void   dar por nulo
decline   el deterioro
dedicate oneself   dedicarse
deduce   deducir
deduction   la deducción
deed   el acontecimiento, el hecho; el
   título, la escritura
defect   el defecto
defective   defectuoso
defective product   el producto defectuoso
defend   defender
defendant   el demandado, el acusado
defense   la defensa
defense against the charges   la defensa
   contra los cargos
defense lawyer   el abogado de defensa
define   definir
definition   la definición
defraud   defraudar
degree   el grado
dehumanizing   deshumanizador
dehumanizing environment   el ambiente
   deshumanizador
deliberate   deliberar
deliberations   las deliberaciones
delinquent   el (la) delincuente
delivery   la entrega
demand   exigir
denounce   denunciar
department   el departamento, el servicio
department of corrections   el
   departamento de servicios de corrección
depend   depender
deposition   la deposición
deprive   privar
derive   derivar
descend   descender
descendant   el (la) descendiente

describe describir
description la descripción
detailed detallado
detainee el preso, el detenido
detect detectar
detection la detección
detective el (la) detective
detention la detención
deterioration el deterioro
determination la determinación
determine determinar
determine the facts determinar los
   hechos
determined determinado
detriment el detrimento
dictate dictar
die morir
difference la diferencia
direct verdict of acquittal el fallo
   directivo de absolución
director el director
disability la incapacidad
disabled impedido
discharge la extinción
discharge of contract through
   bankruptcy la extinción del contrato
   por quiebra
discharge of contracts la extinción de
   contratos
disclaim negar, desconocer
discount el descuento
discount descontar
discovery el descubrimiento
discretion la discreción
discrimination la discriminación
dismiss recusar
disorderly person el perturbador del
   orden
dispose disponer
disposition la disposición
dispute la disputa, la querella
dispute disputar
dissolution la disolución
dissolve disolver
dissuade disuadir
dissuasion la disuasión
distinction la distinción
distinguish distinguir
distribute distribuir

distribution la distribución
district el distrito
district appeals court la corte de
   apelación de distrito
district attorney el (la) fiscal
disturbing the peace la violación de la
   paz
diversify diversificar
divert desviar
divide dividir
dividend el dividendo
divisible divisible
division la división
divorce el divorcio
divorce divorciar
divorced divorciado
document el documento
domicile el domicilio
dormitory el dormitorio
drug la droga
drug addiction la adicción a las drogas
drug use el uso de drogas
drunk borracho
drunkenness la embriaguez
duration la duración

E

economical económico
economy la economía
education la educación
effect el efecto
effective efectivo
eighth octavo
elect elegir
elected electo
elected official el oficial electo
election la elección
electronic device el aparato electrónico
electronic surveillance devices los
   aparatos electrónicos de vigilancia
element el elemento
eleventh undécimo
eliminate eliminar
embezzle defraudar, desfalcar
embezzlement el desfalco
emergency la emergencia
empire el imperio
ending la terminación
enforceable con fuerza de ley

enjoy   gozar de
enormous   enorme
entailment   el vínculo
enter   ingresar
enter a plea of guilty   declararse culpable
enter a plea of innocent   declararse
   inocente
enter into marriage   contraer matrimonio
enterprise   la empresa
entirety   la totalidad
entity   la entidad
entrapment   el atrapamiento
entry   el ingreso, la entrada
environment   el ambiente
equitable   equitativo
erroneous information   la información
   errónea
error   la falta, el error
escape   el escape, la fuga
espionage   el espionaje
essence   la esencia
establish   establecer
establishment   el establecimiento
estate   el patrimonio
evaluate   evaluar
event   el hecho, el suceso
evidence   la evidencia
exception   la excepción
excessive   excesivo
excessive bail   la fianza excesiva
excessive cruelty   la crueldad excesiva
excessive force   la fuerza excesiva
exclusion   la exclusión
exclusive jurisdiction   la jurisdicción
   exclusiva
excuse   la excusa
excuse   disculpar, excusar
execute   ejecutar
executive   ejecutivo
executive branch   la rama ejecutiva
executive powers   los poderes ejecutivos
executor   el testamentario
exercise   ejercer, practicar
exercise one's rights   ejercer los derechos
exhaust   agotar
exhibit   exhibir
exhibition   la exhibición
exist   existir
existence   la existencia

expand   expandir
expert   experto
explosives   los explosivos
expressed   expreso
extinction   la extinción
extinguish   extinguir, terminar

F

facility   la facilidad
facsimile   el facsímil(e)
fact   el hecho
fair   justo
fair trial   el juicio justo
false   falso, erróneo, falaz
false advertising   la publicidad falaz
false intent   la intención falsa
family   la familia
family branch   la rama de la familia
family court   la corte familiar
favorable   favorable
favorable evidence   la evidencia
   favorable
feasible   viable
federal   federal
federal constitution   la constitución
   federal
federal court   la corte federal
federal district courts   las cortes
   federales de distrito
federal government   el gobierno federal
federal offense   la ofensa federal
federal statute   el estatuto federal
Federal Trade Commission   la Comisión
   Federal de Comercio
felony   el delito mayor
female   la hembra
fence   la valla
feudal   feudal
file suit   demandar
final decision   el fallo
finalize   finalizar
financial   financiero
financial statement   el estado financiero
finding   el hallazgo
finding of probable cause   el fallo de
   causa probable
fine   la multa
fingerprints   las huellas dactilares
firearm   el arma de fuego

first degree   (en) primer grado
first-degree murder   el asesinato en
   primer grado
fiscal policy   la política fiscal
fix   fijar
focus   el enfoque
focus   enfocar
food   la comida, los comestibles
forbid   prohibir
forbidden   prohibido
force   la fuerza
forced   forzado
forced rape   la violación por la fuerza
forcible   forzado
forcible rape   la violación forzosa
forger   el falsificador
forgive   perdonar
form   la forma
form   formar
formal   formal
formal charges   los cargos formales
formal contract   el contrato formal
formality   la formalidad
formation   la formación
fortuitously   al azar
found   fundar
foundation   la fundación, el fundamento
fraud   el fraude
free   gratuito; libre
free from coercion   libre de coacción
free on bail   libre bajo fianza
free will   el libre albedrío
freedom   la libertad
freedom of assembly   la libertad de
   asamblea
freedom of religion   la libertad de
   religión (de culto)
freedom of speech   la libertad de habla
freedom of the press   la libertad de prensa
frequently   frecuentemente
frisk   cachear
frisking   el registro personal, el cacheo
function   la función
function   funcionar
function of disuasion   la función de
   disuasión
fundamental   fundamental
fundamental rights   los derechos
   fundamentales

funds   los fondos
funeral   el funeral
future   futuro

G

gains   las ganancias
gambler   el jugador
gambling   el juego
games of chance   los juegos de azar
gangster   el gángster
gatekeeper   el guardabarrera, el guardián
gather   recoger
gather information   recoger información
gathering   el recaudamiento
general   general
general partner   el socio general
generation   la generación
get married   casarse
give   dar, otorgar
give birth   dar a luz
goal   el gol, la meta
good behavior   el buen comportamiento
goods   los bienes
goods and services   los bienes y servicios
govern   gobernar
government   el gobierno
government interference   la interferencia
   gubernamental
governmental   gubernamental
grand jury   el gran jurado (de acusación)
grand jury deliberations   las
   deliberaciones del gran jurado
grand larceny   el hurto mayor
grandchild   el nieto
grandfather   el abuelo
grant   conceder, otorgar
gratuitous   gratuito
gratuitous agreements   los acuerdos
   gratuitos
group   el grupo
grow   crecer
guarantee   la garantía
guarantor   el (la) garante, el fiador
guard   el (la) guardia
guard   guardar, cuidar
guarded   escoltado
guilt   la culpabilidad
guilty   culpable
guilty one   el reo

H
halt   detener
hand down a sentence   dictar la sentencia
harm   hacer daño, perjudicar
harmful   dañino
have recourse to the courts   recurrir a las cortes
hear   oír
hear the case   oír el caso
hearing   la audiencia
heir   el heredero
held in custody   mantenido bajo custodia
hidden   escondido, oculto
hidden electronic devices   los aparatos electrónicos a escondidas
hierarchy   la jerarquía
high crime area   la zona de mucho crimen
holder of a title   el (la) titular
holdup man   el atracador
homicide   el homicidio
hoodlum   el maleante
hospital   el hospital
house search   el registro de domicilio
human   humano
human being   el ser humano
human nature   la naturaleza humana
husband   el esposo

I
identification   la identificación
identification number   el número de identificación
identity   la identidad
illegal   ilegal
illegality of performance   por efectos ilegales
illegitimate   ilegítimo
illegitimate child   el niño ilegítimo, el hijo ilegítimo
illicit   ilícito
illicit trade   el comercio ilícito
illness   la enfermedad
illusory   ilusorio
illusory promise   la promesa ilusoria
immovable good   el bien inmueble
immunity   la inmunidad
impede   impedir
impediment   el impedimento

implicit   implícito
implied   implícito
implied agreement   el acuerdo implícito
impose   imponer
impose a sentence   imponer una sentencia
impose conformity   imponer la conformidad
imposed   impuesto
imposition   la imposición
impossibility   la imposibilidad
impossibility of performance   la imposibilidad de cumplimiento
impotence   la impotencia
impotent   impotente
imprisonment   el encarcelamiento
imprudent   imprudente
impunity   la impunidad
in accordance with   conforme a, según
in bad faith   de mala fe
in danger of (losing) one's life   en peligro mortal
in favor of   a favor de
in front of   ante
in self-defense   en defensa propia
in spite of   a pesar de
in the presence of witnesses   en la presencia de testigos
inability   la falta, la inhabilidad
inappropriate   inapropiado
incapacitate   incapacitar
incest   el incesto
incident   el incidente, la ocurrencia
incidental damages   los daños accesorios
income   los ingresos, la renta
incommunicado   incomunicado
incompetency   la inhabilidad
incompetent   impedido
increase   aumentar
increment   incrementar
incur   incurrir
incurable   incurable
indemnification   la indemnización
independent   independiente
independent accountant   el (la) contable independiente
index   el índice
"index" crimes   los crímenes del «índice»
indicate   indicar
indication   el indicio

indicted enjuiciado, acusado
indictment la denuncia, el cargo
individual el individuo
indivisible indivisible
induce inducir
industry la industria
infer inferir
inferior inferior
infiltration la infiltración
inflict infligir
inflict cruel punishment infligir castigos crueles
influence la influencia
inform informar
inform the accused of his or her rights informarle al detenido de sus derechos
information la información
informer el (la) denunciante
infraction la infracción
infringe contravenir
inherit heredar
inheritance la herencia
initial inicial
initial investment la inversión inicial
initiate iniciar
initiate a suit iniciar el pleito
initiate an indictment iniciar un proceso
initiate the investigation iniciar la investigación
initiation la iniciación
injunction el entredicho; el mandato
injure perjudicar
innocence la inocencia
innocent inocente
insanity la locura, la demencia
inscription la inscripción
inside interior
inside cells las celdas interiores
instead of en vez de
institution la institución
institutional institucional
instruct instruir
instructions las instrucciones
instrument el instrumento
insure asegurar
intensity la intensidad
intent el intento; la intención
intent to rob la intención de robar
intention la intención

interest el interés
interested interesado
interested party la parte interesada
interference la inteferencia
intermediate intermedio
intermediate court la corte intermedia
interpretation la interpretación
interrogation el interrogatorio, la interrogación
interstate interestatal
interstate commerce el comercio interestatal
interval el intervalo
intervene intervenir
intervention la intervención
interview cntrevistar
intestate intestado, sin testamento
invalid inválido
invalid matrimony el matrimonio inválido
invest invertir
investigate investigar
investigation la investigación
investment la inversión
involuntary involuntario
involuntary homicide el homicidio involuntario
involve envolver, involucrar
irreconcilable irreconciliable
irremediable irremediable, incurable
issuance la emisión
issue emitir
issue bonds emitir bonos

J

jail la cárcel, la prisión
jailing el encarcelamiento
join unir
joint custody la custodia conjunta
joint property la propiedad conjunta (comunitaria)
joke la broma
judge el juez
judge juzgar
judgment el dictamen; el juicio
judgment notwithstanding verdict el juicio a pesar del veredicto
judicial judicial, jurídico
judicial branch la rama judicial

judicial system   el sistema judicial, el sistema jurídico
juridical   jurídico
juridical legal process   el proceso jurídico legal
juridical person   la person jurídica
jurisdiction   la jurisdicción
jury   el jurado
jury instructions   las instrucciones al jurado
jury members   los miembros del jurado
jury of inquiry   el jurado de acusación
just trial   el juicio justo
justice   la justicia
justice of the peace   el juez de paz
justifiable   justificable
justifiable homicide   el homicidio justificable
justification   la justificación
justify   justificar
juvenile   juvenil
juvenile courts   las cortes para menores
juvenile delinquent   el delincuente juvenil
juvenile delinquent home   el hogar para los delincuentes juveniles

K
keep   guardar, mantener
keep incommunicado   guardar incomunicado
keep quiet   callarse, guardar silencio
kidnapping   el secuestro
kind   el tipo, la clase
king   el rey
kinship   el parentesco
knife   el cuchillo
know   saber, conocer

L
laboratory   el laboratorio
lack   la falta
lack   carecer
land   el terreno
larceny   el hurto
law   la ley
lawsuit   el proceso, el pleito
lawyer   el abogado
lawyer's office   el bufete

leave   dejar
leaving the scene of an accident   abandonar el lugar del accidente
legal   legal
legal arrest   el arresto legal
legal custody   la custodia legal
legal document   el documento legal
legal impunity   la impunidad legal
legal obligation   la obligación legal
legal right   el derecho legal
legal separation   la separación legal
legal services   los servicios legales
legality   la legalidad
legislation   la legislación
legislative   legislativo
legislative branch   la rama legislativa
legislature   la legislatura
legitimate   legítimo
legitimate child   el hijo legítimo
legitimization   la legitimación
lending   la prestación
let go   dejar en libertad
lethal   mortífero
level   el nivel
level of recurrence   el nivel de recidiva (de reincidencia)
level of security   el nivel de seguridad
liability   el pasivo
liberation   la liberación
license   la licencia
life   la vida
life sentence   la cadena perpetua
life imprisonment   la cadena perpetua
limit   el límite
limited   limitado
limited partnership   la asociación limitada
line   la línea, la fila
lineup   la formación
lineage   el linaje
link   el vínculo, el lazo
lipstick   el lápiz de labios
liquidity   la liquidez
list   la lista
list of citizens   la lista de ciudadanos
list of pending cases   la lista de causas pendientes
litigant   el (la) litigante
litigation   el litigio

live   vivir
local   local
local court   la corte local
local jail   la cárcel local
lodge   alojar
losses   las pérdidas
lower court   la corte inferior

M

magazine   la revista
magistrate   el magistrado, el juez
maintain   mantener
maintain the public order   mantener el orden público
maintenance   el mantenimiento
make impossible   imposibilitar
make use of   valerse de
male   el varón
malicious   malicioso
mandatory   obligatorio
mandatory release   la libertad obligatoria
manipulate   manipular
manipulation   la manipulación
manufacturer   el (la) fabricante
marriage   el matrimonio
marriage license   la licencia matrimonial
married   casado
material   material
material alteration   la alteración sustancial
maternity   la maternidad
matrimonial   matrimonial
matter   el asunto; la materia
maximum   máximo
maximum penalty   la pena máxima
maximum security   la seguridad máxima
maximum security facilities   las facilidades de seguridad máxima
maximum security prison   la prisión de seguridad máxima
mean   significar
mechanical   mecánico
mechanism   el mecanismo
medicine   el medicamento
medium   mediano
medium custody prison   la prisión de custodia mediana
member   el miembro
mental   mental

mental competency   la capacidad mental
mental illness   la enfermedad mental
mental state   el estado mental
mentally unbalanced   mentalmente anormal
method   el método
methods of discovery   los métodos de descubrimiento
metropolitan   metropolitano
military   militar
military police   los policías militares
mind   la mente
minimize   minimizar
minimize damages   minimizar los daños
minimum   mínimo
minimum age   la edad mínima
minimum custody prison   la prisión de custodia mínima
minimum sentence   la sentencia mínima
minimum wage   el sueldo mínimo
minor   el (la) menor de edad
minor infraction   la infracción menor
minors   los menores
Miranda Warning   el aviso Miranda
misdemeanor   el delito menor
mistake   el error, la falta
mistreat   hacer daño, maltratar
mistreatment   el maltrato
mistrial   el pleito viciado
Model Penal Code   el Código Penal Modelo
Model Sentencing Act   la Ley de Sentencia Modelo
moderated   moderado
modification   la modificación
modify   alterar, modificar
monarch   el monarca, el rey
moral   moral
motion   la moción
motions of discovery   las mociones de descubrimiento
motor vehicle   el vehículo motorizado
Motor Vehicle Commission   la Comisión de Vehículos Motorizados
motor vehicle theft   el robo de vehículos
movable good   el bien mueble
municipal   municipal

municipal court   la corte municipal
municipal ordinance   la ordenanza municipal
municipal police   la policía municipal
municipality   el municipio
murder   el asesinato
mutual   mutuo
mutual agreement   el acuerdo mutuo
mutual consent   el consentimiento mutuo

N

nail polish   el esmalte para las uñas
name   nombrar
national   nacional
national defense   la defensa nacional
natural   natural
natural person   la persona física
natural phenomenon   el fenómeno natural
nature   la naturaleza
nature of the charges   la naturaleza de los cargos
nauseating   asqueroso
necessary   necesario
necessity   la necesidad
need   la necesidad
need   necesitar
needy   pobre, necesitado
negative   negativo
neglect   el descuido
negligence   la negligencia
negligent homicide   el homicidio por negligencia
neighborhood   la vecindad
network   la red
news   la noticia
newspaper   el periódico
noble   el (la) noble
no-fault divorce   el divorcio sin culpa
noise   el ruido
nolo contendere   no contestar
nominal compensation   la indemnización nominal
nominal damages   los daños nominales
normal life   la vida normal
null   nulo, ilusorio
null and void   nulo e inválido
number   el número

O

obey   obedecer
object   el objeto
objection   la objeción
objective   el objetivo
obligation   la obligación
oblige   obligar
obligor   el deudor, la persona obligada
observation   la observación
observation tower   la torre de observación
observing   observante
obstacle   el obstáculo
occasional property crime violator   el delincuente ocasional de delito contra la propiedad
occur   ocurrir
ocurrence   la ocurrencia
of sound (sane) mind   de mente sana
offend   agraviar
offender   el ofensor
offense   la ofensa, el delito
offer   la oferta
offerer   el locatario, el ofrecedor
official   el oficial, el funcionario
old   viejo
omission   la omisión
omit   omitir
omnipresence   la omnipresencia
on the spot   en el lugar
on-the-spot interrogation   la interrogación en el lugar
one who reports   el (la) denunciante
opening statements   los argumentos de apertura
operate   operar
opportunity   la oportunidad
oppose   oponer
opposition   la oposición
opt   optar
oral   oral
oral agreement   el acuerdo oral
order   la orden; el orden
ordinance   la ordenanza
organization   la organización
organize   organizar
organized   organizado
organized crime   el crimen organizado

origin   el origen
original   original
original version   la versión original
out (free) on bail   libre bajo fianza
out on personal recognizance   la libertad
  bajo su propio reconocimiento
outcome   el resultado
outside   exterior
outside cells   las celdas exteriores
outside of   fuera de
overlapping   el traslapo
owner   el dueño, el propietario
owner of record   el (la) titular del derecho

P

paramilitary   paramilitar
pardon   el indulto
pardonable   perdonable
park   el parque
park police   los policías de parques
parliament   el parlamento
parole   la libertad bajo palabra
parole board   la junta de libertad bajo
  palabra
partiality   la parcialidad
participant   el (la) partícipe
parties   las partes, los contratantes
partner   el socio
partnership   la asociación
party   el (la) contratante, la parte
pass judgment   dictar un fallo, fallar
passive subject   el sujeto pasivo
past consideration   la consideración
  anterior
patent   la patente
paternal   paterno
paternity   la paternidad
patrol   la patrulla
patrol car   el coche de patrulla
pay   pagar
payment   el pago, la paga
penal   penal
penalty   la penalidad, la pena
penance   la penitencia
pending   pendiente
penitentiary   la penitenciaría
percentage   el porcentaje
peremptory   perentorio

peremptory challenges   las recusaciones
  perentorias
performance   el cumplimiento
perimeter   el perímetro
permission   el permiso
perpetrate   cometer
perpetrator   el cometedor, el perpetrador
person   la persona
personal   personal
personal effects   los efectos personales
personal responsibility   la
  responsabilidad personal
personality   la personalidad
personnel   el personal
persuade   persuadir
pertaining   pertinente
pertaining to the mafia   mafioso
pertaining to the state   estatal
perversion   la perversión
petit jury   el jurado de juicio
petition   la petición
petition of admission   el pedido de
  admisión
petition the courts   recurrir a las cortes
petty larceny   el hurto menor
phase   la fase
phenomenon   el fenómeno
philosophy   la filosofía
physical   físico
physical and psychological tests   las
  pruebas físicas y psicológicas
physical evidence   la evidencia física
physical harm   el daño físico
pickpocket   el (la) carterista
pistol   la pistola
place   el lugar
plaintiff   el (la) demandante
plea   el alegato
police (department)   la policía
police   policial, policíaco
police academy   la academia policial
police discretion   la discreción del policía
police force   el cuerpo de policía
police interrogation   la interrogación por
  la policía
police officer   el (la) policía, el (la) agente
  de policía
police patrols   las patrullas de policía

police station la comisaría
policy la política
poligamy la poligamia
political político
political criminals los criminales políticos
political party el partido político
politics la política
pomp la pompa
poor pobre
pose presentar
pose a threat presentar una amenaza
positive positivo
positive recommendation la recomendación positiva
post el puesto
postpone posponer
potential potencial
potential criminal el delincuente potencial
power el poder, la potencia
practice la práctica
preexistent preexistente
preexisting preexistente
preexisting obligation la obligación preexistente
preferential preferencial
preferential delivery la entrega preferencial
pregnancy el embarazo
pregnant embarazada
prehistoric prehistórico
prejudice el prejuicio
preliminary hearing la audiencia preliminar
preliminary investigation el examen preliminar
premeditated premeditado
premeditated homicide el asesinato premeditado
premeditation la premeditación
prenuptial antenupcial, prematrimonial
prenuptial agreement el acuerdo antenupcial
preparation la preparación
prepare preparar
presence la presencia
present presentar
presentation of allegations la presentación de los alegatos

preside presidir
presidency la presidencia
president el presidente
prestige el prestigio
presume presumir, asumir
presumed presunto
presumption la presunción
presumption of innocence la presunción de inocencia
pretend not to know desconocer
pretrial procedure el descubrimiento anterior al juicio
pretrial screening el tamiz anterior al juicio
prevent prevenir, impedir
prevention la prevención
preventive preventivo
preventive detention la detención preventiva
previous anterior, previo
previous conviction la condena previa
previous will el testamento anterior
price el precio
primitive primitivo
principal principal
principles los principios
prior to arrest previo al arresto
priority la prioridad
prison la cárcel, la prisión
prison programs los programas de las prisiones
prison warden el custodio, el oficial de custodia
prisoner el preso, el prisionero
private privado
private detective el detective privado
private life la vida privada
privilege el privilegio
probable probable
probable effect el probable efecto
probate la verificación de testamento
probate court la corte probatoria, la corte testamentaria
probation la libertad condicional, la libertad provisional, la libertad a prueba, la libertad probatoria
problematical problemático
procedure el enjuiciamiento, el procedimiento

proceedings of the case   los procedimientos de la causa (del caso)
process server   el expedidor
procreation   la procreación
product   el producto
professional   profesional
professional criminal   el criminal profesional
professional personnel   el personal profesional
profit   el beneficio, la utilidad
profit   beneficiar
progenitor   el progenitor
program   el programa
prolonged   prolongado
promise   la promesa
promissory note   el pagaré
promulgate   promulgar, declarar
proof   la prueba
proof beyond a reasonable doubt   la prueba más allá de una duda razonable
property   la propiedad, los bienes
property damage   el daño de propiedad
property of the state   la propiedad del estado
property rights   los derechos reales, los derechos de propiedad
proponent   el proponente
proposition   la proposición
proprietor   el propietario, el dueño
prosecution   el procesamiento
prosecutor   el acusador
prospectus   el prospecto
prostitution   la prostitución
protect   proteger
protection   la protección
prove   probar
provide   proveer, conllevar
provision   la provisión
proximity   la proximidad
psychiatric   psiquiátrico
psychiatric hospital   el hospital psiquiátrico
psychological   psicológico
public   el público
public   público
public drunkenness   la embriaguez pública
public order   el orden público

public order violators   los perturbadores del orden público
publicity   la publicidad
punish   castigar
punishing   punitivo
punishment   el castigo
punitive function   la función punitiva
pure   puro
purchase contract   el contrato de compraventa
purpose   el propósito
push   el empujón

Q

quantity   la cantidad
quasi contract   el cuasicontrato
question   la pregunta, la cuestión
question   interrogar

R

racketeer   el raquetero
range   la gama
rank   el rango
rape   la violación (sexual)
rate   la tasa
read   leer
real estate   el bien mueble, los bienes raíces
realize   darse cuenta
reason   la razón
reasonable   razonable
reasonable cause   la causa razonable
reasonable offer   la oferta razonable
reasonable period of time   el período de tiempo razonable
reasonable suspicion   la sospecha razonable
receive   recibir
receiving   el recibimiento
receiving center   el centro de recibimiento
receiving prison   la prisión de recibimiento
reception   la recepción
reception center   el centro de recepción
recidivism   la reincidencia
recision   la rescisión
recognition   el reconocimiento
recognizance   el reconocimiento

recommendation   la recomendación
record   el antecedente
recourse   el recurso
recruit   reclutar
recruitment   el reclutamiento
recurrence   la reincidencia
recusation   la recusación
reduce   reducir
reduced   reducido
reduced price   el precio reducido
reduction   la reducción
reform   la reforma
reform   reformar
reformatory   el reformatorio
reformed   reformado
register   inscribir, registrar
registration   la inscripción
registry   el registro
regulate   regular
regulation   el reglamento
regulatory   regulatorio
regulatory agency   la agencia
    regulatoria
regulatory power   el poder regulatorio
rehabilitate   rehabilitar
rehabilitate the convict   rehabilitar al
    convicto
rehabilitation   la rehabilitación
reinforce   reforzar
reintegrate   reintegrarse
relate   relacionarse
relation   la relación
relationship   la relación, el parentesco
relative   el (la) pariente
release   la liberación
remain silent   callarse
remaining   restante
remedy   el remedio, el recurso
rent   arrendar
rental   el arrendamiento
repair   reparar
repeal   revocar
repeat   reincidente
repeat offender   el delincuente
    reincidente
repentance   el arrepentimiento
replace   reemplazar, restituir
report   el informe
report   denunciar

reporting   la denuncia
represent the accused   representar al
    acusado
representative   el (la) representante
republic   la república
require   requerir
requirement   el requisito
reserve   la reserva
reside   residir
residence   la residencia
resident   el (la) residente
resist   resistir
resist an attack   resistir un ataque
resistance   la resistencia
resolution   la resolución
resolve the conflict   resolver el conflicto
resources   los recursos
respect   respetar
responsibility   la responsabilidad
rest   el resto
restrict   restringir
restriction   la restricción
restrictive   restrictivo
result   el resultado
resume   resumir
retain   retener
return   restituir
reversed on appeal   recusado en
    apelación
review   revisar
review of allegations   el resumen de
    alegatos
revoke   cancelar, derogar, revocar
revoke bail   revocar la fianza
right   el derecho
right to bail   el derecho a fianza
right to trial by jury   el derecho a un
    juicio con jurado
right to vote   el derecho al voto
rite   el rito
Roman law   el Código romano
roulette   la ruleta
routine   rutinario
routine case   el caso rutinario
routine patrol   la patrulla rutinaria
routine police procedures   los
    procedimientos policiales rutinarios
rule   la regla
rule   regir, gobernar

rules of civil procedure   las reglas de proceso civil
rules of criminal procedure   las reglas de proceso penal

S

safety   la seguridad
said   dicho
salary   el sueldo, el salario
sale   la venta
sample   la muestra
sanction   la sanción
sane   sano
satisfaction   la satisfacción
satisfactorily   satisfactoriamente
satisfied   satisfecho
satisfy   satisfacer
say   decir
scale   la escala
scene   el escenario
scene of the crime   el escenario del crimen
sciences   las ciencias
scientific   científico
scientific techniques   las técnicas científicas
seal   el sello
sealed   sellado
search   registrar
search warrant   la orden de registro, el auto de registro
second-degree murder   el asesinato en segundo grado
second-time offender   el reincidente
secret   secreto
secret deliberations   las deliberaciones secretas
secretary   el secretario
secretary of state   el secretario de estado
Securities and Exchange Commission   la Comisión de Valores y Bolsa
security   la seguridad
security guard   el guardia de seguridad
seek a judgment   solicitar un fallo
segregate   segregado
segregate prison   la prisión segregada
select   seleccionar
selection   la selección
self-defense   la defensa propia
self-incrimination   la autoincriminación

seller   el vendedor
senate   el senado
send   enviar
senior   mayor
sentence   la sentencia, la condena
sentence   condenar, sentenciar
separate   separar, apartar
separated   separado
separation   la separación
series   la serie
serious   grave
serious crime   el crimen grave
serious intent   la intención seria
seriousness   la seriedad, la gravedad
seriousness of the crime   la gravedad del crimen
serve   servir
service   el servicio
services rendered   los servicios prestados
set free   dejar en libertad
severe   severo
severe penalty   la penalidad severa
severity   la severidad
sex   el sexo
sex offenders   los transgresores sexuales
sexual   sexual
shareholder   el (la) accionista
sheriff's deputy   el alguacil
shoot   disparar
shoplifter   la mechera
short summary   el sumario breve
show   exhibir, mostrar
show of force   la exhibición de la fuerza
side   el lado
sign   el indicio
sign   firmar
signature   la firma
silence   el silencio
similar   similar
similarity   la semejanza
simple   sencillo
single   soltero
situation   la situación
skill   la destreza
small   pequeño
small claims court   la corte de demandas menores
smuggling   el contrabando
social   social

social sciences   las ciencias sociales
society   la sociedad
sole   individual, único
sole proprietorship   la empresa de propiedad individual
solemnize   solemnizarse
solitary   solitario
solitary confinement   la reclusión solitaria
solve   resolver
solved   resuelto
sound   sano
source   la fuente
specify   especificar, precisar
speculative damages   los daños eventuales
spouse   el (la) cónyuge
stability   la estabilidad
start   iniciar
state   el estado
state constitution   la constitución estatal
state court   la corte estatal
state government   el gobierno estatal
state penal code   el código penal estatal
state penitentiary   la penitenciaría estatal, la penitenciaría del estado
state police   la policía del estado
statement   el argumento
statistics   la estadística
statute   el estatuto
statute of frauds   el estatuto de fraudes
steal   robar
stealth   el sigilo
stipulate   estipular
stock   la acción
Stock Market   el Mercado de Valores
stockholder   el (la) accionista
stop   detener
stop and frisk   la detención y cacheo
structure   la estructura
subject   el sujeto, el tema
submission   la sumisión
submit   someter
subsequent   subsiguiente
subsequent generations   las generaciones subsiguientes
subsistence   la subsistencia
sue   demandar, enjuiciar
suffer   sufrir

sufficient   suficiente
sufficient evidence   la evidencia suficiente
sum   la suma, el monto
summary   el sumario
summary data   los sumarios de datos
superior   superior
superior court   la corte superior
supervise   supervisar
supplement   el suplemento
support   el sostén, la manutención, el respaldo
support   apoyar, respaldar
supreme   supremo
Supreme Court   la Corte Suprema
surveillance   la vigilancia
survey   la encuesta
susceptible   susceptible
suspect   el sospechoso, el presunto
suspect   sospechar
suspicion   la sospecha
swindler   el timador
syphilis   la sífilis
system   el sistema

T

tabular   tabular
take   llevar
take charge of   hacerse cargo de
take into custody   poner bajo custodia
take into police custody   poner bajo custodia policial
take place   efectuarse
taxes   los impuestos
technical   técnico
technical legal material   la materia legal técnica
temporary   temporero, temporario
temporary alimony   la alimonia *pendente lite*
tenant farmer   el colono
tender of payment   la oferta de pago
tender of performance   la oferta de cumplimiento
term   el término
terms of the contract   los términos del contrato
terms of the will   los términos del testamento

termination   la terminación
territory   el territorio
terrorist   el (la) terrorista
test   el análisis; la prueba
testator   el testador
testimony   el testimonio
theft   el robo
theory   la teoría
thief   el ladrón
threat   la amenaza
threatening   amenazante
thug   el maleante
ticket   la entrada
time limit   el tiempo límite
time "off" for good behavior   el tiempo
   por buen comportamiento
time period   el período de tiempo
title   el título
title of ownership   el título de propiedad
together   juntos
tool   la herramienta
tower   la torre
town hall   el ayuntamiento
trade   el comercio
traffic   el tráfico, el tránsito
traffic control   el control de tránsito
traffic police   los policías de tránsito
training   el entrenamiento
transaction   el negocio
transcribe   transcribir
transfer   transferir
transform   transformar
transgression   la violación
transgressor   el violador, el transgresor
transmission   la transmisión
treason   la traición
treatment   el tratamiento
trial   el proceso, el juicio, el
   enjuiciamiento
trial by jury   el juicio ante jurado
trial outcome   el resultado del juicio
trigger   el gatillo
troop   la tropa
trunk   el tronco
trust   el monopolio

U

unanimous   unánime
unbalanced   anormal, desequilibrado

under arrest   bajo arresto
under custody   bajo custodia
under oath   bajo juramento
under penalty of perjury   so penalidades
   de perjurio
understand   entender, comprender
understandable   comprensible
undue   indebido
undue influence   la influencia indebida
unenforceable   sin fuerza de ley,
   imposible de efectuar
unfair   injusto
unfair practice   la práctica injusta
uniform   el uniforme
Uniform Commercial Code   el Código
   Comercial Uniforme
Uniform Crime Reports   los Informes
   uniformes sobre el crimen
uniformed   uniformado
uniformed police   los policías
   uniformados
unilateral   unilateral
unilateral contract   el contrato unilateral
unite   unir
unity   la unidad
unjust   injusto
unjust manipulation   la manipulación
   injusta
unjustifiable   sin justificación
unknown   desconocido
unlimited   ilimitado
unmarried   soltero
unpremeditated   impremeditado
unpremeditated homicide   el homicidio
   impremeditado
uphold   apoyar
urgency   la urgencia
use   el uso
use   usar
use of force   e luso de la fuerza
use of violence   el uso de la violencia

V

vagrant   el vagabundo
valid   válido
valid reason   la razón válida
valid purpose   el propósito válido (legal)
validity   la validez
valuable   valioso

value   el valor
vandal   el vándalo
variation   la variación
variety   la variedad
vary   variar, alterar
vehicle   el vehículo
venereal disease   la enfermedad venérea
verdict   el fallo, el veredicto
verification   la verificación
verifier   el verificador
verify   verificar
version   la versión
viable   viable
vice   el vicio
victim   la víctima
victim of a crime   la víctima de un crimen
victim of a homicide   la víctima de un homicidio
victimless crimes   los delitos sin víctima
vigilance   la vigilancia
violate   violar
violation   la violación
violator   el perturbador, el violador
violence   la violencia
violent   violento
violent crime   el delito violento
violent personal offenders   los maleantes de violencia personal
vocational   vocacional
vocational skills   las destrezas vocacionales
void   inválido
voidable   anulable
voluntary   voluntario
voluntary homicide   el homicidio voluntario
volunteer   el voluntario
vote   el voto

W

wage   el salario, el sueldo
waiting period   el período de espera
wall   la valla
warrant   el expediente
watch over   vigilar
way   la manera, el modo
weakness   la debilidad
weapon   el arma
weapon with a blade   el arma blanca
whereabouts   el paradero
whole   el conjunto
wife   la esposa
will   el testamento
willingly   voluntariamente
with fraud, deceit   con dolo
withdraw   retirar
withdrawal   el retiro
withdrawal of funds   el retiro de fondos
without   sin
without consent   sin consentimiento
witness   el (la) testigo
witness   presenciar
work   trabajar
worth   el patrimonio
written   escrito
written agreement   el acuerdo (por) escrito
wrong   incorrecto, inapropiado
wrongful charge   el cargo inapropiado
wrongdoer   el malhechor
wronged   agraviado
wronged party   la parte agraviada

Z

zone   la zona

INDEX